Disney · PIXAR

독자의 1초를 아껴주는 정성!

세상이 아무리 바쁘게 돌아가더라도
책까지 아무렇게나 빨리 만들 수는 없습니다.
인스턴트 식품 같은 책보다는
오래 익힌 술이나 장맛이 밴 책을 만들고 싶습니다.

길벗이지톡은 독자여러분이
우리를 믿는다고 할 때 가장 행복합니다.
나를 아껴주는 어학도서,
길벗이지톡의 책을 만나보십시오.

독자의 1초를 아껴주는

정성을 만나보십시오.

미리 책을 읽고 따라해본 2만 베타테스터 여러분과
무따기 체험단, 길벗스쿨 엄마 2% 기획단,
시나공 평가단, 토익 배틀, 대학생 기자단까지!
믿을 수 있는 책을 함께 만들어주신 독자 여러분께 감사드립니다.

홈페이지의 '독자마당'에 오시면
책을 함께 만들 수 있습니다.

(주)도서출판 길벗 www.gilbut.co.kr
길벗 이지톡 www.eztok.co.kr
길벗 스쿨 www.gilbutschool.co.kr

30장면으로 끝내는

스크린 영어회화

Disney · PIXAR

업

스크린 영어회화 – 업
Screen English - Up

초판 1쇄 발행 · 2018년 11월 10일
초판 2쇄 발행 · 2020년 4월 30일

해설 · 라이언 강
발행인 · 이종원
발행처 · (주)도서출판 길벗
브랜드 · 길벗이지톡
출판사 등록일 · 1990년 12월 24일
주소 · 서울시 마포구 월드컵로 10길 56(서교동)
대표 전화 · 02)332-0931 | **팩스** · 02)323-0586
홈페이지 · www.gilbut.co.kr | **이메일** · eztok@gilbut.co.kr

기획 및 책임 편집 · 신혜원 (madonna@gilbut.co.kr) | **표지 디자인** · 최주연 | **본문 디자인** · 조영라
제작 · 이준호, 손일순, 이진혁 | **영업마케팅** · 김학흥, 장봉석 | **웹마케팅** · 이수미, 최소영 | **영업관리** · 김명자, 심선숙
독자지원 · 송혜란, 홍혜진

편집진행 및 교정 · 오수민 | **전산편집** · 조영라 | **오디오 녹음 및 편집** · 와이알 미디어
CTP 출력 · 북토리 | **인쇄** · 북토리 | **제본** · 신정문화사

ISBN 979-11-5924-199-4 03740 (길벗 도서번호 300946)

▶ 이 도서의 국립중앙도서관 출판예정도서목록(CIP)은 서지정보유통지원시스템 홈페이지(http://seoji.nl.go.kr)와
  국가자료공동목록시스템(http://www.nl.go.kr/kolisnet)에서 이용하실 수 있습니다. (CIP제어번호: CIP2018031069)

정가 18,000원

독자의 1초를 아껴주는 정성 길벗출판사

길벗 | IT실용서, IT/일반 수험서, IT전문서, 경제경영서, 취미실용서, 건강실용서, 자녀교육서
더퀘스트 | 인문교양서, 비즈니스서
길벗이지톡 | 어학단행본, 어학수험서
길벗스쿨 | 국어학습서, 수학학습서, 유아학습서, 어학학습서, 어린이교양서, 교과서

페이스북 · www.facebook.com/gilbuteztok
네이버 포스트 · http://post.naver.com/gilbuteztok
유튜브 · https://www.youtube.com/gilbuteztok

30장면으로 끝내는

스크린 영어회화

해설 라이언 강

길벗
이지:톡

재미와 효과를 동시에 잡는 최고의 영어 학습법!
30장면만 익히면 영어 왕초보도 영화 주인공처럼 말한다!

재미와 효과를 동시에 잡는 최고의 영어 학습법!

영화로 영어 공부를 하는 것은 이미 많은 영어 고수들에게 검증된 학습법이자, 많은 이들이 입을 모아 추천하는 학습법입니다. 영화가 보장하는 재미는 기본이고, 구어체의 생생한 영어 표현과 자연스러운 발음까지 익힐 수 있기 때문이죠. 잘만 활용한다면, 원어민 과외나 학원 없이도 살아있는 영어를 익힐 수 있는 최고의 학습법입니다. 영어 공부가 지루하게만 느껴진다면 비싼 학원을 끊어놓고 효과를 보지 못했다면, 재미와 실력을 동시에 잡을 수 있는 영화로 영어 공부에 도전해보세요!

영어 학습을 위한 최적의 영화 장르, 애니메이션!

영화로 영어를 공부하기로 했다면 영화 장르를 골라야 합니다. 어떤 영화로 영어 공부를 하는 것이 좋을까요? 슬랭과 욕설이 많이 나오는 영화는 영어 학습에는 별로 도움이 되지 않습니다. 실생활에서 자주 쓰지 않는 용어가 많이 나오는 의학 영화나 법정 영화, SF영화도 마찬가지죠. 영어 고수들이 추천하는 장르는 애니메이션입니다. 애니메이션에는 문장 구조가 복잡하지 않으면서 실용적인 영어 표현이 많이 나옵니다. 또한 성우들의 깨끗한 발음으로 더빙 되어있기 때문에 발음 훈련에도 도움이 되죠. 이 책은 디즈니-픽사의 〈업〉 대본을 소스로, 현지에서 사용하는 신선한 표현을 배울 수 있습니다.

전체 대본을 공부할 필요 없다! 딱 30장면만 공략한다!

영화 대본도 구해놓고 영화도 준비해놨는데 막상 시작하려니 어떻게 공부를 해야 할 지 막막하다고요? 영화를 통해 영어 공부를 시도하는 사람은 많지만 좋은 결과를 봤다는 사람을 찾기는 쉽지 않습니다. 어떻게 해야 효과적으로 영어를 공부할 수 있을까요? 무조건 많은 영화를 보면 될까요? 아니면 무조건 대본만 달달 외우면 될까요? 이 책은 시간 대비 최대 효과를 볼 수 있는 학습법을 제시합니다. 전체 영화에서 가장 실용적인 표현이 많이 나오는 30장면을 뽑았습니다. 실용적인 표현이 많이 나오는 대표 장면 30개만 공부해도, 훨씬 적은 노력으로 전체 대본을 학습하는 것만큼의 효과를 얻을 수 있죠. 또한 이 책의 3단계 훈련은 30장면 속 표현을 효과적으로 익히고 활용하는 데 도움을 줍니다. ❶ 핵심 표현 설명을 읽으며 표현에 대한 전반적인 이해를 하고 ❷ 패턴으로 표현을 확장하는 연습을 하고 ❸ 확인학습으로 익힌 표현들을 되짚으며 영화 속 표현을 확실히 익히는 것이죠. 유용한 표현이 가득한 30장면과 체계적인 3단계 훈련으로 영화 속 표현들을 내 것으로 만드세요!

이 책은 스크립트 북과 워크북, 전 2권으로 구성되어 있습니다. 이 책은 스크립트 북으로 전체 대본과 번역, 주요 단어와 표현 설명이 포함되어 있습니다. 각 Day마다 가장 실용적인 표현이 많이 나오는 장면 이 표시되어 있습니다. 이 장면을 워크북에서 집중 훈련합니다.

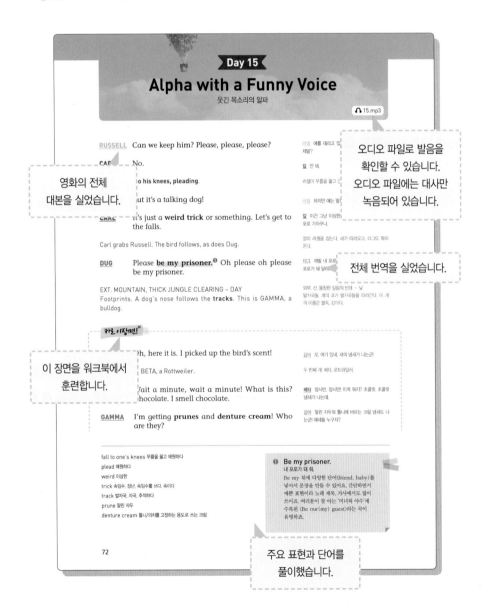

영화의 전체 대본을 실었습니다.

오디오 파일로 발음을 확인할 수 있습니다. 오디오 파일에는 대사만 녹음되어 있습니다.

전체 번역을 실었습니다.

이 장면을 워크북에서 훈련합니다.

주요 표현과 단어를 풀이했습니다.

Day 15

Alpha with a Funny Voice
웃긴 목소리의 알파

🎧 15.mp3

RUSSELL　Can we keep him? Please, please, please?

CARL　No.

...o his knees, pleading.

...ut it's a talking dog!

CARL　...It's just a **weird trick** or something. Let's get to the falls.

Carl grabs Russell. The bird follows, as does Dug.

DUG　Please **be my prisoner.** Oh please oh please be my prisoner.

EXT. MOUNTAIN, THICK JUNGLE CLEARING – DAY
Footprints. A dog's nose follows the **tracks**. This is GAMMA, a bulldog.

...h, here it is. I picked up the bird's scent!

...BETA, a Rottweiler.

...Vait a minute, wait a minute! What is this? ...hocolate. I smell chocolate.

GAMMA　I'm getting **prunes** and **denture cream**! Who are they?

러셀　얘를 데리고 있...? 제발?

칼　안 돼

러셀이 무릎을 꿇고 간...

러셀　하지만 얘는 말...

칼　이건 그냥 이상한... 포로 가자니까.

칼이 러셀을 잡는다. 새가 따라오고, 더그도 따라온다.

더그　제발 내 포로... 포로가 돼 달라...

외부, 산, 울창한 밀림의 빈터 – 낮
발자국들. 개의 코가 발자국들을 따라간다. 이 개의 이름은 블록, 감마다.

감마　오, 여기 있네. 새의 냄새가 나는군!

두 번째 개 베타, 로트와일러.

베타　잠시만, 잠시만 이게 뭐지? 초콜릿, 초콜릿 냄새가 나는데.

감마　말린 자두와 틀니에 바르는 크림 냄새도 나는군! 얘네들 누구지?

fall to one's knees 무릎을 꿇고 애원하다
plead 애원하다
weird 이상한
trick 속임수, 장난, 속임수를 쓰다, 속이다
track 발자국, 자국, 추적하다
prune 말린 자두
denture cream 틀니/의치를 고정하는 용도로 쓰는 크림

❶ **Be my prisoner.**
내 포로가 돼 줘
Be my 뒤에 다양한 단어(friend, baby)를 넣어서 문장을 만들 수 있어요. 간단하면서 예쁜 표현이라 노래 제목, 가사에서도 많이 쓰이죠. 여러분이 잘 아는 '미녀와 야수'에 수록된 〈Be our(my) guest〉라는 곡이 유명하죠.

72

칼 Carl

소꿉친구 엘리와 알콩달콩 사랑을 키워나가다 결혼까지 골인하며 평생을
함께 보낸 순애보입니다. 엘리가 먼저 하늘나라로 떠난 후, 엘리와의 약속
을 지키기 위해 파라다이스 폭포로 떠나죠.

엘리 Ellie

어릴 때부터 대모험가가 되는 꿈을 꾸던 유쾌발랄하며 당찬 소녀였던
엘리는 칼과 행복하게 살다가 먼저 세상을 떠나게 됩니다.
어린 시절부터 간직해 왔던 '나의 모험 책'을 칼에게 선물하죠.

러셀 Russell

칼과 같은 동네에 사는 귀여운 야생 탐사대원입니다. 어르신에게 한가지
선행을 해야 야생 탐사대 훈장 배지를 얻을 수 있기 때문에 칼을 찾아와
귀찮게 하죠. 어쩌다 보니 칼의 여행에 동행하게 됩니다.

찰스 먼츠 Charles Muntz

칼과 엘리에게 파라다이스 폭포에 대한 꿈을 심어 준 선대의
대모험가입니다. 사기꾼이라는 누명을 벗기 위해 평생
거대 새(케빈)을 찾아 다니죠. 하지만 대단한 반전을 가진 인물입니다.

더그 Dug

찰스 먼츠와 그의 일당으로부터 칼과 러셀, 케빈을 구출하는 일등 공신.
원래는 찰스 먼츠의 부하 개 중 한 마리인데 다른 개들과는 다르게 천성이
여리죠. 평소엔 겁이 많아 보이지만 결정적인 순간에는 기지와 용맹을
발휘하는 정의의 사도랍니다.

차례

Contents

Adventure Is Out There!

모험은 바로 저 너머에!

🎧 01.mp3

A 1930's **NEWSREEL**.

1930년대 극장의 뉴스영화

<u>NEWSREEL ANNOUNCER (V.O.)</u> "Movietown News" presents... Spotlight on Adventure!

뉴스영화 아나운서 (목소리) "영화마을 뉴스"가 제공합니다… 집중 조명 모험 속으로!

The mysterious SOUTH AMERICAN JUNGLE. A massive waterfall **cascades** down a **gigantic**, **flat-topped** mountain.

신비한 남미의 정글. 봉우리가 납작한 거대한 산 위에서 엄청난 폭포가 쏟아진다.

<u>NEWSREEL ANNOUNCER (V.O.)</u> What you are now witnessing is footage never before seen by civilized humanity: a lost world in South America! **Lurking** in the shadow of **majestic** Paradise Falls, it **sports** plants and animals undiscovered by science. Who would dare **set foot** on this **inhospitable** summit?

뉴스영화 아나운서 (목소리) 지금 당신이 목격하고 있는 것은 문명화된 인류에게 단 한 번도 공개된 적이 없는 영상입니다: 남미의 잃어버린 세계! 장엄한 파라다이스 폭포의 그늘 속에 숨어서 지금껏 과학자들이 발견하지 못한 식물들과 동물들이 즐겁게 놀고 있는 곳이죠. 사람이 살기 어려운 이 정상에 과연 누가 감히 발을 들여놓을 수 있을까요?

A painted portrait of a **dashing** young adventurer.

늠름한 젊은 모험가의 초상화.

<u>NEWSREEL ANNOUNCER (V.O.)</u> Why, our subject today: Charles Muntz!

뉴스영화 아나운서 (목소리) 네, 오늘의 주인공은 바로: 찰스 먼츠입니다!

A massive **DIRIGIBLE descends** on an **airfield**.

거대한 비행선이 이착륙장으로 하강한다.

<u>NEWSREEL ANNOUNCER (V.O.)</u> The beloved explorer lands his dirigible, the "Spirit of Adventure," in New Hampshire this week, completing a year long **expedition** to the lost world!

뉴스영화 아나운서 (목소리) 바로 그 사랑 받는 탐험가가 지난 1년 동안 잃어버린 세계 탐험을 완수하고, 이번 주 뉴햄프셔에 그의 비행선 '모험의 정신'을 착륙합니다.

INT. MOVIE THEATRE – CONTINUOUS
Of everyone watching in the **modest**, small town theater, no one is more **enthralled** than 8-year- old CARL FREDRICKSEN.

내부. 영화관 – 계속
수수하고 작은 마을의 영화관에서 영화를 보고 있는 모든 사람 중, 8살 꼬마 칼 프레드릭슨만큼 마음을 빼앗긴 사람은 없다.

---

newsreel 뉴스영화

cascade 작은 폭포, 폭포처럼 흐르다

gigantic 거대한

flat-topped 평정의, 꼭대기가 납작한 모양의

lurk (나쁜 짓을 하려고) 숨어있다, 잠복하다

majestic 장엄한, 위풍당당한

sport 자랑스럽게 보이다/입다, 즐겁게 놀다

set foot 발을 들여놓다, ~에 발을 딛다

inhospitable (기후 조건이) 사람이 살기 힘든, 불친절한

dashing 늠름한, 멋진

dirigible 비행선

descend 내려오다, 하강하다

airfield 이착륙장, 비행장

expedition 탐험, 원정

modest 겸손한, 소박한, 보통의

enthrall 마음을 사로잡다, 매혹시키다

NEWSREEL ANNOUNCER (O.S.) This lighter-than-air craft was designed by Muntz himself, and is longer than 22 **Prohibition paddywagons** placed **end to end.**❶

뉴스영화 아나운서 (화면 밖) 먼츠가 직접 디자인 해 만든 공기보다 더 가벼운 이 비행체는 금주법 을 어긴 호송차 22개 차량을 연결해 놓은 것보다 몸체가 더 깁니다.

Young Carl stares, mouth **agape**, wearing leather flight helmet and goggles – just like his idol on the silver screen.

어린 칼이 입을 헤 벌리고 영상을 응시하고, 가죽 소재의 비행용 헬멧과 고글을 쓰고 있는 그의 모 습이 – 은막 위의 그의 우상과 똑같다.

NEWSREEL ANNOUNCER (V.O.) And here comes the adventurer now!

뉴스영화 아나운서 (목소리) 이제 곧 그 모험가가 등장합니다!

NEWSREEL FOOTAGE – the dashing Muntz descends down the **gangplank** to the delight of the crowd. His dogs trail him.

뉴스영화 영상 – 늠름한 모습의 먼츠가 기쁨으로 맞이하는 군중들을 향해 건널 판자를 내려오고 있 다. 그의 개들이 그를 따라서 나온다.

NEWSREEL ANNOUNCER (V.O.) Never apart from his faithful dogs, Muntz conceived the craft for **canine** comfort! It's a **veritable** floating palace in the sky...

뉴스영화 아나운서 (목소리) 그의 충직한 개들과 늘 함께하는 먼츠는 비행선을 개들의 안락함을 고 려해 고안했습니다! 참으로 하늘 위를 떠다니는 궁 전이군요…

An **opulent** dining room.

호화로운 식당

NEWSREEL ANNOUNCER (V.O.) ...complete with doggie bath and mechanical canine walker.

뉴스영화 아나운서 (목소리) …강아지 욕조와 워 킹 기계.

One dog suffers through mechanized bath time, while a second wears an electrode helmet and runs on a treadmill.

어떤 개는 기계적인 목욕 시간을 괴로워하고, 다른 개는 전극 헬멧을 쓰고 러닝머신 위에서 뛰고 있 다.

NEWSREEL ANNOUNCER (V.O.) And Jiminy Cricket, do the locals consider Muntz **the bee's knees**! And how!

뉴스영화 아나운서 (목소리) 그리고 맙소사, 지역 주민들은 먼츠를 정말 사랑하는군요! 그렇죠!

Cameras flash as Muntz stands heroic, striking his signature "thumbs up" stance.

먼츠가 자신의 트레이드마크인 '엄지 척' 자세를 보이며 영웅처럼 서서 카메라 세례를 받고 있다.

MUNTZ "**Adventure is out there!**"❷

먼츠 "모험은 바로 저 너머에!"

In the theater, Young Carl returns the thumbs up.

영화관에서 어린 칼이 화답하듯 엄지를 척 올린다.

Prohibition 금주법, 금주법 시행 시대
paddywagon 범인/죄수 호송차
agape (놀람, 충격으로 입을) 딱 벌리고
gangplank 건널 판자, 비행선 건널판
canine 개의
veritable (강조) 진정한, 참으로
opulent 호화로운, 엄청나게 부유한
the bee's knees 최상급의 것, 멋진 것, 뛰어난 사람

❶ **end to end** 끝과 끝을 붙여 (한 줄로)
이 표현은 말 그대로 '끝에서 끝까지(처음부터 끝까지)'라는 뜻이에요. 한 줄로 쭉 늘어놓은 모양이나 경험, 공연 등에 대해 말할 때 쓸 수 있어요.

❷ **Adventure is out there!**
모험은 바로 저 너머에!
out there은 문자 그대로 해석하면 '저기 밖에'라는 뜻이지만 이 표현은 주로 구어체에서 '세상 밖으로 나가면, 세상에는'이라는 의미로 해석할 수 있어요.

11

<u>**NEWSREEL ANNOUNCER (V.O.)**</u> But what has Muntz brought back this time?	뉴스영화 아나운서 (목소리) 그런데 이번에는 먼츠가 무엇을 가져 왔을까요?
Muntz speaks to a crowded **auditorium**, on stage beside a **curtained object**.	먼츠가 무대 위 커튼으로 가린 물건 옆에 서서 강당에 가득 찬 사람들에게 말한다.
<u>**MUNTZ**</u> Gentlemen, I give you: the Monster of Paradise Falls!	먼츠 신사 여러분. 여러분에게 공개합니다: 파라다이스 폭포의 괴물!
He pulls away the **drape** to reveal a GIANT BIRD SKELETON.	그가 휘장을 걷어내자 거대한 새의 해골이 나타난다.
<u>**CROWD**</u> Ooh!	군중 오!
Young Carl **leans forward**, eyes **bulging**.	어린 칼이 눈을 휘둥그레 뜨고 앞쪽으로 몸을 기울인다.
<u>**NEWSREEL ANNOUNCER (V.O.)**</u> And **golly**, what a **swell** monster this is. But what's this?	뉴스영화 아나운서 (목소리) 그리고 와, 정말 대단한 괴물이군요. 그런데 이건 뭔가요?
Skeptical scientists analyze the bones.	의심 많은 과학자들이 뼈들을 분석한다.
<u>**NEWSREEL ANNOUNCER (V.O.)**</u> Scientists **cry foul**! The National Explorers Society **accuses** Muntz **of fabricating** the skeleton!	뉴스영화 아나운서 (목소리) 과학자들이 거짓이라고 외칩니다! 탐험가 협회는 그가 괴물의 해골을 조작했다고 비난합니다!
<u>**YOUNG CARL**</u> No!	어린 칼 아냐!
Muntz's portrait is removed from a wall of paintings of other famous explorers.	먼츠의 초상화가 다른 유명한 탐험가들의 초상화가 걸려 있는 벽에서 떼어진다.
<u>**NEWSREEL ANNOUNCER (V.O.)**</u> The organization **strips** Muntz **of** his membership.	뉴스영화 아나운서 (목소리) 협회에서 먼츠의 회원 자격을 박탈합니다.
Muntz's "Explorer's Society" badge is **ceremoniously RIPPED** from his jacket. Carl GASPS. Muntz stands next to his dirigible at an airfield. He **grimly** addresses the crowd.	먼츠의 "탐험가 협회" 배지가 의식에 따라 그의 재킷에서 떼어진다. 칼이 헉하고 놀란다. 먼츠가 비행장에 있는 그의 비행선 옆에 서 있다. 그가 엄숙한 표정으로 군중들에게 연설한다.

---

auditorium 객석, 강당	cry foul 부당하다고/잘못되었다고 외치다
curtained object 커튼으로 가려진 물건/물체	accuse of ~에 대한 잘못을 묻다, 비난하다
drape 휘장	fabricate 조작하다, 날조하다
lean forward 몸을 앞으로 구부리다	strip of ~을 빼앗다, (자격 등을) 박탈하다
bulge 가득 차다, 툭 튀어/불거져 나오다	ceremoniously 예식/의식에 따라
golly (놀람을 나타내며) 야, 와	rip (갑자기 거칠게) 찢다, 떼어/뜯어내다
swell 아주 좋은, 즐거운, 멋진	grimly 엄하게, 엄숙하게, 단호하게, 험악하게
skeptical 회의적인, 의심이 많은	

NEWSREEL ANNOUNCER (V.O.) Humiliated, Muntz vows a return to Paradise Falls and promises to **capture** the beast... **alive**!

뉴스영화 아나운서 (목소리) 창피를 당한 먼츠는 파라다이스 폭포에서 야수를 잡아서 돌아오겠노라고 맹세합니다… 산 채로!

바로 이장면!*

MUNTZ I promise to capture the beast... alive!

먼츠 난 꼭 야수를 잡아 올 것이오… 산채로!

In the theater, young Carl smiles.

영화관에서, 어린 칼이 미소 짓는다.

MUNTZ And I will not come back until I do!

먼츠 그리고 야수를 잡기 전에는 절대 돌아오지 않을 것이오!

The crowd CHEERS.
Muntz gives his thumbs up from the **cockpit** as the dirigible **lifts off**.

군중이 환호한다.
비행선이 이륙할 때 먼츠가 조종석에서 그의 엄지를 척 들어 올린다.

NEWSREEL ANNOUNCER (V.O.) And so the explorer is off to **clear his name. Bon voyage** Charles Muntz, and good luck capturing the Monster of Paradise Falls!

뉴스영화 아나운서 (목소리) 그래서 그 탐험가는 오명을 씻기 위해 떠납니다. 멋진 여행 하세요, 찰스 먼츠, 그리고 꼭 파라다이스 폭포의 괴물을 잡을 수 있기를 바랍니다!

Carl looks like he just witnessed a miracle.

칼이 마치 지금 방금 기적을 본 듯한 모습이다.

DISSOLVE TO:
EXT. SMALL TOWN NEIGHBORHOOD, 1930'S – DAY – CONTINUOUS
Young Carl "**flies**" his blue balloon ("The Spirit of Adventure" **hand-written** on it) as he runs along the **sidewalk**. He still wears helmet and goggles.

화면이 차차 밝아지며:
외부. 소도시의 동네, 1930년대 – 낮 – 계속
어린 칼이 인도로 뛰어가며 그의 파란 풍선을("모험의 정신"이라고 손글씨가 쓰인) 조종하고 있다. 그는 여전히 헬멧과 고글을 쓰고 있다.

TITLE CARD: WALT DISNEY PICTURES PRESENTS

제목 카드: 월트 디즈니 영화사 제공

NEWSREEL ANNOUNCER (V.O.) Here's Charles Muntz **piloting** his famous dirigible!!

뉴스영화 아나운서 (목소리) 찰스 먼츠가 그의 유명한 비행선을 조종하고 있습니다!!

TITLE CARD: A PIXAR ANIMATION STUDIOS FILM

제목 카드: 픽사 애니메이션 스튜디오 영화

NEWSREEL ANNOUNCER (V.O.) He **hurdles Pike's Peak**!

뉴스영화 아나운서 (목소리) 그가 파이크스 피크를 뛰어넘습니다!

---

humiliate 굴욕감/창피를 주다

vow 맹세, 서약, 맹세/서약하다

capture 포획하다, 포로로 잡다, 억류하다

alive 살아 있는, 산채로

cockpit (항공기, 배, 경주용 자동차의) 조종석

lift off 이륙하다

clear one's name 결백을 증명하다, 오명을 씻다

bon voyage 〈불어〉 여행 잘 다녀오세요.

fly 비행체를 조종하다

hand-written 손으로 쓴, 손글씨의

sidewalk 인도, 보도

pilot 조종하다, 조종사

hurdle (경기용) 허들/장애물, ~을 뛰어넘다

Pike's Peak 파이크스 피크; 미국 콜로라도 주 로키 산맥에 속한 산

Carl jumps over a small rock.

칼이 작은 돌멩이를 뛰어넘는다.

NEWSREEL ANNOUNCER (V.O.) He hurdles the Grand Canyon!

뉴스영화 아나운서 (목소리) 그가 그랜드 캐니언을 뛰어넘습니다!

Carl jumps over a **crack** in the sidewalk.

칼이 인도가 갈라진 틈을 뛰어넘는다.

NEWSREEL ANNOUNCER (V.O.) He hurdles Mount Everest!

뉴스영화 아나운서 (목소리) 그가 에베레스트산을 뛰어넘습니다!

Carl jumps over a tree **stump**... and **smacks** into it instead.

칼이 나무의 그루터기를 뛰어넘으려다… 쾅 하고 부딪히고 만다.

NEWSREEL ANNOUNCER (V.O.) He... **goes around** Mount Everest! Is there nothing he cannot do?

뉴스영화 아나운서 (목소리) 그가… 에베레스트산의 옆으로 우회합니다! 세상에 그가 할 수 없는 일이 있기는 한 걸까요?

TITLE CARD – UP

제목 카드 – 업

NEWSREEL ANNOUNCER (V.O.) Yes, as Muntz himself says: "Adventure is–"

뉴스영화 아나운서 (목소리) 네, 먼츠 그 자신이 말하듯이: "모험은–"

GIRL'S VOICE (O.S.) "Adventure is out there!"

소녀의 목소리 (화면 밖) "모험은 바로 저 너머에!"

Carl stops. Who said that?
The voice comes from a **dilapidated** HOUSE, windows **boarded up** and **lawn overgrown** with **weeds**. The **weather vane atop** the house turns, pulled by ropes.

칼이 멈춘다. 지금 말한 사람 누구지? 창문들은 판자로 막아놓고 잔디밭은 잡초로 무성한 허물어져 가는 어떤 집 쪽에서 목소리가 들린다. 집의 꼭대기에 있는 풍향계가 로프로 잡아당겨지며 돌아간다.

GIRL'S VOICE (O.S.) Look out! Mount Rushmore! Hard to **starboard**. Must get the Spirit of Adventure over Mount Rushmore...

소녀의 목소리 (화면 밖) 조심해! 러시모어산 우측으로 가기가 힘드네. '모험의 정신'호를 타고 러시모어산을 넘을 수밖에 없겠어…

---

crack 갈라진 틈, (무엇이 갈라져 생긴) 금

stump 그루터기, (주요 부분이 잘려진) 남은 부분

smack 세게 부딪치다

go around 둘러서 가다

dilapidated (가구나 건물이) 다 허물어져 가는

board up (문, 창문 등을) 판자로 막다

lawn 잔디밭

overgrown (풀, 잡초 등이) 마구/제멋대로 자란

weeds 잡초

weather vane 풍향계

atop 꼭대기에, 맨 위에

Look out! (경고) 조심해라!

Mount Rushmore 러시모어산

starboard (배의) 우현, (항공기의) 우측

Ellie & Carl's First Encounter

엘리와 칼의 첫 만남

🎧 02.mp3

Carl walks toward the voice.

GIRL'S VOICE (O.S.) Hold together old girl. How're my dogs doing? Ruff ruff!

INT. **DILAPIDATED** HOUSE, HALLWAY – CONTINUOUS
Carl **squeezes through** the broken door into the **foyer**. He follows the voice toward the living room.

GIRL'S VOICE (O.S.) All engines ahead full! Let's take her up to 26,000 feet! **Rudders** eighteen degrees towards the south.

INT. DILAPIDATED HOUSE, LIVING ROOM – CONTINUOUS
Carl rounds the corner to see...
ELLIE, an eight year old girl, her **mussy** red hair **barely visible beneath** her flight helmet and goggles. **Bare footed**, her overalls are **patched** and dirty.
The old house has been transformed into a **make-believe** dirigible cockpit. Ellie steers, the wheel made from a **rusty** old bicycle.

YOUNG ELLIE It's a beautiful day, winds out of the east at ten knots. **Visibility**... unlimited. (yells a command) Enter the weather in the **logbook**!

The **navigator** (her hamster) **skitters** in its cage.
Ellie uses two tied-together Coke bottles as **binoculars**.

YOUNG ELLIE Oh! There's something down there! I will bring it back for science. Awwww, it's a puppy!

칼이 목소리를 향해 걸어간다.

소녀의 목소리 (화면 밖) 잘 버텨요 부인. 우리 강아지들은 잘 있니? 멍멍!

내부. 폐가, 복도 – 계속
칼이 현관 쪽 부서진 문 사이를 비집고 들어간다. 그가 거실 쪽에서 나오는 소리를 따라간다.

소녀의 목소리 (화면 밖) 모든 엔진은 전속력으로 앞으로 전진! 26,000피트 상승! 방향타는 남쪽으로 18도에 맞추고.

내부. 폐가, 거실 – 계속
칼이 코너를 돌아서 보니…
비행 헬멧과 고글에 가려져 잘 보이지 않은 헝클어진 빨간 머리의 8살 소녀, 엘리가 있다. 맨발에, 그녀의 작업복은 얼룩지고 지저분하다.
낡은 집이 가상의 비행기구 조종석으로 변신해 있다. 엘리가 녹슬고 낡은 자전거로 만든 핸들을 조종한다.

어린 엘리 동풍 속도 10노트의 화창한 날이네. 가시거리… 무한대. (소리쳐 명령을 내린다) 항해일지에 날씨를 기록하라!

항해사(그녀의 햄스터)가 우리에서 날쌔게 뛰어다닌다.
엘리가 콜라병 두 개를 연결해서 쌍안경으로 쓰고 있다.

어린 엘리 오! 저 밑에 뭔가가 있다! 과학연구를 위해 가지고 올 것이다. 어, 강아지잖아!

---

dilapidated (가구나 건물이) 다 허물어져 가는

squeeze through ~을 간신히 통과하다, 해내다

foyer (주택, 아파트의) 현관/입구, 로비

rudder (항공기의) 방향타, (배의) 키

mussy 구깃구깃한, 난잡한, 엉망의

barely visible 겨우 보일락 말락 하는

beneath 아래/밑에

bare footed 맨발의

patched (옷에 헝겊 등으로) 덧댄, 얼룩진

make-believe 환상, (놀이에서) 사실인 것처럼 상상하기

rusty 녹슨

visibility 시계, 시정, 가시성

logbook 항해일지

navigator (배, 항공기 등의) 조종사, 항해사

skitter 잽싸게/경쾌하게 달리다

binoculars 쌍안경

Carl **is distracted by** the Muntz newspaper clippings taped to the wall.

YOUNG ELLIE (O.S.) No time! A storm! Lightning! **Hail**!

Ellie pops up in front of Carl.

벽에 붙어있는 먼츠에 관한 신문 스크랩에 칼의 관심이 쏠린다.

어린 엘리 (화면 밖) 시간이 없어! 폭풍우다! 번개! 우박!

엘리가 불쑥 칼 앞에 나타난다.

바로 이장면!*

YOUNG ELLIE What are you doing!?!

Carl screams. He **lets go of** his balloon. It floats through a broken part of the ceiling and disappears. Ellie circles Carl **accusingly**.

YOUNG ELLIE Don't you know this is an exclusive club? Only explorers get in here. Not just any kid off the street with a helmet and a pair of goggles. **Do you think you got what it takes?**① Well, do you?!?

Carl **FUMFERS**.

YOUNG ELLIE Alright, **you're in.**② Welcome aboard.

She **offers her hand**. Carl looks down, embarrassed.

YOUNG ELLIE What's wrong? Can't you talk?

Carl is frozen. Ellie softens.

YOUNG ELLIE Hey, I don't bite.

She takes off her helmet. Her hair **frizzes** out **in all directions**. She removes a homemade GRAPE SODA CAP pin from her shirt and pins it on Carl.

YOUNG ELLIE You and me, we're in a club now.

어린 엘리 여기서 뭐 하는 거지!?!

칼이 비명을 지른다. 들고 있던 풍선을 놓친다. 풍선이 천장의 부서진 곳을 통과해 날아가며 사라진다. 엘리가 비난하는 듯한 표정으로 칼 주변을 돈다.

어린 엘리 여긴 회원자격이 있어야만 들어올 수 있는 클럽이라는 거 몰라? 탐험가들만 여기에 들어올 수 있어. 헬멧과 고글만 썼다고 아무나 막 들어올 수 있는 곳이 아니라고. 네가 여기에 들어올 자격이 있다고 생각해? 응, 그러냐?!?

칼이 웅얼거린다.

어린 엘리 좋아. 넌 자격이 있어. 우리 클럽에 가입하게 된 걸 환영해.

그녀가 손을 내민다. 칼이 부끄러워하며, 바닥을 내려다본다.

어린 엘리 왜 그래? 말을 못하니?

칼이 얼어붙었다. 엘리가 부드럽게 말한다.

어린 엘리 야, 나 안 물어.

그녀가 헬멧을 벗는다. 그녀의 머리가 곱슬거리며 사방으로 뻗친다.
그녀가 집에서 만든 포도 소다 뚜껑 배지를 자신의 옷에서 떼어내어 칼에게 끼워준다.

어린 엘리 너하고 나하고, 우린 이제 같은 클럽 회원이야.

---

be distracted by ~에 정신이 팔린

hail 우박

let go of (손에 쥔 것을) 놓다, ~에서 손을 놓다

accusingly 비난하듯, 힐난조로

fumfer 중얼/웅얼거리다

offer one's hand 손을 내밀다

frizz 《비격식》 머리털이 곱슬곱슬하다

in all direction 사방팔방으로

① **Do you think you got what it takes?**
네가 그럴 자질/능력이 있다고 생각하니?
have/got what it takes는 '(~을 완수하는데 필요한) 능력/자질이 있다'라는 의미의 숙어예요. have와 got은 교체해서 써도 된답니다.

② **You're in.** 넌 합격이야.
상대방에게 너도 나/우리의 일에 동참해도 좋다고 할 때 쓰는 표현이에요. 내가 상대방과 함께하려고 할 때 '나도 같이할게, 나도 낄게'는 I'm in. 이라고 하지요.

Carl smiles.

YOUNG ELLIE I saw where your balloon went. Come on, let's go get it!❶

Carl watches her **stride** out of the room. She pops back in.

YOUNG ELLIE My name's Ellie.

칼이 미소 짓는다.

어린 엘리 네 풍선이 어느 쪽으로 가는지 봤어. 이리 와, 찾으러 가자!

칼이 그녀가 성큼성큼 걸어 나가는 것을 본다. 그녀가 다시 불쑥 들어온다.

어린 엘리 내 이름은 엘리야.

She grabs his hand. Carl blushes as she pulls him out of the room.

INT. DILAPIDATED HOUSE, UPSTAIRS

YOUNG ELLIE **There it is.**❷

Carl and Ellie look across the attic at the balloon. Between them the floor has **collapsed, save** one **rickety beam.** Carl **GULPS.**

YOUNG ELLIE Well, go ahead.

She pushes him out onto the beam.

YOUNG ELLIE Go on.

Carl steels his courage. He puts on his goggles, starts forward... and FALLS through the floor.

CUT TO:
EXT. SMALL TOWN NEIGHBORHOOD STREET – DAY
Ambulance. SIREN **blaring.**

EXT. CARL'S HOUSE – NIGHT
One **lone** light on upstairs.

그녀가 그의 손을 잡는다. 그녀가 그를 방 밖으로 잡아당기자 칼의 얼굴이 빨개진다.

내부, 폐가, 위층

어린 엘리 저기 있다.

칼과 엘리가 다락방 저쪽에 풍선이 있는 것을 본다. 그들 사이로 바닥이 무너져있다. 곧 부서질 듯한 판자 하나만 빼고, 칼이 침을 꿀꺽 삼킨다.

어린 엘리 자, 어서 가봐.

그녀가 그를 판자 위쪽으로 민다.

어린 엘리 어서 가.

칼이 굳은 용기를 낸다. 그가 자기 고글을 쓰고 앞으로 나가기 시작한다… 그리고 바닥으로 떨어진다.

장면전환:
외부, 소도시 동네길 – 낮
구급차. 요란한 사이렌 소리.

외부, 칼의 집 – 밤
위층에 외로운 불 하나가 켜져 있다.

---

stride 성큼성큼 걷다, (성큼성큼 걷는) 걸음
collapse 붕괴하다, 무너지다
save ~을 제외하고
rickety 곧 무너질 듯한/부서질 듯한
beam 빛줄기, 기둥, 나무판자, 평균대
gulp 꿀꺽꿀꺽 삼키다, 벌컥벌컥 마시다
blare (소리를) 요란하게/쾅쾅 울리다
lone 혼자인, 단독의

❶ **Let's go get it!** 가서 그것을 가져오자!
구어체로 쓸 때는 and를 생략하고 'go + 동사' 형식으로 씁니다. '가서 ~하다'라는 의미로 Go ask him, '가서 그에게 물어봐라' 이렇게 써요.

❷ **There it is.** 저기에 있다.
찾던 것이 보일 때 '저기에 있네'라고 할 때 쓰는 표현이에요. 순서를 잘 기억해서 There it is! 라고 해 주세요.

Paradise Falls, a Land Lost in Time

파라다이스 폭포, 시간 속에 사라진 땅

🎧 03.mp3

INT. CARL'S ROOM
Carl in bed, reading a book by flashlight, his arm in a **CAST**.
Into the room floats Carl's lost BLUE BALLOON.
Carl jumps and CALLS OUT **in fright**.

YOUNG CARL (**re:** arm) Ow!

A head pops up from outside the open window.

YOUNG ELLIE Hey kid!!

Carl SCREAMS, **hitting himself in the face** with the cast.

YOUNG CARL Ow!!

Ellie climbs in the window.

YOUNG ELLIE **Thought you might need a little cheerin'**
up.❶ I got somethin' to show ya!

INT. CARL'S ROOM – MOMENTS LATER
The two **hunker** under a blanket tent with a flashlight. Ellie
whispers, as if to protect a **National Secret**.

YOUNG ELLIE I **am about to** let you see something I have
never shown to another human being. Ever.
In my life.

Carl's eyes widen **in alarm**.

YOUNG ELLIE You'll have to swear you will not tell
anyone.

내부. 칼의 방
칼이 팔에 깁스하고 침대에 누워 손전등 불빛에
의지해 책을 읽고 있다.
칼의 잃어버렸던 파란 풍선이 방으로 둥둥 떠서
날아 들어온다.
칼이 놀라서 벌떡 뛰어오르며 비명을 지른다.

어린 칼 (팔과 관련해) 아야!

열린 창문으로 밖으로부터 갑자기 머리 하나가 불
쑥 나타난다.

어린 엘리 안녕!!

칼이 비명을 지르다가, 깁스로 자신의 얼굴을 때린다.

어린 칼 아야!!

엘리가 창문 안으로 올라온다.

어린 엘리 네게 위로가 좀 필요할 것 같아서. 보
여줄 게 있어!

내부. 칼의 방 – 잠시 후
둘이 손전등을 가지고 담요 텐트 밑에 쭈그려 숨
는다. 엘리가 속삭인다. 마치 국가기밀을 지키기라
도 하려는 듯이.

어린 엘리 그 어떤 사람에게도 보여준 적이 없었
던 것을 내가 지금 너에게 보여주려는 거야. 단 한
번도, 내 평생.

놀라서 칼의 눈이 휘둥그레진다.

어린 엘리 아무한테도 말하지 않겠다고 맹세해야
만 해.

---

cast 깁스
in fright 깜짝 놀라, 두려워서
re: ~와 관련하여, 회신으로 (=regarding)
hit someone in the face ~의 얼굴을 가격하다
hunker 쭈그리고 앉다, 몸을 구부리다
National Secret 국가기밀
be about to 막 ~하려는 참이다
in alarm 놀라서

> ❶ **Thought you might need a little
> cheerin' up.**
> 네가 격려/응원이 좀 필요할 것 같아서.
> I thought you might need ~ 는 상대방에게
> '혹시 네가 ~가 필요하지 않을까 생각했어'라는
> 의미로 쓰는 패턴이에요. 위의 문장에서는
> 구어체로 주어 I를 생략하고 썼네요. 주로
> 맨 뒤에 help가 따라오는 경우가 많은데, I
> thought you might need some help. '네가
> 도움이 필요할 것 같아서' 이렇게 쓴답니다.

Carl nods.

YOUNG ELLIE **Cross your heart.**❶ Do it!

Carl **crosses**. Ellie **unveils**...

YOUNG ELLIE My Adventure Book!

It's a reused photo album with the words "My Adventure Book" **written across** it. She opens it to a photo of Charles Muntz.

YOUNG ELLIE You know him.

Carl smiles excitedly.

YOUNG ELLIE Charles Muntz, explorer. When I get big, I'm going where he's going: South America.

She turns the page to a map.

YOUNG ELLIE It's like America... but south. Wanna know where I'm gonna live?

She turns to an **engraving** of a large waterfall. A small handdrawn picture of Ellie's **clubhouse** is **glued to** the top.

바로 이 장면!*

YOUNG ELLIE (reading caption) "Paradise Falls, a land **lost in time**." I ripped this right **out of** a library book.

Carl GASPS in horror.

YOUNG ELLIE I'm gonna move my clubhouse there, and park it right next to the falls. **Who knows what lives up there?**❷ And once I get there...

칼이 고개를 끄덕인다.

어린 엘리 마음에 맹세해. 어서!

칼이 십자가를 긋는다. 엘리가 덮개를 벗기는데…

어린 엘리 나의 모험 책!

"나의 모험 책"이라고 적힌 재생한 사진앨범이다. 그녀가 찰스 먼츠 사진이 나온 페이지를 펼친다.

어린 엘리 너도 그를 알잖아.

칼이 상기되어 미소 짓는다.

어린 엘리 찰스 먼츠, 탐험가. 어른이 되면 나도 그가 가는 곳으로 갈 거야: 남미로.

그녀가 지도가 나온 페이지를 펼친다.

어린 엘리 미국 같은 건데… 그런데 남쪽이야. 내가 어디에 살 건지 알고 싶어?

그녀가 큰 폭포가 담긴 판화가 있는 페이지로 책장을 넘긴다. 손으로 직접 그린 엘리의 클럽하우스가 담긴 작은 그림이 꼭대기에 풀로 붙여져 있다.

어린 엘리 (설명문을 읽는다) "파라다이스 폭포, 시간 속에 사라진 땅." 도서관 책에서 바로 뜯어서 가져온 거야.

칼이 겁을 먹고 허억 한다.

어린 엘리 내 클럽하우스를 거기로 옮겨서, 폭포 바로 옆에 주차해 놓을 거야. 거기에 무엇이 살고 있을지 누가 알겠어? 그리고 일단 내가 거기에 가게 되면…

---

cross 십자, X표, 건너다, 성호/십자가를 긋다
unveil (새로운 것을) 덮개를 벗기다, 발표하다
written across ~을 가로질러 쓰여있는
engrave (나무, 돌, 쇠붙이 등에) 새기다
clubhouse 클럽회관, 아지트, 집회소
glue to 아교/풀로 붙이다
lost in time 세월이 지나 잊혀진
out of (근원, 출처) ~에서/로부터

❶ **Cross your heart.**
가슴에 십자가/성호를 그어라.
서양에서는 주로 어린아이들이 맹세할 때 가슴에 십자가를 긋는답니다. 명령형으로 쓰면 '꼭 그러겠다고 약속해/맹세해!'라는 의미이지요.

❷ **Who knows what lives up there?**
그 위에 무엇이 살고 있을지 누가 알겠어?
Who knows? 는 어쩌면 그럴지도 모른다고 할 때 '그걸 누가 알아?'라는 의미로 쓰는 표현이에요. '아무도 모른다'고 해석되기도 해요.

She **flips through** her book, **revealing** a page marked, "STUFF I'M GOING TO DO." Past that, the pages are **blank**.

YOUNG ELLIE Well, I'm saving these pages for all the adventures I'm gonna have. Only... I just don't know how I'm gonna get to Paradise Falls.

그녀가 휙휙 책장을 넘기다가, "내가 할 것들"이라고 적힌 페이지를 보여준다. 그 뒤쪽으로는 내용이 없이 빈 페이지들이다.

어린 엘리 흠, 이 뒤쪽 페이지들은 앞으로 펼쳐질 나의 모든 모험을 담기 위해서 남겨놨어. 그런데 문제는… 파라다이스 폭포에 어떻게 가야 할지 모른다는 거지.

Ellie closes the book, disappointed.
Carl **has a thought**. He looks at his toy dirigible.

엘리가 실망한 표정으로 책을 덮는다.
칼에게 생각이 떠올랐다. 그가 그의 장난감 비행선을 본다.

YOUNG ELLIE That's it! You can take us there in a **blimp**! Swear you'll take us. Cross your heart! Cross it! Cross your heart.

어린 엘리 바로 그거야! 네가 비행선으로 우리를 거기에 데려다주면 되겠다! 우리를 데려가겠다고 맹세해! 마음에 맹세해! 그으라고! 가슴에 십자 그어!

Carl does.

칼이 긋는다.

YOUNG ELLIE Good. You promised. **No backing out.**❶

어린 엘리 좋아. 약속한 거다. 나중에 딴소리하기 없어.

Carl shakes his head "no."

칼이 고개를 저으며 "딴소리 안 할 거야."라고 한다.

YOUNG ELLIE Well, see you tomorrow kid! Bye.

어린 엘리 그럼, 내일 봐, 친구! 안녕.

Ellie hops up and jumps out the window.

엘리가 뛰어올라 창문 밖으로 뛰어내린다.

YOUNG ELLIE "Adventure is out there!!"

어린 엘리 "모험은 바로 저 너머에!!"

She pops back in.

그녀가 다시 불쑥 나타난다.

YOUNG ELLIE You know, you don't talk very much. I like you.

어린 엘리 그런데 있잖아, 넌 말이 별로 없구나. 맘에 들어.

Carl looks out the window after her **in amazement**. He **rests** his head **on** his balloon.

칼이 어이없어하며 창문 밖으로 그녀가 떠난 자리를 바라본다. 그가 풍선을 베개 삼아 머리를 기댄다.

YOUNG CARL Wow.

어린 칼 와우.

The balloon pops.

풍선이 터진다.

---

flip through (책장을) 휙휙 넘기다
reveal 드러내다, 밝히다, 폭로하다
stuff 것, 것들, 물건, 물질
blank 빈, (글자, 그림, 장식 등이) 없는, 빈칸
have a thought ~한 생각을 가지다, 어떤 생각이 들다
blimp 소형비행선
in amazement 놀라서, 어이가 없어서
rest on ~에 의지하다/기대다

❶ **No backing out.**
나중에 발 빼기 없기야.
back out은 '하기로 했던 일에서 빠지다'라는 의미의 구어체적 표현이에요. 위의 표현은 '나중에 발빼기하기 없다' 또는 '나중에 딴소리하지 마라' 등으로 해석하면 자연스럽답니다.

Life Without Ellie
엘리가 없는 삶

🎧 04.mp3

INT. CHURCH – DAY
FLASH! A photo is taken of the wedding couple: Carl and Ellie, now 19. She jumps at him and **gives him a big kiss**.
Ellie's side of the church **erupts** like wild **frontiersmen**. A **gun shot** is fired in the air.
Carl's side, **rigid puritans** in black, clap **politely**.

EXT. DILAPIDATED HOUSE – DAY
Carl carries her past a "SOLD" sign. It's the same house where they met as kids.

EXT. CARL AND ELLIE'S HOUSE – DAY
Still in their wedding clothes: She saws as he hammers.

INT. CARL AND ELLIE'S HOUSE, LIVING ROOM – DAY
They push two chairs **into place side by side** in the living room.

EXT. CARL AND ELLIE'S HOUSE – DAY
Ellie finishes painting "Carl & Ellie" on their MAILBOX. Carl **leans in** to admire her work but leaves a messy paint **handprint** on the mailbox! Oh well; Ellie adds her handprint as well. They smile.

EXT. CARL AND ELLIE'S HOUSE – DAY
Their house now matches Ellie's colorful CLUB HOUSE DRAWING from her childhood Adventure Book.

EXT. **RURAL** HILLSIDE – DAY
They run up a hillside together. They lie side by side on a picnic blanket. She **describes** the clouds. He watches as a cloud **transforms** into a turtle. Carl closes his eyes and smiles. He's lucky to be with her.

내부. 교회 – 낮
카메라 플래시! 결혼식에서 신랑 신부의 사진이 찍힌다: 칼과 엘리, 현재 19살. 그녀가 그에게 뛰어오르며 진한 키스를 선사한다.
교회에 모인 엘리 측 하객들이 마치 열광한 개척자들처럼 흥분한다. 공중에 축포가 발사된다.
칼 측 하객, 검은색 옷을 입고 엄격한 청교도들처럼 점잖게 박수를 친다.

외부. 폐가 – 낮
칼이 그녀를 업고 "판매 완료" 표지판을 지나간다. 그들이 어린 시절 만났던 바로 그 집이다.

외부. 칼과 엘리의 집 – 낮
여전히 결혼식 예복을 입고 있다: 그녀가 톱질하고 그가 망치질한다.

내부. 칼과 엘리의 집, 거실 – 낮
그들이 거실에 의자 두 개를 밀어서 옆으로 나란히 배치한다.

외부. 칼과 엘리의 집 – 낮
엘리가 그들의 우편함에 "칼과 엘리"라고 쓰고 페인트칠을 마감한다. 칼이 몸을 숙여 그녀의 작품에 들여다보며 감동하다가 우편함에 지저분하게 손자국을 남기고 만다! 에이 뭐 그럼 좀 어때: 엘리가 그 옆에 자신의 손자국도 함께 남긴다. 그들이 미소 짓는다.

외부. 칼과 엘리의 집 – 낮
그들의 집이 어린 시절 엘리의 모험 책에 있던 화려한 클럽하우스 그림과 똑같다.

외부. 시골의 작은 언덕 – 낮
그들이 함께 작은 언덕을 뛰어오른다. 소풍 담요 위에 그들이 나란히 눕는다. 그녀가 구름을 묘사한다. 그가 구름이 거북이 모양으로 변하는 것을 바라본다. 칼이 지그시 눈을 감고 미소 짓는다. 그녀와 함께해서 너무 행복하다.

---

flash (잠깐) 비치다, 비추다, 섬광, (카메라) 플래시
a photo is taken 사진 한 컷이 찍혔다
give someone a big kiss ~에게 진한 키스를 하다
erupt (화산이) 분출하다, (강한 감정을) 터뜨리다
frontiersmen (19세기 미국 서부의) 개척자
gun shot 총소리, 발포, 발사
rigid 엄격한, 융통성 없는, 준엄한
puritan 청교도

politely 예의 바르게, 공손하게
into place 제자리로/에
side by side 나란히
lean in (몸을) 기울이다/기대다
handprint 손바닥 자국, 핸드프린트
rural 전원의, 시골의
describe 묘사하다, 서술하다
transform 변형시키다

EXT. ZOO – DAY Ellie **emerges** from the South America House, dressed in her Zookeeper's uniform. Carl **shows off** his new BALLOON CART and uniform. Behind him the balloons **lift** his cart off the ground. Carl jumps to catch it. She giggles.	외부. 동물원 – 낮 엘리가 동물원 사육사의 유니폼을 입고 남미의 집에서 등장한다. 칼이 자신의 새 풍선 카트와 유니폼을 뽐낸다. 그의 뒤로 풍선들이 카트를 땅 위로 들어 올린다. 칼이 카트를 잡으려고 뛰어오른다. 그녀가 킥킥거린다.
INT. CARL AND ELLIE'S HOUSE, LIVING ROOM – DAY Carl and Ellie sit side by side in their chairs, reading. Without looking up from their books, they hold hands.	내부. 칼과 엘리의 집, 거실 – 낮 칼과 엘리가 책을 읽으며 나란히 의자에 앉아있다. 책에서 눈을 떼지 않은 상태로 서로의 손을 잡는다.
EXT. RURAL HILLSIDE – DAY Again at their picnic **spot**, they watch clouds. Ellie sees an elephant with wings. Carl **gives it a try** and points out a BABY. Ellie lights up, excited. She sees ALL the clouds as babies! Carl is **stunned**... but smiles.	외부. 시골의 작은 언덕 – 낮 다시 그들의 소풍 장소에서 그들이 구름을 보고 있다. 엘리가 날개가 달린 코끼리를 본다. 칼이 열심히 찾다가 아기 모양의 구름을 가리킨다. 엘리의 기분이 좋아 흥분하며 표정이 밝아진다. 그녀의 눈에 구름들이 모두 다 아기 모양으로 보인다! 칼이 깜짝 놀라지만… 미소 짓는다.
INT. CARL AND ELLIE'S HOUSE, BABY ROOM – DAY Ellie finishes painting a wall **mural** of a **stork** carrying a **bundle** in its **beak**. Carl hangs a **mobile** above the crib.	내부. 칼과 엘리의 집, 아기방 – 낮 엘리가 황새가 자신의 부리로 보따리를 나르는 모습의 벽화를 완성한다. 칼이 아기 침대 위로 모빌을 매달아 놓는다.
INT. DOCTOR'S OFFICE – AFTERNOON Carl touches Ellie's shoulder as the doctor explains. Ellie drops her head in her hands.	내부. 진료실 – 오후 의사가 설명하고 칼이 엘리의 어깨를 쓰다듬는다. 엘리가 자신의 얼굴을 두 손에 떨군다.
EXT. CARL AND ELLIE'S HOUSE, LIVING ROOM – AFTERNOON Carl looks out the window. Ellie sits alone under a tree, the wind in her hair.	외부. 칼과 엘리의 집, 거실 – 오후 칼이 창밖을 본다. 엘리가 홀로 나무 밑에 앉아있고 그녀의 머리가 바람에 날린다.
EXT. CARL AND ELLIE'S HOUSE, YARD – AFTERNOON Carl joins Ellie. He hands her the Adventure Book. She smiles.	외부. 칼과 엘리의 집, 마당 – 오후 칼이 엘리에게 다가간다. 그가 엘리의 모험 책을 그녀에게 건넨다. 그녀가 미소 짓는다.
INT. CARL AND ELLIE'S HOUSE, LIVING ROOM – AFTERNOON Ellie paints a MURAL of their house atop Paradise Falls over the **mantel**. Carl **organizes** a compass, map, binoculars, and **native** bird **figurine** beneath the painting. It's their **shrine** to Adventure.	내부. 칼과 엘리의 집, 거실 – 오후 엘리가 벽난로 선반 위로 파라다이스 폭포 위에 놓인 그들의 집 그림을 벽화로 그린다. 칼이 나침반, 지도, 쌍안경, 그리고 현지 새의 작은 조각상을 준비해서 그림 아래에 놓는다. 이것은 그들의 모험에 대한 성지이다.

---

emerge 나오다, 모습을 드러내다	bundle 꾸러미, 묶음, 보따리
show off 뽐내다, 자랑하다	beak 부리
lift (위로) 들어 올리다, 들리다, 올라가다	mobile (움직이는 조각품이나 공예품) 모빌
spot (특정한) 곳/장소/자리	mantel 벽난로의 앞장식 또는 선반
give it a try 시도하다, 한번 해보다	organize 준비/조직하다, 정리하다, 구조화하다
stunned 정신이 멍멍한, 깜짝 놀란, 실신한	native 토박이의/오래 산, 태어난 곳의
mural 벽화	figurine 작은 조각상
stork 황새	shrine 성지

INT. CARL AND ELLIE'S HOUSE, LIVING ROOM – AFTERNOON
Carl sets A JAR on a table, "PARADISE FALLS" written on it. Ellie drops in a few coins. She looks at Carl and crosses her heart. Carl crosses his.

A **SERIES OF SHOTS**
The jar slowly fills as Carl and Ellie toss in **spare change**.
Their car **blows a tire**.
The two stand by the jar, **reluctant**. Carl BREAKS the jar. New tire.

Carl in the hospital with a broken leg.
Breaking jar.
A storm **rages**. A tree falls, **crushing** the roof.
Breaking jar.

INT. CARL AND ELLIE'S HOUSE, **FRONT HALL** – MORNING
Carl **struggles** to **tie his tie**. Ellie helps. They walk out the front door **arm in arm**.

INT. CARL AND ELLIE'S HOUSE, FRONT HALL – 3 YEARS LATER
Ellie struggles to tie Carl's tie as they **rush out** the door.

A SERIES OF SHOTS as Ellie **straightens** Carl's ties. Stylish 1950's ties. Wide 60's ties. **Paisley** 70's ties.

INT. CARL AND ELLIE'S HOUSE, FRONT HALL – 30 YEARS LATER
Older Carl and Ellie smile at themselves in the hall mirror.

EXT. ZOO – DAY
Carl in his 60's. They still work happily side by side at the zoo. Carl's cart lifts off the ground. He **casually** leans an elbow on it.

INT. CARL AND ELLIE'S HOUSE, LIVING ROOM – NIGHT
Carl and Ellie dance in the evening candlelight. The PARADISE FALLS JAR sits **off to the side**, now **dusty** and forgotten.

내부. 칼과 엘리의 집, 거실 – 오후
칼이 식탁 위에 작은 단지를 올려놓는다. 단지에 "파라다이스 폭포"라고 쓰여 있다. 엘리가 단지에 동전 몇 개를 넣는다. 그녀가 칼을 보며 가슴에 십자를 긋는다. 칼도 똑같이 한다.

일련의 장면들
칼과 엘리가 남는 동전들을 던져 넣으면서 단지가 서서히 찬다.
그들의 차 타이어에 펑크가 났다.
둘은 마지못한 표정으로 단지 옆에 선다. 칼이 단지를 깬다.
새 타이어가 생긴다.

다리가 부러진 칼이 병원에 있다.
단지를 깬다.
폭풍이 몰아친다. 나무가 쓰러지며 지붕을 파손한다.
단지를 깬다.

내부. 칼과 엘리의 집 앞 복도 – 아침
칼이 힘겹게 넥타이를 매고 있다. 엘리가 돕는다. 그들이 팔짱을 끼고 정문으로 걸어 나온다.

내부. 칼과 엘리의 집 앞 복도 – 3년 후
문밖으로 뛰어나가며 엘리가 칼의 넥타이를 매주느라 애쓴다.

엘리가 칼의 비뚤어진 넥타이를 똑바로 고쳐주는 일련의 장면들. 1950년대의 화려한 넥타이, 60대의 폭이 넓은 넥타이, 70년대의 페이즐리 무늬의 넥타이.

내부. 칼과 엘리의 집 앞 복도 – 30년 후
나이가 든 칼과 엘리가 복도에 걸린 거울을 보며 미소 짓는다.

외부. 동물원 – 낮
60대의 칼. 그들이 여전히 동물원에서 옆으로 나란히 서서 행복하게 일한다. 칼의 카트가 하늘 위로 들려 올라간다. 그가 태연하게 그 위로 팔꿈치를 얹는다.

내부. 칼과 엘리의 집, 거실 – 밤
칼과 엘리가 저녁 촛불을 켜고 춤을 춘다. 파라다이스 폭포 단지는 먼지가 수북이 쌓여 잊힌 채로 멀찍이 떨어져 있다.

---

series of shots 연속적으로 이어지는 일련의 장면들
spare change 남는/여분의 잔돈
blow a tire 타이어가 펑크 나다
reluctant 꺼리는, 마지못한, 주저하는
rage 격노, 격분하다, 몹시 화를 내다
crush 으스러/쭈그러뜨리다
front hall 현관의 넓은 홀/복도/공간
struggle 투쟁/고투하다, 몸부림치다

tie one's tie 넥타이를 매다
arm in arm 서로 팔짱을 끼고
rush out 급히/서둘러 달려나가다
straighten 똑바르게 되다/하다, 자세를 바로 하다
paisley (깃털이 휘어진 모양의 무늬) 페이즐리
casually 우연히, 아무 생각 없이, 무심코
off to the side 옆으로 멀찌감치 떨어져
dusty 먼지투성이인

INT. CARL AND ELLIE'S HOUSE, LIVING ROOM WINDOW –
AFTERNOON
Carl cleans the inside of the window. Ellie cleans the outside.

내부. 칼과 엘리의 집, 거실 창문 – 오후
칼이 창문 안쪽을 닦는다. 엘리가 바깥쪽을 닦는다.

INT. CARL'S HOUSE, LIVING ROOM – AFTERNOON
Carl **vacuums** the Adventure Shrine on the mantle. Carl smiles at
a photo of Ellie as a child, wearing her flight helmet and goggles.
He looks up at the mural of their house at Paradise Falls. His smile
fades.
Behind him, Ellie **sweeps the floor**. Their dream has gone
unfulfilled.
Carl **has an idea**.

내부. 칼의 집, 거실 – 오후
칼이 벽난로 선반 위의 모험 성지를 진공청소기로 청소한다. 칼이 비행 헬멧과 고글을 낀 엘리의 어린 시절 사진을 보며 미소 짓는다. 그가 파라다이스 폭포 위에 있는 그들의 집을 그린 벽화를 올려다본다. 그의 미소가 옅어진다. 그의 뒤로 엘리가 바닥을 쓴다. 그들의 꿈이 실현되지 못한 채 끝나고 말았다.
칼에게 생각이 떠오른다.

EXT. **TRAVEL AGENCY** – DAY
Carl buys two tickets to South America.

외부. 여행사 – 낮
칼이 남미행 비행기 티켓 두 장을 구매한다.

EXT. RURAL HILLSIDE – AFTERNOON
Carl hurries excitedly up picnic hill. He hides the **airline tickets** in
his **basket**.
Behind him, Ellie **falters** and falls. She tries to get up but falls
again. Something is wrong.

외부. 시골의 작은 언덕 – 오후
칼이 흥분하여 소풍 언덕을 서둘러 오른다. 그가 바구니 안에 비행기 티켓을 감춘다.
그의 뒤로 엘리가 힘없이 걷다가 쓰러진다. 그녀가 일어서려고 하지만 다시 쓰러진다. 뭔가 문제가 생겼다.

He runs to her.

그가 그녀에게 달려간다.

INT. HOSPITAL ROOM – DAY
Ellie lies in a hospital bed. She looks through her ADVENTURE
BOOK.
A BLUE BALLOON floats in to the room.
Carl stands at the door. He smiles and walks to her **bedside**.
Ellie pushes her Adventure Book toward him. She **weakly pats** his
cheek and **adjusts** his tie.
He kisses her on the **forehead**.

내부. 병실 – 낮
엘리가 병원 침대에 누워있다. 그녀의 모험 책 책장을 넘기며 보고 있다.
파란 풍선 하나가 방으로 날아들어온다.
칼이 문 앞에 서 있다. 그가 미소 지으며 그녀의 침대 옆으로 다가온다.
엘리가 그녀의 모험 책을 그가 있는 쪽으로 민다. 그녀가 힘없이 칼의 볼을 쓰다듬으며 그의 넥타이를 매만진다.
그가 그녀의 이마에 키스한다.

INT. CHURCH – AFTERNOON
Carl sits alone, next to a huge **bouquet** of balloons.

내부. 교회 – 오후
칼이 홀로 앉아있다. 그 옆에는 풍선들로 만든 커다란 화환이 있다.

---

vacuum 진공, 진공청소기로 청소하다

fade (색깔이) 바래다/희미해지다

sweep the floor 바닥을 쓸다

unfulfilled 충족/실현되지 않은

have an idea 아이디어가 있다/떠오르다

travel agency 여행사

airline ticket 항공권, 비행기표

basket 바구니

falter 불안정해지다, 흔들리다/비틀거리다

bedside 침대 옆, 머리맡

weakly 힘없이

pat (애정을 담아) 쓰다듬다, 토닥거리다

cheek 볼, 뺨

adjust (약간) 조정/조절하다, 적응하다

forehead 이마

bouquet 부케, 꽃다발

EXT. CARL AND ELLIE'S HOUSE – DUSK
Carl walks into the house, holding a single blue balloon.
FADE TO BLACK.

INT. CARL'S BEDROOM – MORNING – SEVERAL YEARS LATER
An ALARM CLOCK BUZZES. An aged hand **shuts it off** and picks up the nearby glasses.
CARL sits alone in his double bed. He rubs his face. GRUNTS.
He gets out of bed, STRETCHING, **GRUNTING** and **CRACKING BONES**.
He grabs his cane, with four tennis balls **stuck to** the bottom **spokes**.

INT. CARL'S STAIRCASE – LATER
Now dressed, Carl rides his ELDERLY **ASSISTANCE** CHAIR down the staircase. This takes a LONG, LONG time. **Three quarters** of the way down, the chair stops. He bangs the **armrest** and the chair **restarts**.

INT. CARL'S KITCHEN – LATER
Carl eats breakfast by himself.

INT. CARL'S LIVING ROOM WINDOW – LATER
Carl cleans the window with a cloth. His lonely **reflection** stares back at him.

INT. CARL'S LIVING ROOM – LATER
Carl dusts the mantle and Shrine to Adventure.

INT. CARL'S HOUSE, FRONT HALL – LATER
Carl looks in the hall mirror. He puts on his hat and considers his reflection. He straightens his GRAPE SODA PIN.

EXT. CARL'S HOUSE, PORCH
Many LOCKS are heard **unlocking from inside**.
The door opens, but bangs against the **safety chain**. Carl GRUMBLES **in frustration**.

외부. 칼과 엘리의 집 – 황혼
칼이 파란 풍선 하나를 들고 집으로 걸어 들어온다.
화면이 어두워지며 사라진다.

내부. 칼의 침실 – 아침 – 몇 년 후
자명종이 울린다. 노쇠한 손이 자명종을 끄고 근처에 놓인 안경을 집어 든다.
칼이 2인용 침대에 홀로 앉아있다. 그가 얼굴을 문지르며 끙 앓는 소리를 낸다.
그가 침대에서 일어나서 스트레칭하고 끙 앓는 소리와 함께 딱딱하며 뼈마디가 부딪치는 소리를 낸다.
그가 바닥에 네 개의 테니스공을 끼운 자신의 지팡이를 집어 든다.

내부. 칼의 계단 – 나중
이제 옷을 갈아입은 칼이 자신의 노인 도우미 의자를 타고 계단을 내려오고 있다. 아주 오래 걸린다. 4분의 3 정도 내려오다가 의자가 멈춘다. 그가 팔걸이를 쾅 내려치자 의자가 다시 움직이기 시작한다.

내부. 칼의 주방 – 나중
칼이 혼자서 아침식사를 한다.

내부. 칼의 거실 창문 – 나중
칼이 천으로 창문을 닦는다. 창문에 비친 그의 외로운 얼굴이 그를 쳐다본다.

내부. 칼의 거실 – 나중
칼이 벽난로 선반과 모험 성지에 쌓인 먼지를 털어낸다.

내부. 칼의 집, 앞 복도 – 나중
칼이 복도에 있는 거울을 들여다본다. 그가 모자를 쓰고 거울에 비친 자신의 모습을 자세히 바라본다. 자신의 옷에 달린 포도 소다 배지를 매만진다.

외부. 칼의 집, 베란다
많은 자물쇠가 안쪽에서 열리는 소리가 들린다.
문이 열리지만, 안전 체인에 쾅 하며 걸린다. 칼이 불만스러워하며 툴툴거린다.

---

shut something off ~을 꺼버리다
grunt 끙 앓는 소리를 내다. 꿀꿀 소리
crack bones 기지개를 켜며 뼈마디에서 소리가 나다
stuck to ~에 박혀있는, 들러붙어 있는
spoke (수레바퀴의) 바큇살 (지팡이 끝의 받침대)
assistance 도움, 지원, 원조
three quarters 4분의 3
armrest 팔걸이

restart 다시 시작하다, 재개하다
reflection (거울 등에 비친) 상/모습, 반사, 반향
porch 현관, 베란다
unlock 자물쇠를 풀다, (열쇠로) 열다
from inside 안으로부터, 내부로부터
safety chain 안전체인
grumble 투덜/툴툴거리다
in frustration 불만스러워하며, 절망/좌절하여

Carl opens the door, walks out onto his porch, pulls the door shut, and looks as if he's about to go somewhere.
He sits in his porch chair.

칼이 문을 열고 베란다 바깥쪽으로 걸어 나와 문을 다시 닫는데 어딘가로 가려는 듯한 모습이다. 그가 베란다 의자에 앉는다.

EXT. CARL'S NEIGHBORHOOD
Carl's house is the lone surviving **square** on the block not **under construction**. **Machinery** and workers circle busily. **High rise buildings** are being **erected** all around.

외부. 칼의 동네
칼의 집만이 모든 곳이 공사장인 이 동네에서 유일하게 홀로 살아남은 집이다. 기계와 인부들이 바쁘게 일하며 돌아다니고 있다. 온 동네에 고층건물들이 세워지고 있다.

EXT. CARL'S HOUSE, PORCH – MORNING
Carl looks at the activity around him.

외부. 칼의 집. 베란다 – 아침
칼이 그의 주변에서 벌어지고 있는 활동을 바라본다.

CARL   **Quite a sight**, huh Ellie? (noticing mailbox)
Uhp, mail's here.

칼 참 가관이네, 그렇지 엘리? (우편함을 주목하며) 어, 우편물이 왔군.

Carl walks to the mailbox. He touches Ellie's faded HANDPRINT and smiles.
He **looks through** the mail. He sees a SHADY OAKS **RETIREMENT** VILLAGE **pamphlet** full of images of happy old people. Carl **scoffs**.

칼이 우편함으로 걸어간다. 그가 희미해진 엘리의 손바닥 자국을 만지며 미소 짓는다.
그가 우편물들을 살핀다. 행복한 노인들의 사진으로 가득한 셰이디 오크 은퇴 마을 팸플릿이 보인다. 칼이 콧방귀를 뀐다.

CARL   Shady Oaks Retirement. **Oh brother.**

칼 셰이디 오크 은퇴 마을이라고. 아 정말.

Carl notices DUST on his mailbox.

칼이 우편함 위에 먼지가 쌓인 것을 알아본다.

CARL   Hm.

칼 흠.

He pulls up a **LEAF BLOWER**. He **revs** it and **blasts** off the dust.
TOM, the CONSTRUCTION **FOREMAN**, notices.

그가 낙엽청소기를 꺼내 든다. 그가 엔진의 회전속도를 올려 먼지를 날려버린다.
공사 감독관 톰이 주목한다.

바로 이장면!*

CONSTRUCTION FOREMAN TOM   Hey! 'Morning, Mr. Fredricksen! Need any help there?

공사 감독관 톰 어르신! 좋은 아침이에요. 프레드릭슨 씨! 좀 도와드릴까요?

CARL   No. Yes. Tell your boss over there that you boys are **ruining** our house.

칼 아니. 그래 도와줘. 너희들이 우리 집을 망가뜨리고 있다고 너희 대장한테 가서 말해라.

---

square 정사각형 모양의, 정사각형, 광장

under construction 공사 중인

machinery (큰 기계) 기계/류

high rise building 고층건물

erect 똑바로 선, 건립하다

quite a sight 꽤 멋진, 가관인

look through ~을 빠르게 살펴/훑어보다

retirement 은퇴

pamphlet 팸플릿, 안내 책자

scoff 비웃다, 조롱하다, 콧방귀를 뀌다

Oh. brother! 아이고 맙소사!

leaf blower 낙엽청소기

rev (엔진의) 회전속도를 올리다

blast 폭발, 날려버리다

foreman (공장, 건설현장의) 감독, 십장

ruin 망치다, 엉망으로 만들다

He points across the **lot** to a business man in a suit talking on a cell phone – the **REAL ESTATE DEVELOPER**.

공사장 반대편에서 양복을 입고 휴대폰으로 통화하는 남자를 가리킨다 – 부동산 개발업자이다.

CONSTRUCTION FOREMAN TOM Well just to let you know, my boss would be happy to take this old place **off your hands**, and **for double his last offer. Whaddya say to that?**❶

공사 감독관 톰 그냥 알아두시면 좋을 것 같아서 드리는 말씀인데요, 우리 대장이 어르신의 낡은 집을 기꺼이 처분해 주시겠다고 해요. 그것도 지난번 제안했던 액수의 두 배 가격으로 말이에요. 어떻게 생각하세요?

The leaf blower blasts off his hat.

낙엽 청소기가 그의 모자를 날려버린다.

CONSTRUCTION FOREMAN TOM Uh, **I take that as a no,**❷ then.

공사 감독관 톰 어, 이러시는 걸 보니 싫다는 뜻으로 받아들일게요, 그럼.

CARL I believe I **made my position** to your boss quite **clear**.

칼 너희 대장한테 내 입장은 분명히 해 둔 걸로 아는데.

CONSTRUCTION FOREMAN TOM You poured **prune** juice in his gas tank.

공사 감독관 톰 어르신이 그의 연료통에 자두 주스를 쏟아부으셨죠.

CARL Oh yeah, that was good. Here, let me talk to him.

칼 오 그래, 그거 정말 재미있었지. 그거 줘봐, 그에게 얘기 좀 하게.

Tom hands Carl his MEGAPHONE.

톰이 칼에게 자신이 들고 있던 확성기를 건넨다.

CARL (in megaphone) You in the suit. Yes, you. **Take a bath, hippy**!

칼 (확성기로) 너 거기 양복 입은 놈. 그래, 너, 망해라, 이 자식아!

Tom grabs the megaphone.

톰이 확성기를 잡는다.

CONSTRUCTION FOREMAN TOM (to Boss, re Carl) I am not with him! (to Carl) This is serious. He's out to get your house!

공사 감독관 톰 (칼과 관련하여 그의 대장에게) 전 이분 의견에 동의하지 않아요! (칼에게) 이건 심각한 문제예요. 그는 어르신 집을 어떻게든 처분하려고 한다고요!

Carl walks to his front door.

칼이 자신의 집 정문 쪽으로 걸어간다.

---

lot (특정 용도용) 지역/부지
real estate developer 부동산 개발업자
off one's hands ~의 손을 떠나서, 책임/소임이 끝나서
for double one's last offer 지난번 제안했던 액수의 두 배로
make one's position clear ~의 입장을 분명하게 하다
prune 말린 자두
take a bath 목욕하다, (사업상 거래로) 돈을 잃다
hippy 히피, (위의 문맥에서는 얼간이/멍청이)

❶ **Whaddya say to that?** 어떻게 생각해?
어떤 조건을 제시한 후에 상대방에게 가부를 물을 때 쓰는 표현이에요. Whaddya는 원래 What do you인데 여기에서는 구어체에서 발음 나는 대로 표기했어요.

❷ **I take that as a no.**
거절하는 뜻으로 간주하겠다.
take something as a no는 '~을 거절하는 뜻으로 받아들이다'라는 의미예요. a no 대신에 a yes를 넣으면 '승낙/동의하는 뜻으로 받아들이다'라는 의미가 됩니다.

29

CARL   Tell your boss he can have our house.

CONSTRUCTION FOREMAN TOM   Really?

CARL   When I'm dead!

Carl **SLAMS the door**.

CONSTRUCTION FOREMAN TOM   I'll take that as a **maybe**!

---

slam the door 문을 세게 쾅 하고 닫다
maybe 가능성

Russell Going After a Snipe

도요새를 찾아 나선 러셀

🎧 05.mp3

INT. CARL'S LIVING ROOM – DAY – LATER Carl sits in his chair watching TV. A KNOCK at the door.	내부. 칼의 거실 – 낮 – 나중 칼이 의자에 앉아 TV를 보고 있다. 누군가가 문을 두드리는 소리가 들린다.
EXT. CARL'S HOUSE, PORCH – DAY The door opens. A Wilderness Explorer stands, reading from a **Wilderness** Explorer Manual. He is in uniform, **complete with sash**, **neckerchief**, hat, and an **enormous backpack stuffed with** every piece of **equipment** there is. This is RUSSELL, age 8. Russell, nose **buried in** his **MANUAL**, reads to Carl.	외부. 칼의 집 베란다 – 낮 문이 열린다. 어떤 야생 탐험가가 야생 탐험 매뉴얼을 읽고 있다. 장식 띠와 네커치프, 모자가 갖춰진 유니폼을 입고 있고, 온갖 장비들로 가득 채워진 거대한 배낭을 메고 있다. 8살의 러셀이다. 러셀이 매뉴얼에 코를 박은 채로 칼에게 읽어준다.

RUSSELL "Good afternoon. My name is Russell. And I am a Wilderness Explorer in **Tribe 54**, **Sweatlodge** 12. Are you **in need of** any assistance today, sir?"

러셀 "안녕하세요. 제 이름은 러셀이라고 해요. 저는 54분대 12번 땀방울 부대 야생 탐험가예요. 혹시 무슨 도움이 필요한 일이 없으신가요, 어르신?"

As he finishes the **script**, Russell smiles up at Carl.

그가 문구를 다 끝내고 고개를 들어 칼을 향해 미소 짓는다.

CARL No.

칼 아니.

RUSSELL I could help you **cross the street**.

러셀 길 건너실 때 도와드릴 수 있어요.

CARL No.

칼 아니.

RUSSELL I could help you cross your yard.

러셀 마당을 건너실 때 도와드릴 수도 있고요.

CARL No.

칼 아니.

RUSSELL I could help you cross your... porch?

러셀 그러면 할아버지가 음… 베란다를 건너실 때 도와드릴 수 있어요.

CARL No.

칼 아니.

---

wilderness 황야, 야생, 황무지	buried in ~에 파묻힌/몰두한
complete with ~이 완비된, 모두 갖추어진	manual 사용설명서
sash (제복의 일부로 몸에 두르는) 띠, 장식 띠	tribe 부족, 종족
neckerchief (목에 두르는 정사각형 천) 네커치프	sweat lodge (아메리칸 인디언의) 한증막, 움막
enormous 막대한, 거대한	in need of ~을 필요로 하는
backpack 배낭	script 대본, 원고, 글씨(체)
stuff with ~으로 채우다	cross the street 길을 건너다
equipment 장비, 용품	

RUSSELL Well, I gotta help you cross something.	러셀 음, 전 할아버지가 뭔가 건너는 걸 도와드려야만 해요.
CARL Uh, no. I'm doing fine.	칼 어, 아니. 난 문제 없단다.

Carl **closes the door in Russell's face**.

칼이 러셀의 면전에 대고 문을 닫아버린다.

INT. CARL'S HOUSE, FRONT HALL – CONTINUOUS
Carl listens through the door. Is the kid gone? He opens it.

내부. 칼의 집, 앞 복도 – 계속
칼이 문밖에서 무슨 소리가 들리는지 들으려고 한다. 아이가 갔을까? 그가 문을 연다.

RUSSELL "Good afternoon. My name is Russell."	러셀 "좋은 오후예요. 제 이름은 러셀이에요."
CARL Uh... kid...	칼 어… 이 꼬맹이가…
RUSSELL "And I am a Wilderness Explorer in Tribe 54, Sweatlodge 12."	러셀 "그리고 저는 54 부족, 12번 움막의 야생 탐험가예요."
CARL Kid. KID!!	칼 꼬마야. 꼬마야!

Russell stops... but **goes back to reading**.

러셀이 멈춘다… 그렇지만 다시 읽기 시작한다.

RUSSELL "Are you in need of any assistance today Sir?"	러셀 "오늘 혹시 뭐 도움이 필요한 일이 있으신지요, 어르신?"
CARL Thank you, but I don't need any help!	칼 고맙지만, 난 도움이 전혀 필요 없구나!

Carl **swings the door shut**, but a small **camping boot** stops it.

칼이 쾅 하고 문을 닫으려고 하는데 작은 캠핑 부츠 한 짝이 문을 멈춘다.

RUSSELL Ow.	러셀 어우.

Carl opens the door. Russell **stands at attention**.

칼이 문을 연다. 러셀이 차렷 자세를 취한다.

CARL (resigned) Proceed.	칼 (체념하며) 계속해봐.
RUSSELL "Good afternoon. My-"	러셀 "좋은 오후예요. 저의–"
CARL But **skip to the end**!	칼 다 빼고 마지막 부분만 해라!

Russell points to his SASH. It is **covered with** badges **except for** one **glaringly** empty space.

러셀이 그의 장식 띠를 가리킨다. 배지로 가득한 그 띠에 눈에 띄게 비어 있는 곳이 하나 보인다.

---

close the door in someone's face ~의 면전에 대고 문을 닫아버리다
go back to something (중단했던 것을) 다시 시작하다
swing the door shut 문을 탕/휙/쿵 하고 닫다
camping boot 야영용/캠핑용 부츠
stand at attention 차렷 자세를 취하다
resigned (괴롭거나 힘든 일을) 받아들이는/감수를 하는, 체념한
proceed (이미 시작된 일을 계속) 진행하다, 계속해서/이어서 ~을 하다

skip to the end 본론/용건만 말하다
covered with ~로 덮인
except for ~을 제외하고는, ~이 없으면
glaringly 눈부시게, 화려하게, 눈에 띄게

RUSSELL See these? These are my Wilderness Explorer badges. You may notice one is missing. It's my **Assisting** the Elderly badge. If I get it, I will become a Senior Wilderness Explorer!	러셀 이것들 보이시죠? 얘네들은 제 야생 탐험가 훈장들이에요. 아마도 한 군데 비어있는 곳이 보이실 거예요. 바로 노인 돕기 배지 자리예요. 그걸 받으면 저는 시니어 상급 야생 탐험가가 될 거예요!
Russell makes the Explorer Sign: his **thumbs** form a "W", his fingers the "wings" of a bird, then the "**claws**" of a bear.	러셀이 탐험가 표시를 만든다: 그의 엄지손가락들로 "W" 모양을 만들고 다른 손가락들로는 새의 날개 모양과 곰의 발톱 모양을 만든다.
RUSSELL "The wilderness must be explored! CAW-CAW! RAAAR!"	러셀 "야생은 탐험되어야만 한다! 까악~까악! 으르렁!"
This **sets** Carl's **hearing aid off**. Carl GRUMBLES **in pain**.	러셀의 큰 목소리 때문에 칼의 보청기가 삑 소리를 낸다. 칼이 고통스러워하며 투덜댄다.
RUSSELL It's gonna be great! There's a big **ceremony**, and all the dads come, and they pin on our badges...	러셀 정말 멋질 거예요! 엄청 큰 기념식을 하는데 아빠들이 모두 다 와서 우리에게 훈장을 달아준다고요.

바로 이장면!*

CARL So you want to assist an old person?	칼 그러니까 네가 노인을 돕고 싶다는 말이니?
RUSSELL Yep! Then I will be a Senior Wilderness Explorer!	러셀 네! 그러면 제가 상급 야생 탐험가가 되는 거예요!
Carl leans in close to Russell.	칼이 러셀에게 가까이 다가선다.
CARL (**conspiratorially**) You ever heard of a **snipe**?	칼 (공모하는 듯이) 너 혹시 도요새라고 들어봤니?
RUSSELL Snipe?	러셀 도요새요?
CARL Bird. **Beady eyes**. Every night it **sneaks in** my yard and **gobbles** my **poor azaleas**. I'm elderly and **infirm**. I can't catch it. **If only** someone could help me...	칼 새야. 말똥말똥 빛나는 눈을 가지고 있지. 매일 밤 그 새가 우리 정원에 몰래 들어와서 가엾은 내 진달래들을 마구 먹어 치운단다. 난 나이가 들어서 병약해. 그놈을 잡을 수가 없단다. 누구라도 나를 도울 수만 있다면…
RUSSELL Me! Me! I'll do it!	러셀 저요! 저요! 제가 할게요!

---

assist 돕다	snipe 도요새
thumb 엄지손가락	beady eyes 반짝반짝/말똥말똥 빛나는 두 눈
claw (동물, 새의) 발톱, (게 등의) 집게발	sneak in 몰래 들어오다/잠입하다
set off (웃음, 울음 등을) 터뜨리다/유발하다	gobble 게걸스럽게 먹다
hearing aid 보청기	poor 가난한, 불쌍한, 가엾은
in pain 아파하며, 괴로워하며, 고통 속에서	azalea 진달래, 철쭉
ceremony 의식, 식	infirm 병약한, 노쇠한
conspiratorially 음모/공모하여	if only ~이면 좋을 텐데, ~였다면 좋았을 텐데

CARL   Oh, I don't know, it's **awfully crafty**. You'd have to **clap your hands three times** to **lure** it in.

칼 오, 그런데 좀, 그놈이 워낙 교활해서. 그 녀석을 유인하려면 박수를 세 번 쳐야만 해.

RUSSELL   I'll find it, Mr. Fredricksen!

러셀 제가 찾을게요, 프레드릭슨 할아버지!

CARL   I think its **burrow** is two blocks down. If you go past -

칼 그 새가 사는 굴이 두 블록 내려가야 있는 것 같더라. 저기 지나가면 –

RUSSELL   Two blocks down! **Got it**!

러셀 두 블록 내려가면 있다고요! 알겠습니다!

Russell runs down the block clapping and calling.

러셀이 손벽을 치고 외치며 블록을 뛰어내려간다.

RUSSELL   Sniiiipe! Here Snipey Snipey...

러셀 도요오오새야! 여기 나와라 도요요 도유유…

CARL   (**calls after** Russell) Bring it back here when you find it!

칼 (러셀을 향해 외친다) 찾게 되면 여기 데리고 오너라!

Carl **rolls his eyes** and begins to close his door.
He **stops short**.
A large truck is **backing up, getting dangerously close** to ELLIE'S MAILBOX.

칼이 눈을 굴리며 문을 닫으려고 한다.
그가 갑자기 하던 행동을 멈춘다.
큰 트럭이 후진하는데 엘리의 우편함에 위험할 정도로 가까이 다가오고 있다.

CONSTRUCTION WORKER STEVE   Okay, keep her coming... And... stop. Stop! STOP!!

공사장 인부 스티브 좋아, 계속 오라고… 자 이제… 멈춰. 멈춰 멈추라고!!

The truck hits Ellie's mailbox, crushing the front.

트럭이 엘리의 우편함에 부딪히며 앞부분을 찌그러뜨린다.

---

awfully 정말, 몹시

crafty 술수가 뛰어난, 교활한

clap one's hands 손뼉을 치다

three times 3회, 3번

lure 꾀다, 유혹하다

burrow 굴을 파다, (토끼 등의) 굴

Got it! 알겠습니다!

call after ~을 부르며 뒤쫓다

roll one's eyes 눈을 굴리다

stop short (하던 일을) 갑자기 멈추다

back up (차를) 후진시키다

get close ~에 접근하다/가까워지다

dangerously 위험하게, 위태롭게

Ellie & Carl's Mailbox
엘리와 칼의 우체통

🎧 06.mp3

Carl is shocked. He runs to the box.

칼이 충격에 빠졌다. 그가 우편함 쪽으로 뛰어간다.

*바로 이장면!**

CARL	What? Hey! Hey you! **What do you think you're doing?❶**	칼 뭐야? 이봐! 이보라고! 대체 뭐 하는 짓이야?
CONSTRUCTION WORKER STEVE	I am so sorry, sir...	공사장 인부 스티브 정말 죄송해요, 어르신…

The worker bangs on the mailbox, trying to fix it.

인부가 고치려고 우편함을 두드린다.

CARL Don't touch that!

칼 손대지 마!

CONSTRUCTION WORKER STEVE No no, let me take care of that for you.

공사장 인부 스티브 아녜요, 아녜요, 제가 고쳐드릴게요.

Carl grabs the mailbox, trying to **wrestle** it from the worker.

칼이 우편함을 잡고 인부로부터 떼어놓으려고 안간힘을 쓴다.

CARL (struggling) Get away from our mailbox!

칼 (힘겨워하며) 우리 우편함에서 떨어져!

CONSTRUCTION WORKER STEVE Hey sir, I...

공사장 인부 스티브 이봐요 어르신, 저는…

CARL I don't want you to touch it!

칼 자네가 이걸 만지는 걸 원하지 않아!

Carl HITS the worker with his cane. He falls to the **sidewalk**.
The worker **rubs** his head. Blood.
Carl **backs up** toward his door, **cradling** his mailbox. What has he done?
Passersby stare. Workers **gather**, as does the REAL ESTATE DEVELOPER.
Carl **backs** into his house.

칼이 지팡이로 인부를 때린다. 그가 인도에 쓰러진다.
인부가 머리를 문지른다. 피다.
칼이 우편함을 끌어안고, 그의 집 문 쪽으로 후퇴한다. 그가 대체 무슨 짓을 한 건가?
지나가던 행인들이 쳐다본다. 인부들이 모여들고, 부동산 개발업자도 온다.
칼이 그의 집으로 다시 들어간다.

---

wrestle 몸싸움을 벌이다, 레슬링을 하다
sidewalk 인도, (포장한) 보도
rub (손이나 손수건을) 문지르다, 비비다
back up (짧은 거리를) 뒤로 물러서다, 후진하다
cradle 요람, 아기 침대
passersby 오가는 사람들, 행인들
gather (사람들이) 모이다, 모으다
back 뒤로 물러서다, 다시 돌아오다

❶ **What do you think you're doing?**
너 지금 네가 뭐 하고 있다고 생각하냐?
단순하게 '너 뭐 하고 있는 거니?'라고 물을 때는, What are you doing? 이라고 하지만, 위의 문장에서와 같이 까칠하고 부정적인 느낌으로 '너 지금 네가 뭘 하고 있다고 생각하니?, 너 대체 여기서 무슨 짓을 하는 거니?'라고 물을 때는 중간에 do you think를 넣어서 쓰기도 한답니다. 그런데, do you think를 넣으면 are you가 순서가 바뀌어서 you are 된다는 것 유의해 주세요.

INT. CARL'S LIVING ROOM
Carl shuts his door. He closes the curtains.
He **peeks** out the window. The **injured** worker is **helped to his feet**.
A police car **pulls up**.
The Real Estate Developer looks toward Carl's house. His hand rests on Carl's fence.

INT. **COURTHOUSE** HALLWAY – DAY
Carl sits alone on a bench holding a **Court Summons**.

INT. **COURTROOM** – DAY
A GUARD opens the door. Carl enters. The REAL ESTATE DEVELOPER watches him enter.

EXT. CARL'S HOUSE - LATE EVENING
A Police Officer **drops** Carl at his **front gate**.

OFFICER EDITH   Sorry Mr. Fredricksen. You don't seem like a **public menace** to me. Take this.

She hands him a pamphlet for SHADY OAKS RETIREMENT VILLAGE.

OFFICER EDITH   The guys from Shady Oaks will **be by** to **pick you up** in the morning, okay?

The officer **drives off**, leaving Carl alone.
Carl **faces** the house. He touches Ellie's **dented** mailbox.

CARL   What do I do now, Ellie?

내부. 칼의 거실
칼이 문을 꽉 잠근다. 커튼을 가린다.
그가 창문 밖을 엿본다. 주변의 도움을 받아 다친 인부가 일어난다. 경찰차가 멈춰 선다.
부동산 개발업자가 칼의 집 쪽을 바라본다. 그의 손이 칼의 울타리에 얹힌다.

내부. 법정 복도 – 낮
칼이 법원의 소환장을 들고 홀로 벤치에 앉는다.

내부. 법정 – 낮
경비원이 문을 연다. 칼이 들어간다. 부동산 개발 업자가 그가 들어오는 것을 바라본다.

외부. 칼의 집 – 늦은 저녁
경찰관이 칼의 집 문 앞에서 칼을 내려준다.

경찰관 이디쓰   죄송해요, 프레드릭슨 씨. 제가 보기에 어르신은 사회에 위험한 존재로 보이진 않아요. 이거 받으세요.

그녀가 셰이디 오크 은퇴 마을 팸플릿을 칼에게 건네준다.

경찰관 이디쓰   셰이디 오크 직원들이 내일 아침에 어르신을 모시러 올 거예요. 아시겠죠?

경찰관이 떠나고, 칼만 홀로 남는다.
칼이 집을 마주한다. 그가 엘리의 흠집이 난 우편함을 어루만진다.

칼   이제 난 어쩌지, 엘리?

INT. CARL'S HOUSE, HALLWAY – NIGHT
All is quiet but the slow **ticking** of the clock.
The empty hall. The front hall mirror. The kitchen.

내부. 칼의 집 복도 – 밤
모든 것이 고요한 가운데 느리게 가는 시계 소리만 들린다.
빈 복도, 앞 복도의 거울. 주방.

---

peek (재빨리) 훔쳐보다, 살짝/아주 조금 보이다

injured 부상을 입은, 다친

help someone to one's feet ~가 일어설 수 있도록 돕다

pull up (차량이나 운전자가 특히 잠시) 멈추다/서다

courthouse 법원, 법원 청사

court summons 법원 소환장

courtroom 법정

drop ~로 데려다주다, ~에 내려주다/떨궈주다

front gate 정문, 대문

public menace 사회에 위협적인 인물, 공공의 위협

be/come/stop by 누군가를 잠깐 방문할 때

pick someone up ~을 데리러 오다, ~를 (차에) 태우러 가다

drive off (운전자, 자동차 등이) 떠나다

face ~을 마주 보다/향하다

dent 움푹 들어가게 만들다/찌그러뜨리다, 움푹 들어간 곳

tick (시계 등이) 째깍/똑딱거리다

INT. CARL'S HOUSE, **CLOSET**
Carl **pulls out** a **suitcase**. A book **tips over**. Ellie's Adventure Book.

INT. CARL'S HOUSE, LIVING ROOM
Carl sits in his chair slowly **paging through** the book.
He turns to the page marked "STUFF I'M GOING TO DO." He closes the book and **sighs**.
Carl looks at the Adventure Shrine, and the PAINTING of their house by Paradise Falls.
He holds the Shady Oaks pamphlet.
Carl's **brows furrow**. He looks up at the shrine, and crosses his heart.

EXT. CARL'S HOUSE – NIGHT
Lights are on inside the house.

내부. 칼의 집 옷장
칼이 여행 가방을 꺼낸다. 책이 엎질러진다. 엘리의 모험 책이다.

내부. 칼의 집 거실
칼이 의자에 앉아 천천히 책장을 넘기고 있다.
그가 "내가 할 것들"이라고 적힌 페이지를 펼친다. 그가 책을 덮고 한숨을 쉰다.
칼이 모험 성지를 바라본다. 그리고 파라다이스 폭포 옆에 있는 그들의 집 그림도.
그의 손에는 셰이디 오크의 팸플릿이 쥐어져 있다.
칼의 눈가에 주름이 진다. 그가 성지를 올려다보며 가슴에 십자가를 긋는다.

외부. 칼의 집 – 밤
집 안에 불들이 켜져 있다.

---

closet 벽장, 옷장

pull out (작은 공간이나 서랍 등에서) ~을 뽑다/꺼내다

suitcase 여행 가방

tip over ~을 뒤집어엎다/엎질러버리다

page through 대충 페이지를 넘겨보다

sigh 한숨을 쉬다. 한숨짓다

brows 눈썹

furrow (쟁기질로 생긴) 고랑/골, (얼굴의) 깊은 주름

A Floating House
공중에 둥둥 떠다니는 집

🎧 07.mp3

MATCH DISSOLVE TO:
EXT. CARL'S HOUSE – MORNING
A SHADY OAKS **RETIREMENT** VILLAGE van pulls up.
Nurses GEORGE and A.J. walk to Carl's door and KNOCK.
Carl answers, holding a suitcase.

마지막 장면과 다음 장면의 시작이 겹치는 효과:
외부. 칼의 집 – 아침
셰이디 오크 은퇴 마을 승합차가 정차한다.
간호사 조지와 에이제이가 칼의 문 앞으로 다가와
노크를 한다.
칼이 여행 가방을 들고 응대를 한다.

바로 이장면!*

CARL	Morning, gentlemen.	**칼** 좋은 아침이오, 신사분들.
NURSE GEORGE	Good morning, Mr. Fredricksen. You ready to go?	간호사 조지 좋은 아침이에요, 프레드릭슨 씨. 갈 준비 되셨나요?
CARL	**Ready as I'll ever be.❶** Would you **do me a favor** and take this?	**칼** 됐고 말고요. 이것 좀 받아주시겠소?

Carl **hands over** his suitcase.

칼이 그의 여행 가방을 건넨다.

CARL	I'll meet you at the van in just a minute. I... want to say one last goodbye to the old place.	**칼** 승합차로 곧 가겠소. 난… 우리 집하고 마지막으로 작별 인사를 좀 하고 갈 테니.
NURSE GEORGE	Sure. **Take all the time you need,❷** sir.	간호사 조지 물론이죠. 여유 있게 일 보시고 오세요, 어르신.

Carl closes the door. Rather **sharply**. The nurses **head back to** the van.

칼이 문을 닫는다. 꽤 날카롭게. 간호사들이 다시 승합차로 향한다.

NURSE A.J.	**Typical**. He's probably going to the bathroom for the eightieth time.	간호사 에이제이 다들 저러더라고. 어르신이 아마도 80번째 화장실을 가는 걸 거야.

Empty **helium** tanks are **strewn** on the front lawn.

빈 헬륨 가스통이 앞쪽 잔디밭에 마구 널브러져 있다.

---

retirement 은퇴, 퇴직
do someone a favor ~의 부탁을 들어주다
hand over ~을 넘겨주다, 맡기다, 양도하다
sharply (비판 등을) 날카롭게, 신랄하게
head back to ~로 다시 향하다
typical 전형적인, 대표적인, 일반적인
helium 헬륨
strew 흩뿌리다, 흩어지다. (strewn은 strew의 과거분사)

❶ **Ready as I'll ever be.**
최대로 잘 준비되었다.
이보다 더 잘 준비가 되었을 수가 없을 정도로
완전히 준비되었다고 강조할 때 쓰는 표현이에요.

❷ **Take all the time you need.**
충분히 여유 있게 볼일 보시고 오세요.
필요한 만큼 시간을 줄 테니 전혀 걱정하지
말고 맘 편히 볼일을 보라고 할 때 쓰는
표현이에요. 같은 표현으로 Take as much
time as you need. 라고 할 수도 있답니다.

NURSE GEORGE   You'd think he'd take better care of his house.

A SHADOW falls over the nurses. They turn to look.
A giant **tarp** rises behind Carl's house. It unfolds to reveal THOUSANDS OF BALLOONS.
The balloons rise up like some massive multi-colored **cumulus cloud** forming a **thunderhead** above the house.
Strings tug at the chimney. The house **strains**. Pipes bend, then break. Electrical wires spark and snap. The house **rips away** from its **foundation**.
The nurses duck and YELL as the house **soars** over them. Carl **looks out the window** and LAUGHS.

CARL   **So long** boys! I'll send you a postcard from Paradise Falls!

간호사 조지 어르신이 집을 좀 더 관리하셔야겠네.

간호사들 위로 그늘이 드리운다. 그들이 돌아본다. 칼의 집 뒤로 거대한 방수포가 올라간다. 방수포가 펴지면서 수천 개의 풍선들이 나타난다.
풍선들이 솟아오르는 것이 마치 거대한 다양한 색상의 뭉게구름이 집 위로 소나기구름을 형성하는 듯한 모습이다.
끈들이 굴뚝을 잡아당긴다. 집이 안간힘을 쓰고 있다. 파이프들이 굽어지다가 부러진다. 전선에서 불꽃이 일어나다가 마침내 끊어진다. 집이 그 토대로부터 뜯어지며 밀어진다.
집이 그들 위로 솟구쳐 올라가자 간호사들이 몸을 휙 숙여 숨으며 소리 지른다. 칼이 창문 밖을 바라보며 웃는다.

칼 안녕 얘들아! 내가 파라다이스 폭포에 도착하면 엽서 보내줄게!

INT. APARTMENT
Balloons spill colored light into a little girl's room as the house floats past.

내부. 아파트
집이 공중에 떠서 지나가면서 풍선들이 한 어린 소녀의 방에 형형색색의 빛을 드리운다.

EXT. TOWN
The shadow of the house drifts through an **intersection**.

외부. 마을
집의 그림자가 교차로를 통과하며 떠간다.

EXT. SHOP WINDOW
A family watches the house float down the street.

외부. 상품진열창
한 가족이 칼의 집이 길 저편으로 떠가는 모습을 본다.

EXT. ABOVE THE TOWN
Carl waves at a **high-rise window washer**, who **tentatively waves back**.
The house **crests** the top of a building, drifting over and away from the city. Carl looks out his window. **Good riddance**.

외부. 마을 위
칼이 고층건물 창문 청소원에게 손을 흔들자 청소원이 머뭇거리며 손을 흔들어 답한다.
집이 건물의 꼭대기에 도달한다. 그 후 건물을 넘어가며 도시에서 점점 멀어진다. 칼이 창문 밖을 내다본다. 속이 다 시원하다.

INT. CARL'S HOUSE, LIVING ROOM
Carl sets a compass next to the map of South America.

내부. 칼의 집, 거실
칼이 남미 지도 옆에 나침반을 놓는다.

---

tarp 방수포, tarpaulin의 비격식 표현

cumulus cloud 적운, 뭉게구름

thunderhead 적란운, 소나기구름

strain 부담, 중압/압박감, 안간힘을 쓰다

rip away ~을 확 떼내다, 벗기다

foundation (건물의) 토대/기초

soar 급증/급등하다, 치솟다, (허공으로) 솟구치다

look out the window 창밖을 내다보다

so long 〈구어〉 (작별인사로 하는) 안녕

intersection 교차로

high-rise (건물이) 고층의

window washer 창문 청소원

tentatively 잠정적으로, 실험/시험적으로

wave back 손을 흔들어 답례하다

crest 산마루, 물마루, 꼭대기/정상에 이르다

good riddance (~이 없어져서) 속이 시원하다

EXT. CARL'S HOUSE, BEDROOM WINDOW
Sails made from **stitched-together** curtains **emerge** from the windows and **billow** in the wind. Carl steers using ropes **attached** to the **weather vane**.

외부. 칼의 집, 침실 창문
꿰매어 연결한 커튼으로 만든 돛이 창문에서 나오고 바람에 부풀어 오른다. 칼이 풍향계에 연결된 로프를 이용해 조종한다.

INT. CARL'S HOUSE, LIVING ROOM
The compass needle **rotates** to point SOUTH.

내부. 칼의 집, 거실
나침반의 바늘이 움직이며 남쪽을 가리킨다.

EXT. CARL'S HOUSE
The house turns. Carl looks out the window, **satisfied**. He checks the balloons.

외부. 칼의 집
집이 방향을 바꾼다. 칼이 만족스러워하며 창문 밖을 바라본다. 그가 풍선들을 점검한다.

INT. CARL'S HOUSE, LIVING ROOM
Carl kisses a photo of Ellie.

내부. 칼의 집, 거실
칼이 엘리의 사진에 키스한다.

CARL   We're **on our way**, Ellie.

칼 우리가 길을 떠났어, 엘리.

Carl kneels at the **fireplace** and **plunks** the balloon strings tied to the **grate**.
He **CHUCKLES** and **settles** into his chair. He closes his eyes and smiles.
SHADOWS move **gently** across the fireplace **mantel**.

칼이 벽난로 앞에 무릎을 꿇고 앉아 난로 안의 쇠살대에 연결된 풍선 줄들을 퉁기며 둥땅거린다. 그가 싱글벙글하며 그의 의자에 자리를 잡는다. 그가 눈을 감고 미소 짓는다.
벽난로의 선반을 가로지르며 서서히 그늘이 드리운다.

EXT. CARL'S HOUSE, FLOATING
The house drifts through the clouds.

외부. 칼의 집, 떠가는 중
집이 구름 사이를 뚫고 나아간다.

INT. CARL'S HOUSE, LIVING ROOM
Carl relaxes in his chair.
KNOCK KNOCK KNOCK.

내부. 칼의 집, 거실
칼이 의자에 앉아 편히 쉰다.
똑똑똑.

CARL   Huh?

칼 엥?

He stares at the front door. Nothing.

그가 현관문을 바라본다. 아무것도 없다.

CARL   Hm.

칼 흠.

---

sail 돛
stitched-together 같이 꿰매서 연결한
emerge 나오다, 모습을 드러내다
billow (바람에) 부풀어 오르다
attach 붙이다, 첨부하다
weather vane 풍향계
rotate 회전하다, 회전시키다, (일을) 교대로 하다
satisfy 만족시키다, 충족시키다

on one's way ~하는 중에, 도중에, 길을 떠난
fireplace 벽난로
plunk (기타, 건반 등을 듣기 싫게) 쿵쾅/띵띵거리다
grate (난로 안의 연료를 받치는) 쇠살대
chuckle 빙그레/싱긋 웃다
settle (논쟁 등을) 해결하다/끝내다, 자리를 잡다
gently 다정하게, 부드럽게, 약하게
mantel 벽난로의 앞장식/선반

KNOCK KNOCK KNOCK.
He **bolts** up and approaches the door. He looks out the **peep hole**. **Nothing but the porch**❶ and clouds. He **throws it open**.

EXT. CARL'S HOUSE, PORCH – DAY
Nothing. He looks left. Nothing. He looks right. Russell. He looks... Russell?!!

RUSSELL   Hi, Mr. Fredricksen. It's me, Russell.

CARL   What are you doing out here, kid?

Russell is **plastered up against the wall**, terrified and **holding on for dear life**.

RUSSELL   I found the snipe and I followed it under your porch, but this snipe had a long tail and looked more like a large mouse.

The flag on Russell's backpack blows off and falls through the clouds.

RUSSELL   Please **let me in**?

CARL   No.

Carl **slams the door**, leaving Russell alone.
Beat. The door opens again.

CARL   Oh, alright, you can come...

Russell runs into the house past Carl.

CARL   ...in.

똑똑똑.
그가 일어나서 문 쪽으로 향한다. 문에 나 있는 작은 구멍으로 밖을 살핀다. 베란다와 구름 이외에 아무것도 없다. 그가 문을 휙 연다.

외부. 칼의 집, 베란다 – 낮
아무것도 없다. 그가 왼쪽을 본다. 아무것도 없다. 오른쪽을 본다. 러셀이다. 그가 본다… 러셀?!!

러셀   안녕하세요, 프레드릭슨 할아버지. 저예요, 러셀.

칼   너 이 밖에서 뭐하는 거니, 꼬마야?

러셀이 죽을 만큼 무서워서 공포에 떨며 벽에 딱 들러붙어 있다.

러셀   제가 도요새를 찾아서 할아버지 집 베란다 밑으로 따라왔는데, 이 도요새가 꼬리가 길고 새라기보다는 큰 쥐 같아 보이더라고요.

러셀의 배낭에 있던 깃발이 바람에 날려 구름 사이로 떨어진다.

러셀   저를 좀 들여보내 주시면 안 될까요?

칼   안 돼.

칼이 문을 쾅 닫아 러셀을 홀로 남겨둔다.
잠시 정적. 문이 다시 열린다.

칼   오, 좋아, 들어…

러셀이 칼을 지나서 집으로 뛰어들어온다.

칼   …오너라.

---

bolt 급히/갑자기 움직이다/먹다/달아나다
peep hole 문에 나 있는 작은 구멍
throw something open ~을 활짝/확 열다
plaster 딱 들러붙게 하다, 회반죽을 바르다
up against the wall 벽에 등을 대고, 딱 붙어
hold on for dear life (무서워서) 필사적으로 매달리다/붙잡다
let someone in ~을 실내로 들어오게 하다
slam the door 문을 세차게 닫다

❶ **Nothing but the porch.**
그 베란다 외에는 아무것도 없다.
다른 것은 아무것도 없고 유일하게 ~만 있다고 강조할 때 쓰는 표현이 'Nothing but + 명사'예요. 예를 들어, I have nothing but money. '난 돈 밖에 가진 게 없어' 이런 식으로 쓸 수 있답니다.

Going on a Trip With Russell?

러셀과 함께 떠나는 여행?

🎧 08.mp3

INT. CARL'S HOUSE, **HALLWAY**
Russell **PANTS**, panicked. He looks into living room.

내부, 칼의 집 복도
러셀이 공황상태에 빠져 숨을 헐떡인다. 그가 거실을 들여다본다.

바로 이장면!*

RUSSELL Huh. I've never been in a **floating** house before.

러셀 어, 하늘 위를 떠다니는 집에 들어온 건 내 평생 처음이에요.

Carl follows Russell into the living room. Russell chuckles and points at the photo of young Ellie.

칼이 러셀을 따라 거실로 들어간다. 러셀이 싱글벙글하며 어린 엘리의 사진을 가리킨다.

RUSSELL Goggles. Look at this stuff!

러셀 고글이네요. 이것 좀 보세요!

Russell finds Ellie's house drawing sitting on the pages of the open **atlas**.

러셀이 펼쳐져 있는 지도책 안에 그려진 엘리의 집 그림을 발견한다.

RUSSELL Wow, you **going on a trip**? (reads from the **engraving**) "Paradise Falls: A Land Lost in Time." You going to South America, Mr. Fredricksen?

러셀 우와, 할아버지 여행 가시는 거예요? (종이에 쓰인 문구를 읽는다) "파라다이스 폭포: 시간 속에 사라진 땅." 남미로 가시는 거예요, 프레드릭슨 할아버지?

Carl takes the page and puts it in his pocket.

칼이 그 페이지를 뺏어서 주머니에 넣는다.

CARL Don't touch that. You'll **soil** it.

칼 그거 만지지 마. 더러워지잖아.

RUSSELL You know, most people take a plane, but you're smart because you'll have all your TV and clocks and stuff.

러셀 근데요, 대부분의 사람은 비행기를 타고 가는데 할아버지는 똑똑하네요 왜냐하면 이렇게 하면 TV와 시계랑 이것저것 있으니까요.

Russell runs over to the **steering rig**.

러셀이 조종장치가 있는 쪽으로 뛰어간다.

---

hallway 복도
pant (숨을) 헐떡이다
panic 겁에 질려 어쩔 줄 모르다, 공황 상태에 빠지다
float 뜨는, 흘러가는
atlas 지도책
go on a trip 여행을 떠나다
engraving 판화, 새겨 넣은 것
soil 토양, 흙, 더럽히다

steer (보트, 자동차 등을) 몰다/조종하다
rig (특정한 용도의) 장치

| RUSSELL | Whoah. Is this how you steer your house? Does it really **work**? | 러셀 우와. 이걸로 이 집을 조종하는 거예요? 이거 진짜로 되는 거예요? |

RUSSELL Whoah. Is this how you steer your house? Does it really **work**?

러셀 우와. 이걸로 이 집을 조종하는 거예요? 이거 진짜로 되는 거예요?

CARL Kid, would you stop with the –

칼 꼬마야. 그것 좀 그만 –

Russell steers and the house **tilts**, knocking Carl **back and forth**.

러셀이 조종을 하자 집이 기울어지며, 칼이 이리저리 부딪친다.

RUSSELL Oh, this makes it go right, and that way's left.

러셀 오, 이렇게 하면 오른쪽으로 가고, 저건 왼쪽으로 가게 하는 거네요.

CARL Let go of the – **knock it off!**❶

칼 거기서 손 떼 – 그만하라고!

Russell looks out the window in front of him.

러셀이 그의 앞에 있는 창문 밖을 바라본다.

RUSSELL Hey look, buildings!

러셀 여기 봐요. 건물들이에요!

EXT. CARL'S HOUSE, WINDOW
Russell and Carl arrive at the window.

외부. 칼의 집. 창문
러셀과 칼이 창문에 다가선다.

RUSSELL That building's so close I could almost touch it.

러셀 저 건물은 엄청 가까워서 거의 손으로 만질 수도 있을 것 같아요.

That gives Carl an idea.

러셀의 말을 듣고 칼에게 아이디어가 떠오른다.

CUT TO:
Carl **lowers** Russell on a rope below the floating house.

장면 전환:
칼이 떠다니는 집 밑으로 러셀을 로프에 매달아 하강하게 한다.

RUSSELL Wow! This is great! You should try this, Mr. Fredricksen! Look, there's a bus that could take me home two blocks away! (looking up) Hey, I can see your house from here!

러셀 우와! 정말 멋져요! 프레드릭슨 할아버지도 한 번 해 보세요! 봐요. 저기 버스가 있어요. 저 버스 타고 두 블록만 더 가면 우리 집이에요! (위를 올려보며) 할아버지, 여기서 할아버지 집이 보여요!

CARL (**struggling** to **hold on**) Don't **jerk** around so much, kid!

칼 (안간힘을 쓰며 로프를 붙잡고 있다) 너무 막 움직이지 말라고, 꼬마야!

The rope slips through Carl's hands. Russell FALLS.

로프가 칼의 손에서 미끄러져 빠져나간다. 러셀이 떨어진다.

---

work (기계, 장치 등을) 작동시키다/사용하다
tilt 기울다, 젖혀지다
back and forth 왔다 갔다, 오락가락하는
let go of ~에서 손을 놓다, 쥐고 있던 것을 놓다
lower ~을 내리다/낮추다
struggle 투쟁/고투하다, 몸부림치다, 힘겹게 나아가다
hold on ~을 계속 잡고 있다
jerk 갑자기 확 움직이다

❶ **Knock it off!**
그만해!
이 표현은 상대방이 자꾸 귀찮게 하거나 짜증나게 굴 때 '그만해, 집어치워!'라는 의미의 명령형으로 쓰는 관용표현이에요. 비슷한 상황에서 같은 의미로 Cut it out! 이라는 표현도 많이 쓴답니다.

CUT TO:
Carl stands beside Russell at the window. Russell's fall had been a **daydream**.

CARL   Well, that's not gonna work.

Carl leaves Russell at the window.

RUSSELL   I know that cloud, it's a **Cumulonimbus**. Did you know that the Cumulonimbus...

INT. CARL'S HOUSE, LIVING ROOM – DAY
GRUMBLING, Carl kneels at the fireplace to cut a few balloon strings with his house keys.

CARL   **Stayed up all night blowing up balloons**, for what?

RUSSELL   ...warm air **goes by** cool air, and the airs go by each other and that's how we get **lightning**.

CARL   That's nice, kid.

Carl turns off his **hearing aid. Silence**. He smiles.
Russell tries to **get Carl's attention**. A storm is **brewing in the distance**.

RUSSELL   (nearly silent) Mr. Fredricksen, there's a big storm coming. It's **starting to get** scary. We're gonna get blown **to bits**! We're **in big trouble**, Mr. Fredricksen!

A huge **lightning bolt flash lights up** the room. Carl turns on his hearing aid.

CARL   What are you doing over there?

RUSSELL   Look!

장면 전환:
칼이 창문 앞에 있는 러셀 옆에 서 있다. 러셀이 떨어진 건 몽상이었다.

칼 흠, 그건 안될 것 같군.

칼이 러셀을 창문 앞에 두고 자리를 옮긴다.

러셀 나 저 구름 알아요. 적란운이에요. 할아버지도 혹시 알고 계셨나요. 적란운은 말이죠···

내부. 칼의 집 거실 – 낮
툴툴대며 칼이 집 열쇠로 풍선에 연결된 줄을 몇 개 자르려고 벽난로 앞에 무릎을 꿇고 있다.

칼 난 대체 뭐 때문에 밤을 새워가며 이 풍선들을 분거지?

러셀 ···따뜻한 공기가 찬 공기를 지나가고, 공기들이 서로를 지나는데, 그렇게 번개가 만들어지는 거라고요.

칼 그래 멋지구나, 꼬마야.

칼이 그의 보청기를 끈다. 정적. 그가 미소 짓는다. 러셀이 칼의 주의를 끌려고 한다. 저 멀리서 폭풍우가 다가오고 있다.

러셀 (거의 안 들리게) 프레드릭슨 할아버지, 저기 큰 폭풍우가 다가오고 있어요. 점점 무서워지고 있어요. 우린 산산조각이 날 거라고요! 우리 완전 큰일 났다고요, 프레드릭슨 할아버지!

거대한 번개가 번쩍하며 방을 환하게 한다. 칼이 보청기를 켠다.

칼 너 거기서 뭐하고 있는 거니?

러셀 보세요!

---

daydream 몽상, 백일몽
Cumulonimbus 적란운
stay up all night 밤샘하다, 철야하다
blow up a balloon 풍선을 불다
go by 지나가다, 흐르다
lightning 번개
hearing aid 보청기
silence 침묵, 고요, 적막, 정적

get someone's attention ~의 이목/관심을 끌다
brew (움직임이) 태동하다
in the distance 저 멀리, 먼 곳에
start to get ~한 상태가 되기 시작하다
to bits 산산이, 조각조각
in big trouble 큰 문제/곤란에 빠진, 큰일이 난
lightning bolt flash 번개가 번쩍할 때 나는 섬광
light up ~을 환하게 밝히다

EXT. CARL'S HOUSE, WINDOW
Carl joins Russell at the window.

RUSSELL See? Cumulonimbus.

INT. CARL'S HOUSE, LIVING ROOM
The tiny house is **heading for** a MASSIVE STORM.
Carl STRUGGLES to steer the house away but is blown into the storm. The steering **mechanism recoils** and **sends Carl flying**.
Plates fall from the walls and furniture slides as the house is **rocked** in the storm.
Russell's backpack slides toward the front door.

RUSSELL My pack!

Russell HOPS on top of the backpack.

RUSSELL Got ya!❶

The pack slides toward the OPEN FRONT DOOR. Russell screams.
He's about to slide out when the house tilts and the door **swings shut**.
The Paradise Falls jar rolls past Carl. He **chases after** it.
Ellie's chair slides across the room. Carl gasps and runs to protect it.
The photo of Ellie rocks and slides off the wall. Carl **lunges** to catch it.

외부. 칼의 집, 창문
칼이 창문 쪽으로 가서 러셀과 합류한다.

러셀 보셨죠? 적란운이잖아요.

내부. 칼의 집, 거실
아주 작은 집이 거대한 폭풍우를 향해 다가가고 있다.
칼이 어떻게든 방향을 돌리려고 안간힘을 써보지만, 그의 집이 폭풍우 속으로 휩쓸린다. 조타장치가 되감기며 칼을 허공으로 내동댕이친다.
집이 폭풍우 속에서 요동치는 동안 접시들이 벽에서 떨어지고 가구들이 이리저리 미끄러진다.
러셀의 배낭이 현관문 쪽으로 미끄러진다.

러셀 내 배낭!

러셀이 배낭 위로 뛰어든다.

러셀 잡았다!

배낭이 열린 현관문 쪽으로 미끄러진다. 러셀이 소리 지른다. 집이 기울어지면서 그가 거의 미끄러져 나갈뻔하는데 문이 쾅 하고 닫힌다.
파라다이스 폭포 단지가 칼 옆으로 굴러간다. 그가 잡으려고 단지를 뒤쫓는다.
엘리의 의자가 방을 가로질러 미끄러진다. 칼이 헉 하고 놀라며 의자를 보호하기 위해 달려간다.
엘리의 사진이 흔들리다가 벽에서 떨어진다. 칼이 그것을 잡으려고 몸을 던진다.

head for ~으로 향하다
mechanism 기계 장치, 기구, (목적을 달성하기 위한) 방법, 메커니즘
recoil (무섭거나 불쾌한 것을 보고) 움찔하다, 다시 감다/감기다
send someone flying ~을 허공으로 날려버리다
rock (전후좌우로 부드럽게) 흔들리다/흔들다
swing shut (문 등이) 탕하며 세차게 닫히다
chase after ~을 뒤쫓다
lunge (사람을 공격하거나 무엇을 움켜잡으려고) 달려들다/돌진하다

❶ Got ya!
잡았다!
무엇인가 뒤쫓던 것을 잡았거나 상대방의 의도나 요구사항을 이해했을 때 주로 쓰는 표현이에요. ya는 you를 구어체적으로 발음 나는 대로 표기한 것이에요. 이 표현은 완전한 문장으로 쓰면 I got you이지만, 주로 위에서처럼 그냥 Got ya! 라고 하는 것이 구어체에서는 자연스럽습니다.

Caught in a Storm

폭풍우에 휘말리다

🎧 09.mp3

EXT. CARL'S HOUSE, FLOATING The storm **rages**. The house is **tossed** into the storm clouds. All **goes black**.	외부. 칼의 집 떠다니는 중 폭풍우가 맹렬하다. 집이 폭풍우 구름들 속으로 내던져졌다. 모든 것이 까매진다.
INT. CARL'S HOUSE, LIVING ROOM – MORNING Carl is **asleep**. A finger **pokes** Carl's face. Nothing. The finger pokes Carl's face again. Carl **WAKES UP**.	내부. 칼의 집 거실 – 아침 칼이 잠을 자고 있다. 손가락 하나가 칼의 얼굴을 찌른다. 아무 반응도 없다. 손가락이 다시 한번 칼의 얼굴을 찌른다. 칼이 깨어난다.

바로 이 장면!*

RUSSELL Whew! I thought you were dead.	러셀 휴위! 난 할아버지가 죽은 줄 알았다고요.
CARL Wha... what happened?	칼 어… 어떻게 된 거야?
Carl STRUGGLES to rise from the **pile** of Ellie's things he'd been protecting.	자기가 보호하고 있던 엘리의 물건들 더미 속에서 일어나느라 칼이 힘겨워한다.
RUSSELL I steered us. I did! I steered the house!	러셀 내가 우리를 조종했어요. 내가 했다고요! 내가 집을 조종했다고요!
CARL Steered us?	칼 우리를 조종했다고?
RUSSELL After you tied your stuff down you **took a nap**, so I went ahead and steered us down here.	러셀 할아버지가 물건들을 묶어서 고정시킨 후에 낮잠을 주무시더라고요. 그래서 제가 나서서 조종해서 우리를 여기에 내려오게 했지요.
EXT. CARL'S HOUSE, WINDOW Carl opens the window and looks out.	외부. 칼의 집. 창문 칼이 창문을 열고 밖을 본다.
CARL Huh?	칼 엥?
EXT. CARL'S HOUSE, FLOATING The house floats **motionless** above **an ocean of** clouds.	외부. 칼의 집. 떠 있는 중 구름바다 위로 집이 움직이지 않고 떠 있다.

---

rage 격렬한 분노, 격노, 맹위를 떨치다

toss (가볍게, 아무렇게나) 던지다

go black 캄캄해지다, 의식을 잃다

asleep 잠이 든, 자고 있는

poke (손가락 등으로) 쿡 찌르다

wake up 정신을 차리다, 잠에서 깨다

pile (위로 차곡차곡) 포개/쌓아놓은 것, 더미

take a nap 낮잠을 자다

motionless 움직이지 않는, 가만히 있는

an ocean of 엄청나게 많은 (양의) ~

EXT. CARL'S HOUSE, WINDOW	외부. 칼의 집, 창문
CARL **Can't tell where we are.**[1]	칼 우리가 어디에 있는 건지 모르겠네.
INT. CARL'S HOUSE, LIVING ROOM	내부. 칼의 집, 거실
RUSSELL Oh we're in South America all right. It was a **cinch**, with my Wilderness Explorer **GPS**.	러셀 아하 우린 남미에 와 있는 거라고요. 내 야생 탐험 GPS가 있어서 식은 죽 먹기였어요.
Russell **holds up** his WILDERNESS EXPLORER GPS **UNIT**.	러셀이 자신의 야생 탐험 GPS 기기를 들어 올린다.
CARL GP-what?	칼 GP–뭐라고?
RUSSELL My dad gave it to me. It shows exactly where we are on the **planet**. With this baby, we'll never be lost!	러셀 우리 아빠가 준 거예요. 이게 우리가 지구의 어디에 있는지 정확하게 알려준다고요. 얘만 있으면 우린 절대 길 잃을 일이 없다고요!
Russell gestures, tossing the unit out the window.	러셀이 몸짓으로 표현을 하다가, GPS를 창문 밖으로 떨어뜨린다.
EXT. CARL'S HOUSE, FLOATING Carl and Russell watch the tiny GPS unit **descend** into the clouds.	외부. 칼의 집, 떠 있는 중 칼과 러셀이 구름 속으로 떨어지고 있는 작은 GPS를 바라본다.

RUSSELL Oops.	러셀 오 이런.
INT. CARL'S HOUSE, LIVING ROOM Carl kneels by the fireplace and **cuts at** the balloon strings.	내부. 칼의 집, 거실 칼이 벽난로 옆에 무릎을 꿇고 풍선에 연결된 줄들을 자른다.
CARL We'll get you down, find a bus stop. You just tell the man you want to go back to your mother.	칼 널 내려줄 테니, 버스 정류장을 찾거라. 어른을 만나면 엄마한테 돌아가고 싶다고 말하렴.
RUSSELL Sure, but I don't think they have busses in Paradise Falls.	러셀 뭐 그러죠. 하지만 제 생각엔 파라다이스 폭포에는 버스들이 없을걸요.
EXT. CARL'S HOUSE, FLOATING A small **cluster** of balloons fly up and away from the house.	외부. 칼의 집, 떠 있는 중 작은 무리의 풍선들이 하늘로 날아오르며 집으로부터 멀어진다.

cinch 아주 쉬운 일
GPS 위성항법장치, 네비게이션 (Global Positioning System)
hold up 손에 들다, (예를) 들다/제시하다
unit 구성 단위, (상품의) 한 개/단위
planet 행성, 세상, 지구
descend 〈격식〉 내려오다, 내려가다, 하강하다
cut at ~을 칼로 내리치다, ~을 베려고 하다
cluster (조밀하게 모여있는 사람, 동물 등의) 무리

❶ **Can't tell where we are.**
우리가 어디 있는지 모르겠네.
tell은 기본적으로 '말하다, 알리다, 전하다'라는 의미로 쓰이지만, 많은 경우에 '알다/판단하다, 구별/식별하다'라는 의미로도 쓰인답니다. 예를 들어, It's hard to tell. '정확히 판단하기는 어려워', I can't tell the difference between the two. '그 둘 사이의 차이를 구별할 수가 없어' 이렇게 말이죠.

INT. CARL'S HOUSE, LIVING ROOM

CARL   There. **That ought to do it.**❶ Here, I'll give you some **change** for bus fare.

Russell follows Carl toward the front door.

RUSSELL   **Nah**, I'll just use my **city bus pass**.

EXT. CARL'S HOUSE, FLOATING
The house lowers into the fog.

RUSSELL (O.S.)   Whoah, that's gonna be like a **billion transfers** to get back to my house.

EXT. CARL'S HOUSE, PORCH
Carl and Russell stand on the porch as the house moves down into and through the thick, dark clouds.

RUSSELL   Mr. Fredricksen, how much longer?

CARL   Well, we're up pretty high. Could take hours to get down.

Something flashes by them in the fog. Carl leans forward.

CARL   (**mumbling**) ...that thing was...building or something.

Another dark object **whooshes** past them. Carl ducks.

RUSSELL   What was that, Mr. Fredricksen?

CARL   We can't be close to the ground yet.

A **brief view** of rocks directly below them. Carl GASPS.

내부. 칼의 집, 거실

칼 자 됐다. 이러면 이제 해결될 거야. 여기, 내가 너 버스요금 하라고 잔돈을 좀 주마.

러셀이 칼을 따라서 현관문 쪽으로 간다.

러셀 아네요. 그냥 내 시내버스카드 사용할게요.

외부. 칼의 집 떠 있는 중
집이 안개 속으로 하강한다.

러셀 (화면 밖) 이야. 우리 집으로 돌아가려면 환승을 수십억 번은 해야겠는걸요.

외부. 칼의 집 베란다
짙고 깜깜한 구름들 사이로 집이 내려가는 동안 칼과 러셀이 베란다에 서 있다.

러셀 프레드릭슨 할아버지, 얼마나 더 가야 하죠?

칼 글쎄. 우리가 패 높이 올라왔어. 아마 내려가려면 몇 시간은 걸릴 것 같구나.

안개 속에서 뭔가 반짝하며 지나간다. 칼이 앞쪽으로 몸을 기울인다.

칼 (웅얼거리며) …저건…건물 비슷한 것 같은데.

또 하나의 어두운 물체가 그들 옆으로 휙 하고 지나간다. 칼이 몸을 숙인다.

러셀 저건 뭐였죠, 프레드릭슨 할아버지?

칼 아직 땅에 가까이 왔을 리가 없는데.

그들 바로 밑으로 바위들이 스쳐 가듯 보인다. 칼이 학하고 놀란다.

---

change 동전
nah 아니, no와 같은 의미의 구어체적 표현
city bus pass 시내버스카드
billion 10억, 엄청난 양
transfer (장소를) 옮기다, 이동/이송/이전하다, 환승하다
mumble 중얼거리다, 웅얼거리다
whoosh 쉭 하는 소리, (아주 빠르게) 휙/쉭 하고 지나가다
brief view 잠시 지나가는 장면/풍경

❶ **That ought to do it.**
이러면 이제 문제 없을 거야.
이것 한 가지만 더하면 원하는 일이 만족스럽게 완수될 것이다 또는 이미 완수되었다는 의미로 쓰는 표현이에요. 상황에 맞게 더 자연스럽게 해석을 해 보면 '자 이것만 더하면 이제 해결될 거야', 또는 '자 이걸로 이제 다 된 거야' 이렇게 됩니다. 같은 의미로 That should do it!가 있어요.

Getting Stuck at the Wrong End

반대편에서 오도 가도 못하는 신세

🎧 10.mp3

EXT. MOUNTAIN, **ROCKY LANDSCAPE**
BAM!!! The house **CRASHES** into the ground.
Russell and Carl fly off the porch and onto the ground. They **land hard**.

Carl's house is floating away! Carl runs after the GARDEN HOSE **dragging** across the ground.

CARL   Wait, wait! No don't, don't, don't!

Carl grabs the hose and is PULLED UP in the air.

CARL   Whoah! Hey, hey!

Russell JUMPS onto Carl's leg and the **extra weight** pulls them to the ground.

CARL   Russell, **hang on!**

Carl and Russell slide toward the **edge** of a **CLIFF EDGE**.

RUSSELL   Whoah!

They slide toward the edge... and stop. The drop is thousands of feet. Carl is TERRIFIED.

CARL   Walk back! Walk back!

RUSSELL   Okay!

Russell **PULLS Carl by the leg** away from the cliff edge. Carl, still hanging from the hose, **looks around**. Fog **blankets** the **mysterious** landscape, **revealing** only **scattered** rocks.

외부, 산, 바위들이 있는 풍경
쿵!!! 집이 땅에 세게 부딪힌다.
러셀과 칼이 베란다에서 날아올라 땅에 떨어진다. 강한 충격과 함께 떨어진다.

칼의 집이 떠가며 멀어지고 있다! 땅에 끌리는 정원용 호스를 잡으려고 칼이 달려간다.

칼 잠깐, 잠깐! 아니, 안 돼, 안 돼, 안 돼!

칼이 호스를 잡고 공중으로 끌려 올라간다.

칼 워어! 야, 야!

러셀이 뛰어올라 칼의 다리를 잡으니 더해진 하중으로 인해 그들이 땅으로 내려온다.

칼 러셀, 꽉 잡아!

칼과 러셀이 절벽 모서리 끝으로 미끄러진다.

러셀 우오오!

그들이 모서리 쪽으로 미끄러지다가… 멈춘다. 벼랑의 바닥이 수천 피트 아래에 있다. 칼이 공포에 떨고 있다.

칼 뒤로 걸어가! 뒤로 걸어가라고!

러셀 알았어요!

러셀이 절벽 모서리에서 멀어지도록 칼의 다리를 잡아당긴다. 여전히 호스에 매달려 있는 칼이 주위를 둘러본다. 안개가 신비스러운 풍경을 가려서 드문드문 바위들만 보인다.

---

rocky 바위투성이의, 바위로 된
landscape 풍경
crash 충돌, 충돌하다, (시합 등에서) 맞붙다
land hard 세게/강한 충격과 함께 착지하다
drag (힘들여, 질질) 끌다/끌고 가다
extra 추가의, 더, 추가되는 것
weight 무게, 체중
hang on 꽉 붙잡다, 잠깐/기다려/멈춰봐

edge 모서리, 가장자리
cliff edge 절벽 모서리, 벼랑 끝
pull someone by the leg ~의 다리를 잡아당기다
look around 주위를 둘러보다
blanket 담요, (완전히) 뒤덮다
mysterious 이해/설명하기 힘든
reveal 나타나다
scatter (흩)뿌리다

CARL   (out of breath) Where... where are we?

              칼 (헐떡거리며) 어디… 우리가 어디에 있는 거지?

RUSSELL This doesn't look like the city or the jungle, Mr. Fredricksen.

              러셀 여긴 도시도 아니고 정글도 아닌 것 같은데요, 프레드릭슨 할아버지.

The wind **picks up** and they STRUGGLE against it.

              바람이 강해지며 그들이 발버둥 친다.

CARL   (to house) Don't worry, Ellie. I got it.

              칼 (집에게) 걱정 마, 엘리. 내가 붙잡고 있어.

The wind clears the fog, slowly revealing a **crescent shaped**, flat-topped mountain on which they stand. Across it, **some ten miles** away, is PARADISE FALLS. Carl stares. He can't believe it.

              바람이 불어 안개가 걷히니 초승달 모양의 봉우리가 평평한 산에 그들이 서 있는 것이 보인다. 그 산의 반대편에 약 10마일 남짓 떨어진 곳에 파라다이스 폭포가 있다. 칼이 빤히 쳐다본다. 이 광경이 믿기지 않는다.

CARL   There it is. Ellie, it's so beautiful.

              칼 바로 저기야. 엘리, 정말 아름다워.

The landscape is **stunning**.
Carl shows Russell the engraving with the Ellie drawing of the house atop the falls.

              너무나도 아름다운 풍경이다.
칼이 폭포 위에 있는 집을 그린 엘리의 그림이 새겨진 판화를 러셀에게 보여준다.

바로 이장면!*

CARL   **We made it.**[1] We made it! Russell, we could float right over there. Climb up. Climb up!

              칼 우리가 해냈구나. 해냈다고! 러셀, 바로 저쪽으로 둥둥 떠서 날아가면 돼. 올라가. 올라가라고!

RUSSELL You mean assist you?

              러셀 할아버지 말씀은 할아버지를 도와달라는 뜻인가요?

CARL   Yeah, yeah. **Whatever.**

              칼 그래. 그래. 뭐가 됐건.

RUSSELL Okay, I'll climb up!

              러셀 좋아요. 올라갈게요!

Russell CLIMBS Carl, stepping on his leg, arms, and face.

              러셀이 칼의 다리, 팔, 그리고 얼굴을 밟고 위로 오른다.

CARL   Watch it.

              칼 조심해.

RUSSELL Sorry.

              러셀 죄송해요.

The hose **jiggles** as Russell CLIMBS **out of frame**.

              호스가 양옆으로 빠르게 움직이더니 러셀이 위로 올라가서 화면 밖으로 벗어난다.

---

pick up 회복되다, 개선되다, 더 강해지다
crescent-shaped 초승달 모양의
some ten miles 약 10마일 남짓
stunning 굉장히 아름다운/멋진
whatever 어떤 ~이든, 그게 뭐든, 뭐든지
Watch it! (경고) 조심해!
jiggle (아래위, 양옆으로 빠르게) 움직이다/흔들다
out of frame 프레임/틀에서 벗어난, 화면에서 벗어난

❶ We made it!
우리가 해냈어! / 우리가 마침내 도착했어!
뭔가 어려운 일을 해내거나 역경을 딛고 어딘가에 도달했을 때 많이 쓰는 패턴이 '주어 + made it!'이에요. 상대방이 오기 어려운 상황이라고 생각했는데 와주었을 때 I'm so glad you made it! '(못 올 줄 알았는데) 네가 와 주어서 정말 기뻐!' 이렇게 쓰기도 한답니다.

CARL   Now, when you get up there, go ahead and **hoist me up**! **Got it?!**❶

Russell continues to grunt and strain off screen.

CARL   You on the porch yet?!

Russell is **just inches above** Carl, still STRUGGLING to climb. He slides down onto Carl's head, exhausted.

CARL   What? That's it?! I **came all this way** just to **get stuck** at **the wrong end** of this rock pile? Aw, great!

칼 자 이제, 네가 거기에 올라가거든, 나를 끌어 올리거라! 알겠니?!

러셀이 여전히 끙끙거리며 화면 밖에서 안간힘을 쓰고 있다.

칼 아직 베란다에 올라가지 못했니?!

러셀이 올라가려고 여전히 허우적거리는데, 칼의 머리 바로 위에 있다. 그가 힘이 빠져서 칼의 머리 위로 미끄러져 내려온다.

칼 뭐니? 그게 다야?! 내가 이 먼 곳까지 날아와서 목적지의 반대편 바위 더미 위에 꼼짝도 못하고 갇히는 신세가 된 거야? 아, 정말 대단하구나!

Carl **paces**.

RUSSELL   Hey, if I could assist you over there, would you **sign off on** my badge?

CARL   What are you talking about?

RUSSELL   We could walk your house to the falls!

CARL   Walk it?

RUSSELL   Yeah, after all, we **weigh it down**. We could walk it right over there. Like a parade balloon.

Carl considers this.

칼이 화가 나서 이리저리 서성거린다.

러셀 저기, 할아버지를 저기까지 가게 도와드리면, 제 배지에 서명해 주실 건가요?

칼 무슨 소리를 하는 거야?

러셀 할아버지 집을 폭포 쪽으로 걸어서 옮길 수 있을 거에요!

칼 걸어서 옮긴다고?

러셀 네, 어찌 됐든 우리가 이 집을 우리의 몸무게로 지탱하고 있잖아요. 우리가 바로 저쪽으로 걸어서 이걸 옮길 수 있을 거예요. 퍼레이드 풍선처럼.

칼이 러셀의 의견에 대해 숙고한다.

---

hoist something/someone up 로프로 감아/들어 올리다
just inches above 단/겨우 몇 인치 위에/로
come all this way 정말 먼 길을 오다
get stuck 오도 가도/꼼짝 못하게 되다
the wrong end 잘못된 방향, 반대쪽
pace (초조해서 또는 화가 나서) 서성거리다
sign off on ~에 대해 승인/허가를 하다
weigh something down ~을 짓누르다, 무겁게 누르다

❶ **Got it?**
알겠니?
구어체에서는 '알아듣다, 이해하다'의 뜻으로 understand 대신에 get it을 쓰는 경우가 많답니다. 위에서처럼 Did you get it? 을 축약해서 Got it? '이해했니? / 알겠니?'라고 쓰기도 하고, Did you get it? 이라고 할 수도 있어요. 물론, Do you understand? 이라고 할 수도 있고요.

Can Russell Ever Be Quiet?

러셀에게 침묵이 과연 가능한 일일까?

🎧 11.mp3

EXT. MOUNTAIN, ROCKY LANDSCAPE, DAY – LATER
The house floats **against the sky**. The **hose descends** from the house and "Y"s to tie to both Carl and Russell. They wear the hose like a **harness**, pulling the house as they walk.

외부. 산. 바위가 많은 풍경. 낮 – 나중
집이 하늘 위에 떠 있다. 집에서 호스가 내려와 Y 자 모양으로 칼과 러셀에게 연결되어 묶어있다. 그들이 호스를 마치 마구처럼 입고 걸으며 집을 잡아당기고 있다.

바로 이장면!*

<u>**CARL**</u>	Now, we're gonna walk to the falls quickly and quietly, with no rap music or **flash-dancing**.

칼 자 이제, 우리가 빠르게 그리고 조용히 폭포 쪽으로 걸을 텐데, 랩 음악이나 현란한 춤 추는 건 자제해라.

Russell **inspects** his **surroundings**.

러셀이 주변을 자세히 살핀다.

<u>RUSSELL</u> **(distracted)** Uh-huh.

러셀 (심란해하며) 아 네.

<u>**CARL**</u> We have three days, **at best**, before the helium **leaks** out of those balloons. And if we're not at the falls when that happens...

칼 우리에게 3일이 남았어. 최대로 많이 잡아도, 풍선에서 헬륨가스가 새서 다 빠져나가 버리기 전까지 말이야. 그리고 그렇게 되었을 때 우리가 폭포에 도착하지 못하면…

<u>RUSSELL</u> **Sand!**

러셀 모래예요!

<u>**CARL**</u> ...we're not getting to the falls!

칼 …우린 폭포에 도착을 못 하는 거야!

<u>RUSSELL</u> I found sand!

러셀 모래를 찾았어요!

Carl **ROLLS HIS EYES**. He looks up at the house.

칼이 눈을 굴린다. 그가 집을 올려다본다.

<u>**CARL**</u> Don't you worry, Ellie. We'll get our house over there.

칼 걱정 마, 엘리. 우리가 우리 집을 저쪽으로 옮겨 놓을 테니까.

Russell looks up at the house. Who's Carl talking to?

러셀이 집을 올려다본다. 칼은 대체 누구한테 말하는 걸까?

---

against the sky 하늘을 배경으로

hose 호스

descend 하강하다, 내려오다

harness 마구, 벨트/용구, 장착 때, 멜빵

flash-dance 곡예를 곁들인 탭 댄스의 일종

inspect 점검/검사하다

surroundings 환경

distracted 정신이 산만/산란해진

at best 기껏, 잘해야, 아무리 낙관하여도

leak 새다, 새게 하다, 새는 곳/틈/구멍

sand 모래

roll one's eyes (상대방의 행동/말이 마음에 안 들거나 짜증이 날 때) 눈(알)을 굴리다

RUSSELL   Huh. **(shrugs it off)** This is fun already, isn't it? By the time we get there, you're gonna feel so assisted... Oh, Mr. Fredricksen, if we happen to **get separated**, use the Wilderness Explorer call. Caw caw, raaar!!

러셀   허. (별일 아니라는 듯이) 벌써 재미있네요, 안 그래요? 우리가 저기에 도착하게 되면, 할아버지는 정말 많이 도움을 받았다는 기분이 들 거예요… 아, 프레드릭슨 할아버지, 혹시라도 우리가 서로 떨어지게 되는 상황이 생기면 야생 탐험가의 외침을 사용하세요. 깍각, 으르렁!!

The WILDERNESS EXPLORER CALL **sets off** Carl's hearing aid.

야생 탐험가의 외침으로 칼의 보청기에 경보가 울린다.

RUSSELL   Wait. Why are we going to Paradise Falls again?

러셀   잠시만요. 그런데 우리가 왜 파라다이스 폭포로 가는 거라고 했죠?

CARL   Hey, let's play a game. It's called: "See who can be quiet the longest."

칼   얘야, 우리 게임 할까. 게임 이름은 "누가 제일 오랫동안 조용히 있나."

RUSSELL   Cool! My mom loves that game!

러셀   완전 좋아요! 우리 엄마도 그 게임 정말 좋아하거든요!

They head toward Paradise Falls, some 10 miles away.

그들이 약 10마일 남짓 떨어진 파라다이스 폭포를 향해간다.

DISSOLVE TO:
EXT. MOUNTAIN, JUNGLE **CLEARING** – DAY
Mist hangs **ominously** over a rocky landscape.
Something tall blasts through a maze of rocks.
Two dark shapes are chasing the prey. Each has a light. Hunters.

화면이 어두워지다가 다시 밝아지면서:
외부. 산. 밀림 속 공터 – 낮
엷은 안개가 바위산 풍경 위로 음산하게 깔려있다.
원가 키 큰 물체가 바위들의 미로 사이로 쌩하고 지나간다.
두 개의 어두운 형체가 사냥감을 뒤쫓고 있다. 둘 모두에게 전등이 있다. 사냥꾼들이다.

EXT. MOUNTAIN, **GROVE** OF TREES
The prey **dodges** various TRAPS, **one after another**. A metal cage slams shut, a hidden net, darts on a **trip wire**. The prey runs into a clearing surrounded by rocks: a **dead end**.

외부. 산. 나무숲
사냥감이 여러 개의 덫을 하나씩 둘씩 요리조리 피한다. 쇠로 만든 우리가 쾅 하고 닫히고, 숨겨진 그물이 덫으로 쳐놓은 철사 위로 휙 하고 날아간다. 사냥감이 바위들로 둘러싸인 빈터로 달려간다: 막다른 길이다.

EXT. MOUNTAIN, CLEARING
The hunters surround the prey, **stepping out into** the light: a **sinister Doberman Pinscher**, a **Rottweiler**, and a bulldog, each wearing large, HIGH-TECH COLLARS.
They surround the prey. Escape looks **impossible**.
WOOSH! The bird moves impossibly fast, jumping over the three dogs and escaping **in a flash**.

외부. 산. 빈터
사냥꾼들이 사냥감 주위를 둘러싸며 환한 곳으로 나와 모습을 드러내는데: 사악한 도베르만 핀셔, 로트와일러, 그리고 불독이 각각 커다란 최첨단 개 목걸이를 하고 있다.
그들이 사냥감을 에워싼다. 탈출이 불가능해 보인다.
휘리릭! 새가 말도 안 되게 빠른 속도로 움직이며 세 마리 개들을 뛰어넘고 순식간에 탈출한다.

---

shrug something off 무시/경시하다, 어깨에서 떨쳐내다

get separated 분리되다, 떨어지게/헤어지게 되다

set something off (폭탄) 터뜨리다, (경보장치를) 울리다

clearing (숲속의) 빈터

ominously 불길하게, 기분 나쁘게

grove (작은) 숲, 수풀

dodge (몸을 재빨리/휙) 움직이다/피하다

one after another 잇따라서, 차례로

tripwire 덫으로 쳐 놓은 철사

dead end 막다른 길/지경

step out into ~로 나가다

sinister 사악한, 해로운, 불길한

Doberman Pinscher 도베르만 핀셔 (군용, 경찰견)

Rottweiler 로트와일러 개

impossibly 불가능하게, 있을 것 같지도 않게, 어처구니없이

in a flash 순식간에, 눈 깜짝할 사이에

The dogs head off **in pursuit**. A HIGH PITCHED SQUEAL stops the dogs short, their ears **wincing** in pain. They **whimper** and run off.

개들이 그 뒤를 쫓는다. 고음의 삑삑 소리로 인해 개들이 갑자기 멈춰 서는데, 귀가 아파서 움찔한다. 그들이 깽깽거리며 도망간다.

EXT. MOUNTAIN, THICK JUNGLE – DAY
Carl steps out from behind a shrub. The SQUEALING is in fact his HEARING AID.

외부. 산. 나무가 울창한 밀림 – 낮
칼이 수풀 뒤쪽에서 나온다. 삑삑 소리는 사실 그의 보청기 소리다.

CARL　　Darn thing. (calling back) C'mon, Russell, would you hurry it up?

칼　이런 제길. (뒤를 향해 외치며) 어서, 러셀, 조금만 더 서두를 수 없겠니?

Russell **plods** forward, dragging his feet.

러셀이 다리를 질질 끌며 느릿느릿 앞으로 나아가고 있다.

RUSSELL　I'm tiiiired. And my knee hurts.

러셀　난 왕 피곤하다고요. 무릎도 아프고요.

CARL　　Which knee?

칼　어느 쪽 무릎이?

RUSSELL　My elbow hurts and I have to go to the bathroom.

러셀　팔꿈치도 아프고 화장실도 가야 해요.

CARL　　I asked you about that five minutes ago!

칼　화장실 가고 싶은지 내가 5분 전에 물었잖아!

RUSSELL　Well, I didn't have to go then!

러셀　뭐, 그때는 안 가도 됐었다고요!

Russell **goes limp** and **lies face down** in the dirt.

러셀이 축 늘어지더니 땅 위로 엎어진다.

RUSSELL　I don't want to walk anymore. Can we stop?

러셀　난 이제 더 이상 걷기 싫어요. 멈춰도 될까요?

CARL　　Russell! If you don't hurry up, the tigers will eat you.

칼　러셀 서두르지 않으면, 호랑이한테 잡아 먹힐 거야.

RUSSELL　There's no tigers in South America.

러셀　남미에는 호랑이가 안 살아요.

Russell rolls over to show Carl a badge.

러셀이 굴러서 몸을 뒤집어서 칼에게 배지를 보여준다.

RUSSELL　Zoology.

러셀　동물학.

CARL　　**Oh, for the love of Pete.**[1] Go on into the bushes and **do your business**.

칼　아. 정말 짜증 나는군. 그럼 어서 수풀로 들어가서 볼일 보거라.

---

in pursuit 바짝 뒤쫓아, 추적하려
wince 움찔하고 놀라다, 움찔하다, 움츠리다
whimper 훌쩍이다, 훌쩍이며 말하다, 깽깽거리다
plod (지쳐서) 터벅터벅 걷다
go limp 축 늘어지다
lie face down 얼굴을 밑으로 향해 눕다, 엎드리다
zoology 동물학
do one's business 볼일을 보다

> **❶ Oh, for the love of Pete.**
> 오. 이런. / 젠장.
> 화가 나거나 짜증스러움을 표현할 때 '아 젠장, 도대체, 대관절'과 같은 어감으로 for the love of Pete를 쓰는데요. for Pete's sake이라고 하는 경우도 있고요. 같은 상황에서 Pete 대신에 God를 넣는 경우가 사실은 더 많답니다. for the love of God 또는 for God's sake 이렇게요.

| RUSSELL | Okay! Here, hold my stuff. | 러셀 | 네! 여기요, 제 것 좀 잡고 계셔요. |

Somehow energized, Russell **jams** his pack into Carl's hands, **secures** his rope to a tree and **tromps** off into the shrubs.
He goes into the **woods** carrying a small **shovel** in one hand and a pile of leaves in another.

왠지 기운이 생겨서, 러셀이 칼의 손에 자신의 배낭을 밀어 넣고, 로프를 나무에 고정시키고 수풀 속으로 저벅저벅 들어간다.
한 손에는 작은 부삽을 들고 다른 한 손에는 나뭇잎 더미를 들고 그가 숲으로 들어간다.

| RUSSELL | I've always wanted to try this! | 러셀 | 이건 예전부터 꼭 해보고 싶었던 거예요! |

Carl waits, standing by the tree his house is tied to.

칼이 기다린다. 그의 집이 묶여있는 나무 옆에 서서.

| RUSSELL (O.S.) | Mr. Fredricksen? Am I supposed to **dig** the hole before or after? | 러셀 (화면 밖) | 프레드릭슨 할아버지? 용변을 보기 전에 땅을 파야 하나요 본 다음에 파야 하나요? |

| CARL | Eugh! **None of my concern!**❶ | 칼 | 으이구! 내가 알 바 아니야! |

Beat.

잠시 정적.

| RUSSELL (O.S.) | Oh. It's before! | 러셀 (화면 밖) | 아. 전에 파야 하는 거네요! |

Carl covers his ears.

칼이 손으로 귀를 가려버린다.

---

somehow 어떻게든, 왠지, 왜 그런지
energize 열기/열정을 돋우다, 활기/기운을 북돋우다
jam 쑤셔 넣다, 채워 넣다
secure (단단히) 고정시키다/잡아매다
tromp 짓밟다
woods 수풀산림
shovel 삽, 부삽, 삽질하다
dig (구멍 등을) 파다

❶ **None of my concern!** 내가 알 바 아니다!
어떤 일에 대해서 '내가 상관할 일이 아니다'라고 할 때 주로 쓰는 표현이에요. None of my business! 라고도 하지요. 완전한 문장으로 쓰고 싶다면 앞에 That's를 붙여주면 된답니다. 참고로, 상대방에게 '네가 상관할 바 아니다, 신경 꺼라'라고 할 때는 my를 your로 바꿔서 (That's) none of your concern/ business. 라고 하면 된답니다.

A Real Colorful Snipe

진짜 총천연색 도요새

🎧 12.mp3

EXT. MOUNTAIN, THICK JUNGLE
Russell **pats down** a **mound** and SIGHS **in satisfaction**.
He is about to return to Carl when he **spots** some TRACKS.

외부. 산, 울창한 밀림
러셀이 흙더미를 토닥거리며 만족한 듯 한숨을 쉰다.
그가 칼에게 다시 돌아오려고 하는데 짐승의 발자국들을 발견한다.

RUSSELL   Huh? Tracks?! (realizing) Snipe!

러셀 어? 발자국?! (깨달으며) 도요새다!

Russell follows the tracks into the dark jungle, clapping.

러셀이 발자국들을 따라 박수를 치며 어두운 밀림 속으로 들어간다.

RUSSELL   Here, snipe... Come on out, snipe. Snipe!

러셀 여기야, 도요새… 이리 나오렴, 도요새. 도요새야!

The footprints continue **for a time**, then stop.

발자국들이 한동안 이어지다가 멈춘다.

RUSSELL   Huh.

러셀 허.

Russell **munches** on a chocolate bar.
Something **RUSTLES** in the bushes behind him. He turns to look.
Behind him, A BEAK **takes a nibble** of the chocolate and zips out.

러셀이 초콜릿을 꺼내 먹는다.
그의 뒤에 있는 수풀 속에서 뭔가가 바삭거린다.
그가 뒤돌아본다.
그의 뒤로, 부리 하나가 나와서 초콜릿을 조금 베어 먹더니 순식간에 사라진다.

Russell turns. Nothing there.
Another nibble! Zip!

러셀이 돌아본다. 거기엔 아무것도 없다.
한 번 더 베어 먹기! 휙 사라짐!

RUSSELL   Ha! **Gotcha!**❶

러셀 해! 잡았다!

Russell peers into the shrub.

러셀이 수풀 속을 유심히 본다.

RUSSELL   Don't be afraid, little snipe. I am a Wilderness
Explorer so I am a friend to all of nature. Want
some more?

러셀 무서워하지 마, 작은 도요새야. 난 야생 탐험가야 그러니까 난 모든 자연과 친구란다. 조금 더 줄까?

Russell holds out the chocolate. The beak pokes out and nibbles.

러셀이 초콜릿을 밖으로 꺼내 든다. 부리가 쑥 나와서 베어 문다.

RUSSELL   Hi boy. Don't eat it all. Come on out.

러셀 안녕, 다 먹지는 마. 이리 나오렴.

---

pat down 가볍게 두드리다
mound 흙/돌 더미, 무더기
in satisfaction 만족스러워하며
spot 발견하다, 찾다, 알아채다
for a time 당분간, 잠시, 임시로
munch 우적우적/아삭아삭 먹다
rustle 바스락거리다
take a nibble 조금씩 베어 먹다

❶ Gotcha!
잡았다!
숨어 있거나 도망가고 있는 상대방을 잡았을 때 또는 상대방의 말이 무슨 말인지 '이해했어/알았어!'라고 할 때 쓰는 표현이에요. 원래 문장은 I've got you! 또는 I got you! 인데 구어체에서 축약해서 발음 나는 대로 Gotcha! 라고 한답니다.

The beak **zips** back into the bushes.

부리가 다시 재빠르게 수풀 속으로 들어간다.

RUSSELL Come on. Don't be afraid little snipe. Nice snipe. Good little snipe. Nice...

러셀 그러지 마. 무서워하지 마. 작은 도요새야. 착한 도요새. 착하고 작은 도요새야. 착한...

A massive **shadowy creature** rises up over Russell.

거대한 그늘을 드리우는 생물이 러셀 위로 올라온다.

RUSSELL ...giant snipe!

러셀 ...거대한 도요새!

EXT. MOUNTAIN, THICK JUNGLE CLEARING
Carl checks the **knot** on his hose harness. Russell and the massive creature **step up** behind him.

외부. 산. 울창한 밀림의 빈터
칼이 그의 호스 마구에 있는 매듭을 확인한다. 러셀과 거대한 생물이 그의 뒤에 나타난다.

바로 이장면!*

RUSSELL I found the snipe!

러셀 제가 도요새를 찾았어요!

CARL (**humoring** him) Oh, did you?

칼 (맞장구 쳐 주듯이) 오. 그랬니?

RUSSELL Are they tall?

러셀 도요새가 원래 키가 큰가요?

CARL Oh yes, they're very tall.

칼 오 그럼. 걔들은 키가 아주 크지.

RUSSELL Do they have a lot of colors?

러셀 색깔도 울긋불긋 많나요?

CARL They do **indeed**.

칼 그렇고말고.

RUSSELL Do they like chocolate?

러셀 걔들이 초콜릿을 좋아하나요?

CARL Oh ye- Chocolate?

칼 오 그럼- 초콜릿?

Carl turns to look.
Next to Russell **stands a 13 foot tall, multicolored** BIRD.
Carl **SCREAMS**.

칼이 뒤돌아본다.
러셀 옆으로 키가 거의 4미터 정도 되는 울긋불긋한 새 한 마리가 서 있다.
칼이 비명을 지른다.

CARL What is that thing?!

칼 그게 대체 뭐니?!

---

zip (차, 총알 등이) 핑하고 소리 내며 나아가다/움직이다
shadowy 그늘이 진, 어둑어둑한
creature 생명이 있는 존재, 생물, 사람
knot 매듭
step up 앞으로 나오다
humor 유머, 익살, 어르다, 달래다, 맞장구치다
indeed (긍정적인 진술, 대답을 강조하여) 정말/확실히
next to (위치상으로) ~ 바로 옆에

stand + (숫자) + tall (키, 높이가) ~이다
multicolored 다색의, 다채로운
scream 비명을 지르다

RUSSELL   It's a snipe!

CARL   There's no such thing as a snipe!

러셀 도요새예요!

칼 도요새라는 건 세상에 없어!

RUSSELL   But you said snipes eat-

Carl grabs Russell, pulling him away from the bird.
The bird **HISSES** at Carl and grabs Russell back. It **cradles** Russell like a baby.

RUSSELL   Whoah!

Russell **GIGGLES**.
Carl **pokes** at the bird with his **cane**, trying to **scare it off**.

CARL   Go on, get out of here. Go on! **Shoo**!

The bird HISSES.
It **takes Russell up** into a tree, **swinging him around playfully**. It looks scary and fun.

RUSSELL   (laughing) Whoah! Whoah!

CARL   Careful, Russell!

RUSSELL   (laughing) Hey, look Mr. Fredricksen, it likes me!

CARL   Russell!

The bird **grooms** Russell.

RUSSELL   (laughing) No stop, that **tickles**!

러셀 하지만 할아버지가 도요새들은 먹는다고-

칼이 러셀을 잡고, 새에게서 멀리 떨어뜨리려고 한다.
새가 칼에게 쉭쉭대며 다시 러셀을 잡는다. 새가 러셀을 아기처럼 품에 안고 어른다.

러셀 워워!

러셀이 킥킥댄다.
칼이 겁을 줘서 도망가게 하려고 지팡이로 새를 찌른다.

칼 가라, 여기서 나가. 어서 가라고! 훠이!

새가 쉭쉭댄다.
새가 러셀을 나무 위로 데리고 가서, 장난스럽게 그를 그네 태운다. 무서워 보이기도 하고 재미있어 보이기도 한다.

러셀 (웃으며) 워워! 우와!

칼 조심해, 러셀.

러셀 (웃으며) 이것 봐요, 프레드릭슨 할아버지, 얘가 날 좋아해요!

칼 러셀!

새가 러셀의 몸을 다듬는다.

러셀 (웃으며) 그만해, 간지러워!

---

hiss 쉬익/쉿 하는 소리를 내다
cradle 요람, 아기 침대, 부드럽게 잡다/흔들다
giggle 피식 웃다, 킥킥/키득/낄낄거리다
poke 쿡 찌르다, 밀다
cane 지팡이
scare someone off 겁을 주어 ~를 쫓아버리다
shoo (손을 내저으며) 훠이/쉬이 라고 하다
take something up ~을 (~으로) 들어 올리다

swing something around ~을 휙휙 돌리다, 휘두르다
playfully 재미있게, 장난하듯이
groom (동물을) 손질/솔질하다
tickle 간지럼을 태우다, 간질이다

Being with Kevin
케빈과 함께

🎧 13.mp3

Carl pokes the bird with his cane.

CARL Get out of here. Go on, **git**!

The bird sets Russell down. It **stalks** Carl, HISSING and **ruffling** its **feathers**.

CARL Aaaah!

RUSSELL Uh-oh! No no no no no Kevin, it's okay. Mr. Fredricksen is nice!

Russell **pats** Carl on the head.

CARL "Kevin"?

RUSSELL Yeah, that's his name I just gave him.

The bird pats Carl on the head with its beak.

CARL Hey. **Beat it!**❶ Vamoose! Scram!

Carl waves his cane. The bird eats it.

CARL Hey! That's mine!

The bird **chokes** and the cane comes back up.

바로 이장면!*

CARL Aaah! Shoo, shoo! Get out of here.

칼이 지팡이로 새를 콕콕 찌른다.

칼 저리 가. 가라고, 멍청한 놈아!

새가 러셀을 내려놓는다. 새가 씩씩대고 깃털을 세우면서 칼을 쫓는다.

칼 아아아!

러셀 오 이런! 안 돼 안 돼 안 돼 안 돼 케빈. 괜찮아. 프레드릭슨 할아버지는 착한 분이셔!

러셀이 칼의 머리를 쓰다듬는다.

칼 "케빈"?

러셀 네, 내가 지금 막 지어준 그의 이름이에요.

새가 자신의 부리로 칼의 머리를 토닥인다.

칼 이놈아. 꺼져! 저리 개! 어서 꺼지라고!

칼이 지팡이를 휘두른다. 새가 그것을 먹어버린다.

칼 이놈아! 그건 내 거야!

새가 목이 막힌 듯 지팡이를 다시 입으로 뱉어 낸다.

칼 아아! 훠이, 훠이! 저리 가.

---

git 재수 없는 놈, 멍청한 놈, 얼간이
stalk 몰래 접근하다, 가만히 뒤를 밟다
ruffle (반반한 표면을) 헝클다, 흐트러뜨리다
feather 깃털
pat (애정을 담아) 쓰다듬다/토닥거리다
vamoose 〈구식, 비격식〉 급히 떠나다
scram 〈구식, 비격식〉 썩 꺼져!
choke 숨이 막히다, 질식시키다, 목을 조르다

❶ **Beat it!** 꺼져!
상대방에게 짜증 또는 화를 내며 '꺼져!'라고 할 때 아주 자주 쓰는 표현이에요. 모두가 알만한 더 쉽고 익숙한 표현 Get out of here! '여기에서 나가!'와 같은 의미예요.

Carl shoos the bird away. The bird **mimics** him.

CARL　　Go on, beat it.

GRUMBLING, Carl gives up and **throws his hands in the air**. The bird mimics this as well.

RUSSELL　Can we keep him? Please?? I'll get the food for him, I'll **walk** him, I'll change his newspapers...

CARL　　No.

RUSSELL　(**reciting**) "An Explorer is a friend to all, be it **plants** or fish or tiny **mole**."

CARL　　That doesn't even **rhyme**.

RUSSELL　Yeah it does.

Russell points up to the **roof** of Carl's house.

RUSSELL　Hey, look! Kevin!

CARL　　What? Get down! You're not allowed up there!

The bird is on Carl's roof. It **swallows** a balloon. It **POPS**. The bird **coughs up** the **deflated** balloon. Russell GIGGLES.

CARL　　You come down here right now!

The bird jumps down and hides behind Russell.

CARL　　**Sheesh**! Can you believe this, Ellie?

칼이 훠이 훠이 하며 새를 쫓으려고 한다. 새가 그의 흉내를 낸다.

칼 가라고, 꺼져.

툴툴거리며, 칼이 포기한 듯 두 손을 허공에 내던진다. 새가 이것마저도 따라 한다.

러셀 우리가 얘 데리고 있으면 안 될까요? 제발요?? 내가 먹이도 먹이고, 산책도 시키고 똥오줌도 갈아주고…

칼 안 돼.

러셀 (낭독하며) "탐험가는 모두의 친구이다. 식물이건 물고기건 작은 두더지건."

칼 그건 라임이 맞지도 않잖아.

러셀 맞거든요.

러셀이 칼의 집 지붕 위를 가리킨다.

러셀 저기 봐요! 케빈이에요!

칼 뭐야? 내려와! 넌 거기 올라가면 안 돼!

새가 칼의 집 지붕에 올라가 있다. 그가 풍선을 삼킨다. 풍선이 터진다. 새가 바람이 빠진 풍선을 토해낸다. 러셀이 큭큭 웃는다.

칼 지금 당장 이리로 내려오라고!

새가 뛰어내려서 러셀 뒤로 숨는다.

칼 제길! 어떻게 이럴 수가 있지, 엘리?

---

mimic 흉내를 내다

throw one's hands in the air 하늘 위로 두 손을 번쩍 들다

walk (동물을) 걷게 하다, 산책시키다

recite 암송/낭송/낭독하다

plant 식물

mole 두더지, 사마귀, (피부의) 검은 점

rhyme 운, 운문, (음절이) 운이 맞다, 각운을 이루다

roof 지붕

swallow (음식 등을) 삼키다, 목구멍으로 넘기다

pop 펑/빵 하는 소리가 나다

cough up 토해내다, 내뱉다

deflate (타이어, 풍선 등의) 공기를 빼다

sheesh (분노, 놀람, 불쾌감 등의 소리) 치, 에잇

| RUSSELL | Ellie? (gets idea) Uh, hey Ellie, could I keep the bird? Uh-huh. Uh-huh. (to Carl) She said for you to let me. | 러셀 | 엘리? (생각난 듯) 어, 있잖아요 엘리, 새를 데리고 있어도 될까요? 어허. 어허. (칼에게) 엘리가 말하기를 할아버지에게 내 부탁을 들어주라고 하네요. |

| CARL | (to Ellie) But I told him no – (catches himself) I told you no! N-O. | 칼 | (엘리에게) 하지만 난 그에게 안 된다고 했는데 – (자신이 하던 말을 갑자기 멈추고) 내가 안 된다고 했잖아! 안-돼. |

The bird HISSES at Carl.

새가 칼에게 쉭쉭댄다.

EXT. MOUNTAIN, ROCKY LANDSCAPE – DAY
Carl and Russell pull the house through the mist.
Russell **discreetly** drops chocolate pieces along their **trail**.
The bird follows, eating.

외부. 산. 바위가 많은 풍경 – 낮
칼과 러셀이 인개 사이로 집을 잡아당긴다.
러셀이 지나는 길 위로 조심스럽게 초콜릿 조각을 떨어뜨린다.
새가 먹으면서 따라온다.

| CARL | I see you back there! | 칼 | 거기 뒤에 다 보인다! |

It "hides" behind a rock, still totally visible.

새가 바위 뒤로 숨는데, 그래 봤자 완전히 다 보인다.

| CARL | Go on, get out of here. Shoo! Go **annoy** someone else **for a while**. | 칼 | 가라. 저리 가라고. 훠이! 가서 잠시만 다른 사람 좀 괴롭히지 그래. |

| VOICE (O.S.) | Hey, are you okay over there? | 목소리 (화면 밖) | 이봐요, 거기 괜찮은가요? |

The bird **dashes away**.

새가 황급히 도망간다.

| CARL | Uh, hello? | 칼 | 어, 누구시오? |

Carl and Russell look around. **In the midst**, some 100 feet away, they see the **FIGURE OF A MAN**.

칼과 러셀이 주위를 둘러본다. 인개 속, 100피트 남짓 거리에 한 남자의 형상이 보인다.

| CARL | Oh! Hello sir! **Thank goodness.**[1] | 칼 | 오! 안녕하세요! 휴 다행이다. |

Carl walks toward the man.

칼이 그 남자 쪽으로 걸어간다.

| CARL | It's nice to know someone else is up here! | 칼 | 우리 말고도 다른 사람이 이 위에 있다니 정말 반갑군요! |

---

catch oneself 하던 일/말을 갑자기 멈추다
discreetly 사려 깊게, 신중하게
trail 자국/흔적, (사냥 때 뒤따라가는) 자취
annoy 짜증 나게 하다, 약 오르게 하다
for a while 잠시 동안
dash away 쏜살같이 달려가다
in the midst 한창일 때, ~하는 중에/가운데
figure of a man 남자의 형상/모습

[1] **Thank goodness!**
정말 다행이다! / 고마워라!
기쁨이나 안도를 나타내며 쓰는 표현이에요.
자주 쓰이는 같은 의미의 표현 중 Thank God!
도 같이 알아두시면 좋겠네요.

A Speaking Dog, Dug

말하는 강아지, 더그

🎧 14.mp3

VOICE	I can **smell you**.	목소리 난 당신 냄새를 맡을 수 있어요.
RUSSELL	(cont'd)	러셀 (계속)

Carl stops.

칼이 멈춘다.

| **CARL** | What? You can smell us? | 칼 뭐라고요? 우리 냄새를 맡을 수 있다고요? |
| **VOICE** | I can smell you. | 목소리 당신 냄새를 맡을 수 있어요. |

As they **get closer**, they realize the man is **in fact** a ROCK.

점점 가까워지면서, 그들은 그 남자가 알고 보니 바위였다는 걸 깨닫는다.

| **CARL** | Hey. | 칼 이봐. |

Russell GIGGLES.

러셀이 킥킥댄다.

| RUSSELL | You were talking to a rock. | 러셀 할아버지 바위하고 대화하신 거예요. |

Russell points to another rock shape.

러셀이 또 다른 바위 모양을 가리킨다.

| RUSSELL | Hey, that one **looks like** a **turtle**! | 러셀 저기 봐요. 저건 거북이 같이 생겼어요! |

Sure enough. ❶

아니나 다를까 과연 그렇다.

| RUSSELL | Look at that one! That one looks like a dog! | 러셀 저걸 보세요! 저건 강아지 같이 생겼어요! |

The "rock" walks forward.

그 "바위"가 앞으로 걸어온다.

| RUSSELL | It is a dog! | 러셀 이건 강아지예요! |
| **CARL** | What? | 칼 뭐라고? |

---

smell something ~의 냄새를 맡다
get closer 더 가까워지다, ~에 접근하다
in fact 사실은
look like ~처럼 보이다
turtle 거북

> ❶ **sure enough**
> 아니나 다를까
> 위 표현은 '예상대로, 내 생각대로, 역시나, 말할 것도 없이' 등의 의미로 'as expected'와 같은 표현입니다. 대화체에서 상대방의 말에 동의, 맞장구칠 때 '정말이네, 과연'이라는 의미로 쓸 수 있습니다.

RUSSELL	Uh, we're not **allowed** to have dogs in my apartment.	러셀 어, 우리 아파트에선 강아지를 키우면 안 되는데.

The dog **nuzzles** Russell, who **nervously pets** it.

강아지가 러셀에게 코를 비비고, 러셀이 긴장하며 쓰다듬는다.

*바로 이장면!**

RUSSELL	Hey, I like dogs!	러셀 이야, 난 강아지가 좋아요!
CARL	(**calls out**) We have your dog! (to self) **Wonder** who he **belongs to**?	칼 (외친다) 당신네 강아지가 여기에 있어요! (스스로) 얘가 누구네 강아지일까?
RUSSELL	Sit boy.	러셀 앉아.

The dog sits.

강아지가 앉는다.

RUSSELL	Hey look, he's **trained**! Shake!	러셀 이거 봐요, 훈련받은 강아지예요! 악수!

The dog raises his **paw** and Russell shakes it.

강아지가 발을 들고 러셀이 악수를 한다.

RUSSELL	Uh-huh. Speak.	러셀 어허. 말해봐.
DUG	Hi there.	더그 안녕.

Carl and Russell **freeze**.

칼과 러셀이 얼어붙는다.

CARL	Did that dog just say "Hi there?"	칼 저 강아지가 지금 방금 "안녕"이라고 했니?
DUG	Oh yes.	더그 네 그랬어요.

Carl **JUMPS back**.

칼이 뒤로 까무러친다.

DUG	My name is Dug. I have just met you and I love you.	더그 제 이름은 더그예요. 전 당신을 지금 방금 만났고 당신을 사랑해요.

Dug jumps up on to Carl.

더그가 칼에게 뛰어오른다.

---

allowed 허락받은, 허용된
nuzzle (애정 표시로) 코/입을 비비다
nervously 신경질적으로, 초조하게, 소심하게
pet 반려동물, 어루만지다/쓰다듬다
call out 부르다. (위급한 상황에서) ~를 호출하다
wonder 궁금하다, 궁금해하다
belong to ~의 소유/것이다. ~에 속하다
trained 훈련받은, 숙련된

paw (동물의 발톱이 달린) 발
freeze 얼다, 얼리다
jump back 뒷걸음질하다, 뒤로 물러서다

CARL	Uh... wha?		칼 어… 뭐라?

Dug wears a high-tech collar. The dog's thoughts come out of it as words through a speaker. It can talk. **Unfortunately**, it talks **non-stop**.

더그는 최첨단 개목걸이를 하고 있다. 강아지의 생각이 스피커를 통해 말이 되어서 나온다. 이 강아지는 말할 수 있다. 하지만 불행하게도 멈추지 않고 계속 말을 한다.

DUG My **master** made me this collar. He is a good and smart master and he made me this collar so that I may talk – SQUIRREL!!

더그 저의 주인님께서 이 개목걸이를 만드셨죠. 그는 착하고 똑똑한 주인님이고 그는 내가 말을 할 수 있도록 나에게 이것을 만들어주셨어요 – 다람쥐!!

Dug stares **transfixed** at a tree. **False alarm**.

더그는 두려움에 얼어붙어 나무를 응시한다. 오작동.

DUG My master is good and smart.

더그 제 주인님은 착하고 똑똑하세요.

CARL It's not possible.

칼 이건 말도 안 돼.

DUG Oh it is, because my master is smart.

더그 말이 돼요. 왜냐하면 제 주인님은 똑똑하니까요.

RUSSELL Cool! What do these do, boy?

러셀 멋지다! 이것들은 뭐 하는 거니, 강아지야?

He inspects the collar and **twists** a **dial**.

그가 개목걸이를 살피다가 다이얼 하나를 돌린다.

DUG Hey would you(click) -cuerdo con tigo(click) I use that collar(click) -watashi wa hanashi ma(click) -to talk with, I would be happy if you stopped.

더그 오 그건 (딸칵) -쿠에르도 콘 띠고(딸깍) 전 그 목걸이를 사용하여(딸깍) -와타시와 하나시마(딸깍) -대화를 위해, 멈춰주시면 감사하겠습니다.

CARL Russell, don't touch that. It could be **radioactive** or something.

칼 러셀, 그것 건드리지 마. 방사능이나 뭐 그런 비슷한 게 있을 수도 있어.

Dug **sniffs** the ground around Carl and Russell.

더그가 칼과 러셀의 주변을 킁킁거리며 냄새 맡는다.

DUG I am a great **tracker**. My **pack** sent me on a special **mission all by myself**. Have you seen a bird? I want to find one and I have been **on the scent**. I am a great tracker, did I **mention** that?

더그 저는 대단한 추적자예요. 제 무리가 저에게 완전히 혼자서 담당할 특별한 임무를 맡겨서 보냈어요. 새를 보셨나요? 새를 찾고 싶고 계속 뒤를 쫓고 있어요. 저는 대단한 추적자예요. 그 얘긴 이미 했던가요?

---

unfortunately 불행하게도
non-stop 쉬지/멈추지 않고 계속되는
master (흔히 하인, 종의) 주인
transfix (두려움, 경악 등으로) 얼어붙게 만들다
false alarm 거짓/허위/오 경보, 오작동
twist 비틀다, 구부리다, 돌리다
dial (시계, 구식 전화 등의) 숫자/문자/눈금판
click 찰칵/딸칵 소리를 내다, (마우스를) 클릭하다

radioactive 방사성/능의
sniff 코를 훌쩍이다/킁킁거리다, 냄새를 맡다
tracker 추적자, 사냥꾼
pack (함께 사냥하기 위해 모인 동물들) 무리/떼
send someone on a mission ~에게 어떤 일/임무를 맡겨 보내다
all by oneself (힘든 일을 할 때) 오롯이 혼자서
on the scent 감지한, 뒤를 쫓는
mention 말하다, 언급/거론하다

BAM! The bird **tackles** Dug and HISSES.

DUG   Hey, that is the bird! I have never seen one **up close** but this is the bird. (to Carl) May I take your bird back to **camp** as my **prisoner**?

CARL   Yes! Take it! And **on the way**, learn how to **bark** like a real dog!

DUG   Oh I can bark!

Dug BARKS.

DUG   And here's **howling**!

Dug HOWLS. The bird HISSES at Dug.

펭! 새가 더그에게 태클을 걸어 넘어뜨린 후 쉭쉭 댄다.

더그 이봐요, 저 새가 바로 그 새예요! 한 번도 가까이에서 본 적은 없지만 이 새가 맞아요. (칼에게) 제가 이 새를 우리 진영에 포로로 데려가도 될까요?

칼 그래! 데려가라! 그리고 가는 길에 진짜 개처럼 짖는 방법도 배우도록 해라!

더그 오, 저 짖을 수 있어요!

더그가 짖는다.

더그 그리고 이건 울부짖는 거예요!

더그가 울부짖는다. 새가 더그에게 쉭쉭댄다.

---

tackle (힘든 문제, 상황과) 씨름하다. (축구, 럭비) 태클
up close 바로 가까이에/서, 근거리에서의
camp 야영지, 텐트, 캠프
prisoner 포로, 죄수
on the way ~하는 중에, 도중에, 진행되어
bark (개가) 짖다
howl (개, 늑대 등이) 길게 울다, 울부짖다

Alpha with a Funny Voice
웃긴 목소리의 알파

🎧 15.mp3

RUSSELL	Can we keep him? Please, please, please?	러셀 얘를 데리고 있어도 될까요? 제발요, 제발, 제발?
CARL	No.	칼 안 돼.

Russell **falls to his knees, pleading**.

러셀이 무릎을 꿇고 간청한다.

RUSSELL	But it's a talking dog!	러셀 하지만 얘는 말하는 강아지라고요!
CARL	It's just a **weird trick** or something. Let's get to the falls.	칼 이건 그냥 이상한 속임수 같은 거야. 빨리 폭포로 가자꾸나.

Carl grabs Russell. The bird follows, as does Dug.

칼이 러셀을 잡는다. 새가 따라오고, 더그도 따라온다.

DUG	Please **be my prisoner.**❶ Oh please oh please be my prisoner.	더그 제발 내 포로가 돼 줘. 오, 제발. 오, 제발 내 포로가 돼 달라고.

EXT. MOUNTAIN, THICK JUNGLE CLEARING – DAY
Footprints. A dog's nose follows the **tracks**. This is GAMMA, a bulldog.

외부. 산. 울창한 밀림의 빈터 – 낮
발자국들. 개의 코가 발자국들을 따라간다. 이 개의 이름은 불독, 감마.

*바로 이장면!**

GAMMA	Oh, here it is. I picked up the bird's scent!	감마 오, 여기 있네. 새의 냄새가 나는군!

A second dog: BETA, a Rottweiler.

두 번째 개: 베타, 로트와일러.

BETA	Wait a minute, wait a minute! What is this? Chocolate. I smell chocolate.	베타 잠시만, 잠시만! 이게 뭐지? 초콜릿. 초콜릿 냄새가 나는데.
GAMMA	I'm getting **prunes** and **denture cream**! Who are they?	감마 말린 자두와 틀니에 바르는 크림 냄새도 나는군! 얘네들 누구지?

---

fall to one's knees 무릎을 꿇고 애원하다
plead 애원하다
weird 이상한
trick 속임수, 장난, 속임수를 쓰다, 속이다
track 발자국, 자국, 추적하다
prune 말린 자두
denture cream 틀니/의치를 고정하는 용도로 쓰는 크림

❶ **Be my prisoner.**
내 포로가 돼 줘.
Be my 뒤에 다양한 단어(friend, baby)를 넣어서 문장을 만들 수 있어요. 간단하면서 예쁜 표현이라 노래 제목, 가사에서도 많이 쓰이죠. 여러분이 잘 아는 '미녀와 야수'에 수록된 〈Be our(my) guest〉라는 곡이 유명하죠.

BETA	Ah man, Master will not **be pleased**. We'd better tell him someone took the bird, right, Alpha?	**베타** 아 이런, 주인님이 안 좋아하실 텐데, 누군 가가 새를 데려갔다고 보고하는 게 좋겠어, 그렇 지, 알파?
	ALPHA, a Doberman pinscher, sits with his back to them.	도베르만 핀셔, 알파가 그들에게 등을 돌리고 앉아 있다.
ALPHA	(**high-pitched voice**) No. Soon enough the bird will be ours **yet again**.	**알파** (고음 목소리) 아니. 곧 그 새는 다시 우리의 차지가 될 것이다.
	Alpha's voice is high and **squeaky**, **as if** he's **breathed in** helium.	알파의 목소리가 고음이고 꽥꽥거린다. 마치 헬륨 가스를 마신 것처럼.
ALPHA	(CONT'D) Find the scent, my **compadres**, and you two shall have much **rewardings** from Master for the **toil factor** you **wage**.	**알파** (계속) 냄새를 찾아라, 나의 친구들이여, 그 러면 자네들의 고생에 대해 주인님이 큰 상을 주 실 거야.
	Beta and Gamma look at each other.	베타와 감마가 서로를 쳐다본다.
BETA	Hey Alpha, I think there's something wrong with your collar. You must have **bumped** it.	**베타** 이봐 알파, 그런데 아무래도 네 목걸이에 뭔 가 문제가 있는 것 같아. 어디에 부딪혔나 봐.
GAMMA	Yeah, your voice sounds funny!	**감마** 어, 네 목소리가 좀 웃겨!

	Beta and Gamma LAUGH. Alpha turns. They stop laughing.	베타와 감마가 웃는다. 알파가 돌아선다. 그들이 웃음을 멈춘다.
ALPHA	Beta. Gamma. **Mayhaps** you desire to – SQUIRREL!	**알파** 베타. 감마. 어쩌면 너희들이 바라는 것은 – 다람쥐!
	All three dogs look for the squirrel. False alarm.	세 마리의 개들이 모두 다람쥐를 찾아다닌다. 오작 동.
ALPHA	(CONT'D) Mayhaps you desire to challenge the **ranking** that I have been **assigned** by my strength and **cunning**?	**알파** (계속) 어쩌면 너희들이 바라는 것이 나의 힘과 영민함으로 얻은 내 서열에 도전하는 건가?
BETA	No no. But maybe Dug would. You might want to ask him.	**베타** 아니 아냐. 하지만 어쩌면 더그는 그럴지도 모르지. 그에게 물어보는 게 좋겠어.

---

be pleased 달가워하다, 반가워하다, 좋아하다	**toil** 장시간 힘들게/고생스럽게 일하다, 고역
high-pitched voice 고음의 목소리	**factor** 요인, 인수
yet again 다시 (또) 한번	**wage** 임금, 급료
squeaky 끼익/찍/끽끽하는 소리가 나는	**bump** ~에 부딪치다
as if 마치 ~인 듯이, ~인 것처럼	**mayhap(s)** 〈고어〉 아마도, 어쩌면 (=perhaps)
breathe in 숨을 들이쉬다/들이마시다	**ranking** 〈스포츠에서〉 순위/랭킹
compadre (다정하게 부르는 말) 친구	**assign** (일, 책임 등을) 맡기다, 선임하다, 파견하다
rewarding (활동 등이) 보람 있는, 수익이 많이 나는	**cunning** 교활한, 정교한

Beta and Gamma **SNICKER derisively**.

베타와 감마가 조롱하듯 낄낄 웃는다.

GAMMA Yeah, I wonder if he's found the bird on his very special mission.

감마 어, 특별한 임무를 떠나서 더그가 그 새를 찾았는지 궁금하군.

ALPHA Do not mention Dug to me at this time. His **fool's errand** will **keep him** most **occupied**, most occupied indeed. Ha ha ha. Do you not agree with that which I am saying to you now?

알파 내게 더그 이야기는 하지 마라. 그의 헛고생이 그를 엄청 바쁘게 할 것이다. 가장 바쁘게 하고 말고, 하하하. 내가 지금 하는 이 말에 너희들도 동의하지 않는가?

BETA Sure, but the second Master finds out you sent Dug out by himself, none of us will get **a treat**.

베타 물론이지. 하지만 알파가 더그를 혼자 가게 한 것을 주인님이 알게 되시면, 우린 아무도 상을 못 받을 거야.

ALPHA You are wise, my trusted **Lieutenant**.

알파 너는 지혜롭구나, 나의 충직한 부하여.

Alpha **powers up** a video screen on Beta's collar.

알파가 베타의 개목걸이에 있는 동영상 스크린의 전원을 켠다.

ALPHA (CONT'D) This is Alpha calling Dug. Come in, Dug.

알파 (계속) 알파가 더그에게 연락을 취하고 있다. 나와라, 더그.

The screen shows ground moving past: the view from Dug's collar.

화면에 땅이 빠른 속도로 움직이는 모습이 보인다: 더그의 개목걸이를 통해 나오는 장면.

DUG Hi Alpha. Hey, your voice sounds funny.

더그 안녕 알파. 어, 네 목소리가 웃기네.

ALPHA I know, I know! Have you seen the bird?

알파 알아, 나도 안다고! 새를 보았느냐?

DUG Why yes, the bird is my prisoner now.

더그 아 어, 그 새는 이제 내 포로야.

GAMMA Yeah, right.

감마 그래, 어렵하겠어.

The screen view **adjusts** to see the bird. It hisses.

화면이 새 쪽으로 맞춰진다. 새가 쉭쉭댄다.

ALPHA Impossible! Where are you?!

알파 말도 안 돼! 너 지금 어디에 있어?!

DUG I am here with the bird and I will bring it back and then you will like me. Oh, **gotta go.**❶

더그 나는 지금 새와 함께 있고 내가 새를 데리고 갈 거고 너는 나를 좋아하게 될 거야. 오, 이제 가봐야 해.

---

snicker (남을 얕보는) 낄낄 웃음, 숨죽여 웃다
derisively 조소적으로, 우롱하여
fool's errand 헛걸음, 헛고생
keep someone occupied 계속 바쁘게 하다
treat 특별한 것/선물, 대접, 한턱
lieutenant (육, 해, 공군의) 중위/소위, (직위) 부-
power up (기계 작동) 전원/동력을 넣다, 전원을 켜다
adjust (약간) 조정/조절하다

❶ **gotta go**
가야겠어, 떠나야겠어
비격식적으로 쓰는 표현으로 주어 I가 생략된 문장이에요. gotta는 got to를 구어체에서 발음 나는 대로 표기할 때 많이 쓰는 표기법이고요. 발음을 '가러'라고 한답니다.

On the collar screen, the dogs get a **fleeting glimpse** of a boy's face. It's Russell.

개목걸이 화면에 잠깐 스치듯 지나는 장면으로 개들이 소년의 얼굴을 본다. 러셀이다.

RUSSELL   (on video screen) Hey Dug! Who you talking to?

러셀 (동영상 화면에서) 이봐, 더그! 누구랑 얘기하는 거야?

The video screen **goes blank**. The dogs BARK **excitedly**.

동영상 화면이 깜깜해진다. 개들이 흥분하여 짖어댄다.

BETA   What's Dug doing?

베타 더그가 뭐하고 있는 거지?

GAMMA   Why's he with that small **mailman**?

감마 왜 그가 작은 우편배달부와 같이 있는 거지?

BETA   Where are they?

베타 그들은 어디에 있는 거야?

Alpha pushes a button on Beta's collar. A **TRACKING DEVICE locates** Dug.

알파가 베타의 개목걸이에 있는 버튼을 누른다. 추적 장치가 더그의 위치를 찾아낸다.

ALPHA   There he is. Come on!

알파 저기에 있군. 자 가자!

The dogs **sprint** off into the jungle.

개들이 밀림 속으로 전력으로 달려간다.

---

fleeting 순식간의, 잠깐, 찰나적
glimpse (완전히 보지는 못하고) 잠깐/얼핏 봄
go blank 텅 비다
excitedly 흥분(격분)하여
mailman 우체부, 우편배달원
tracking device 추적장치
locate ~의 정확한 위치를 찾아내다
sprint (짧은 거리를) 전력 질주하다

Please Be My Prisoner!
제발 내 포로가 돼줘!

🎧 16.mp3

EXT. MOUNTAIN, JUNGLE – DAY
The bird drags Dug, still **clamped** onto its leg.

외부, 산, 밀림 – 낮
새가 아직까지도 다리에 꽉 매달려 있는 더그를 끌고 간다.

바로 이장면!

DUG Oh please oh please oh PLEASE be my prisoner!

더그 오 제발 오 제발 오 제발 내 포로가 돼줘!

RUSSELL Dug, stop **bothering** Kevin!

러셀 더그, 케빈 좀 그만 괴롭혀!

DUG That man there says I can take the bird and I love that man there like he is my master.

더그 저기에 있는 저분이 내가 새를 가져가도 좋다고 하셨어요 그리고 난 그를 나의 주인님과 같이 사랑해요.

The bird HISSES.

새가 쉭쉭댄다.

CARL I am not your master!

칼 난 너의 주인이 아니야!

The bird tries to **shake Dug off** its leg. Dug jumps up on it.

새가 다리를 흔들어 더그를 떨어뜨리려고 한다. 더그가 새에게 뛰어오른다.

DUG I am **warning** you, once again, bird!

더그 다시 한번, 경고한다, 새야!

RUSSELL Hey! **Quit** it!

러셀 야! 그만해!

DUG I am jumping on you now, bird.

더그 난 이제 너에게 올라탈 거야, 새야.

Russell tries to separate them, which pulls on Carl's **tether**.

러셀이 그들을 떼어놓으려고 하다가, 칼의 밧줄을 잡아당긴다.

CARL Russell! **At this rate** we'll never get to the falls!

칼 러셀! 이 속도로 가면 평생 가도 폭포에 못 갈 거야!

Carl pulls on the tether, **knocking** Russell **over**. Carl falls, pulling the house into a tall rock. **SMASH**! Carl GASPS. He **turns his anger to** the group.

칼이 밧줄을 잡아당겨 러셀을 넘어뜨린다. 칼도 같이 넘어지다가 집을 키가 큰 바위를 향해 잡아당기고 만다. 쾅! 칼이 헉하고 놀란다. 그가 거기에 있는 다른 이들에게 화를 낸다.

---

clamp 죔쇠로 고정시키다, 꽉 물다
bother 신경 쓰다, 귀찮게 하다, 괴롭히다
shake something off (뒤따르는) ~를 따돌리다
warn 경고하다 주의를 주다
quit 그만두다, 중도 포기를 하다
tether (말뚝에) 묶다, ~에 매다
at this rate 이런 식으로 가다가는, 이래서는
knock over ~을 치다, 때려눕히다

smash 박살 내다, (세게) 부딪히다/충돌하다
turn one's anger to ~에게 화풀이를 하다

CARL	I am nobody's master, got it? (points to bird) I don't want you here, (points to Dug) ...and I don't want you here. (points to Russell) **I'm stuck with you.**❶ And if you two don't **clear out of** here by the time I count to three.	칼 난 그 누구의 주인도 아냐. 알겠니? (새를 가리키며) 난 네가 여기에 있는 걸 원하지 않아, (더그를 가리키며) …그리고 난 너도 여기에 있는 걸 원하지 않아, (러셀을 가리키며) 난 어쩔 수 없이 너와 꼼짝없이 함께 있어야 해. 그러니까 셋 셀 때까지 너희 둘이 여기에서 떠나지 않으면 알아서 해.

Dug sees the tennis balls on Carl's cane.

더그가 칼의 지팡이에 달려 있는 테니스공들을 본다.

DUG A ball! Oh boy oh boy! A ball!

더그 공이다! 아 좋아 아 신나! 공이야!

CARL Ball?

칼 공이라고?

Carl pops off one of the tennis balls.

칼이 지팡이에 달린 테니스공들 중 하나를 뽁 소리를 내며 잡아 뺀다.

CARL You want it boy? Huh? Huh? Yeah?

칼 너 이걸 원하는 거니? 응? 응? 그래?

DUG Oh oh oh! Yes, I do. I do ever so want the ball!

더그 오 오 오! 네, 그걸 원해요. 난 정말이지 너무 너무 그 공을 원해요!

CARL Go get it!!

칼 가서 가져오렴!!

Carl throws the ball **far away**. Dug **chases after** it.

칼이 저 멀리로 공을 던진다. 더그가 공을 쫓아간다.

DUG Oh boy, oh boy! I will get it and then **bring it back**!

더그 오 좋아, 아 신나! 가서 잡아서 다시 가지고 올게요!

CARL (whispers) Quick Russell, give me some chocolate.

칼 (속삭인다) 러셀 어서, 초콜릿을 좀 줘봐.

RUSSELL Why?

러셀 왜요?

CARL Just give it to me!

칼 그냥 일단 줘봐!

Carl grabs some chocolate and waves it at the bird.

칼이 초콜릿을 집어 들고 새를 향해 흔든다.

CARL Bird. Bird!

칼 새야. 새야!

---

clear out of ~을 떠나다
far away 멀리
chase after ~을 쫓다
bring back ~을 가지고 돌아오다
whisper 속삭이다

❶ **I'm stuck with you.**
나는 너와 붙어 있어야 해.
스티커가 책상에 딱 붙어 있는 모습을 연상할 수 있는데요. 물리적으로 뭔가 붙어있을 때도 쓰지만, '~의 곁에 머물다, 함께 하다, (일, 계획 등을) 계속하다, ~에 집중하다'라고 할 때 사용할 수 있는 유용한 표현입니다.

79

Carl THROWS the chocolate. The bird **runs after** it.
Carl grabs Russell and runs.

CARL   C'mon Russell!

RUSSELL   Wait. Wait, Mr. Fredricksen.

EXT. MOUNTAIN **HILLSIDE**
Carl pulls them down a **slope**. He slips.

EXT. MOUNTAIN **TREETOPS**
Above the **tree line**, the house SMASHES into a tree.

CARL   Daah!

EXT. MOUNTAIN **STREAM**
Carl and Russell crossing the river **balance** on rocks. Carl slips and
his foot goes into the water.

CARL   Aaahh...

EXT. MOUNTAIN JUNGLE

RUSSELL   What are we doing?

Carl pushes through thick jungle leaves. **BUGS buzz** around him.

EXT. MOUNTAIN **STEEP** HILLSIDE
Carl climbs up the hill. He FALLS over a dead **branch**.

RUSSELL   Hey, uh, we're pretty far now. Kevin's gonna
            miss me.

EXT. MOUNTAIN, JUNGLE CLEARING
They climb over a **ridge**. Dug and the bird are **nowhere in sight**.
Carl sits down on a rock, **BREATHING HARD**.

칼이 초콜릿을 던진다. 새가 그 뒤를 쫓는다.
칼이 러셀을 움켜잡고 달린다.

칼 어서 러셀!

러셀 잠시만요, 잠시만요, 프레드릭슨 할아버지.

외부. 산비탈
칼이 그들을 잡아당겨 비탈을 내려온다. 그가 미끄러진다.

외부. 산 나무꼭대기
나무들 위로 집이 한 나무에 쾅 하고 부딪힌다.

칼 으애!

외부. 산 개울
칼과 러셀이 강을 건너며 바위들 위에서 균형을 잡는다. 칼이 미끄러지고 그의 발이 물에 빠진다.

칼 아아아…

외부. 산 밀림

러셀 우리 뭐 하는 거예요?

칼이 울창한 밀림의 낙엽들 사이로 밀고 나간다. 그들 주위로 벌레들이 윙윙거린다.

외부. 산 경사가 급한 비탈
칼이 언덕을 오른다. 그가 죽은 나뭇가지에 걸려 넘어진다.

러셀 할아버지, 어, 우리 이제 꽤 멀리 왔어요. 케빈이 저를 보고 싶어 할 거예요.

외부. 산, 밀림의 빈터
그들이 산마루를 넘는다. 더그와 새가 전혀 보이지 않는다.
칼이 가쁘게 숨을 쉬며 바위 위에 앉는다.

---

run after ~을 뒤쫓다/따라가다

hillside (작은 산, 언덕의) 비탈, 산비탈

slope 경사지, (산)비탈, 경사면

treetop 나무꼭대기, 우듬지

tree line (높은 산, 극지의) 수목 한계선

stream 개울, 시내

balance 균형을 잡다

bug 벌레, 곤충

buzz 윙윙거리다

steep 경사가 급한, 가파른, 비탈진

branch 나뭇가지

ridge 산등성이, 산마루

nowhere in sight 어디에도 보이지 않는

breath hard 거칠게 숨을 쉬다

CARL   I think **that did the trick.**[1]

He turns. Dug. With the ball in his mouth.

DUG   Hi, Master.

CARL   Afternoon.

Carl turns the other way. The bird. It **HONKS** at him.
Dug drops the **slobbery** ball on Carl's **lap**.

칼 내 계략이 통한 것 같군.

그가 돌아본다. 더그이다. 입에 공을 물고 있다.

더그 안녕하세요. 주인님.

칼 안녕.

칼이 다른 쪽으로 돌아본다. 새다. 그에게 끼르륵
댄다.
더그가 침으로 젖은 공을 칼의 무릎 위로 떨어뜨
린다.

---

honk (기러기와 같은 새가 우는 소리) 끼루룩, (자동차 경적) 빵빵
slobbery 군침을 흘리는, 군침으로 젖은/더러워진
lap 무릎

❶ **That does the trick.**
그걸로 효험이 있다.
do the trick은 '효험이 있다, 성공하다'의
의미로 쓰이는 숙어적 표현이에요. trick은
원래 속임수라는 뜻이지만 여기에서는 '특별한
효과/효험'의 의미로 쓰였어요.

Camping for the First Time

처음으로 하는 캠핑

🎧 17.mp3

EXT. MOUNTAIN, FLAT ROCKY AREA – NIGHT
A clap of thunder. Lightning flashes reveal rain pouring down on the house. **Beneath** it, Carl and Russell are kept dry, sitting around a **pathetic flickering** campfire.
Carl looks at Dug, asleep, **wrapped around** the bird's leg. He rolls his eyes and looks up at the house.

외부. 산. 평평한 바위들이 있는 지역 – 밤
콰르릉하는 천둥소리. 번개 빛이 집 위로 비가 쏟아지고 있는 것을 드러낸다. 그 밑으로 칼과 러셀은 비를 맞지 않고 안쓰럽게 약하게 타오르는 모닥불 가에 앉아 있다.
칼이 새의 다리에 감싸여 자는 더그를 본다. 그가 눈을 굴리고 고개를 들어 집을 바라본다.

CARL　　Well, thanks for keeping us dry anyway, Ellie.

칼　흠. 그래도 우리가 비를 맞지 않게 해줘서 고마워, 엘리.

RUSSELL (O.S.)　Which one's the front?

러셀 (화면 밖)　어느 쪽이 앞이죠?

Russell struggles to **set up** the tent. He reads his **manual**.

러셀이 힘겨워하며 텐트를 치려 한다. 그가 사용설명서를 읽는다.

RUSSELL　　Is this step three, or step five?

러셀　이게 3단계인가, 아니면 5단계인가?

Carl ROLLS HIS EYES at Russell's **ineptness**.

칼이 러셀의 서투름을 보며 못마땅하여 눈을 굴린다.

RUSSELL　　There!

러셀　좋았어!

Russell struggles with a tent pole, trying to **winch** it **into place**.
Carl can't watch.
An off screen SMACK! Russell walks to Carl. **Miraculously**, he looks **unscathed**.

러셀이 텐트 버팀목을 제자리에 윈치로 고정하려고 안간힘을 쓴다.
칼은 도저히 봐 줄 수가 없다.
화면 밖에서 나는 찰싹 소리! 러셀이 칼에게 다가온다. 기적적으로 그의 모습이 멀쩡하다.

RUSSELL　　All done.

러셀　다 됐어요.

Russell turns, revealing a large RED **WELT** on his face.

러셀이 돌아서니, 얼굴에 엄청 크게 부어오른 붉은 자국이 보인다.

RUSSELL　　(pointing to tent) That's for you!

러셀　(텐트를 가리키며) 저건 할아버지 거예요!

The tent pole **springs loose, catapulting** the tent over the cliff.

텐트의 버팀목이 스프링처럼 풀리더니, 텐트가 절벽 저편으로 피용 하며 날아간다.

---

a clap of thunder 천둥소리, 번개 치는 소리
beneath 아래에, 밑에
pathetic 불쌍한, 애처로운, 한심한
flicker 깜박거리다. (약하게 재빨리) 움직거리다
wrap around (무엇의 둘레를 단단히) 두르다
set up ~을 세우다/놓다
manual (기계 등을 사면 따라 나오는) 설명서
ineptness 서투름, 적합하지 않음

winch 윈치 (팽팽하게 잡아당기는 장치), 윈치로 들어 올리다
into place 제자리로
miraculously 기적적으로
unscathed 다치지 않은, 아무 탈 없는
welt (맞거나 쓸려서 피부가) 부푼/부은 자국
spring 용수철처럼 휙 움직이다
loose 묶여/매여 있지 않은, 풀린
catapult (Y자 모양의) 새총, 투석기, 내던지다

바로 이장면!*

| RUSSELL | Aww. Tents are hard. | 러셀 아우. 텐트 치는 건 어려워요. |

CARL｜Wait, aren't you "Super Wilderness Guy?" With the GPM's and the badges?

칼 잠깐, 너 "슈퍼 탐험가님" 아니었니? 그 GPM인지 뭔지 하는 뭐시깽이하고 훈장들하고 뽐내던?

RUSSELL Yeah, but... can I tell you a secret?

러셀 네, 그렇지만… 비밀 얘기 하나 해드려도 될까요?

CARL No.

칼 아니.

RUSSELL Alright, **here goes.** I never actually built a tent before. **There. I said it.**❶

러셀 좋아요, 말할게요. 전 한 번도 텐트를 쳐 본 적이 없어요. 자, 다 말했어요.

CARL You've been camping before, haven't you?

칼 캠핑은 가 본 적 있지, 그지?

RUSSELL Well, never outside.

러셀 어, 밖에서는 한 번도 안 해 봤어요.

CARL Well, why didn't you ask your Dad how to build a tent?

칼 너희 아빠한테 텐트 치는 방법을 물어보지 그랬니?

RUSSELL I don't think he wants to talk about this stuff.

러셀 아빠는 그런 얘기 하는 걸 좋아할 것 같지 않아서요.

CARL Why don't you **try him** sometime? Maybe he'll surprise you.

칼 언제 한번 아빠에게 그런 대화를 시도해 보지 그래? 어쩌면 아빠가 널 놀라게 할지도 몰라.

RUSSELL Well, he's **away** a lot. I don't see him much.

러셀 근데, 아빠가 집에 잘 안 계셔요. 만나기가 어려워요.

CARL He's **got to** be home **sometime.**

칼 언젠가 집에 오긴 하지 않을까.

RUSSELL Well, I called, but Phyllis told me I **bug** him too much.

러셀 음, 제가 전화해봤는데, 필리스가 저보고 아빠를 너무 귀찮게 한다고 하더라고요.

CARL Phyllis? You **call your own mother by her first name?**

칼 필리스? 넌 엄마를 부를 때 이름을 막 부르니?

---

here goes 자 시작한다
try someone ~를 시험해보다, ~에게 기회를 주다
away 떨어져/떨어진 곳에
have got to ~해야만 한다, ~하지 않으면 안 된다
sometime 언젠가
bug 벌레, 작은 곤충, 괴롭히다
call someone by his/her first name ~의 이름을 부르다

❶ **There. I said it.**
자. 난 말했어요.
쉽게 말하지 못하고 마음속에 숨겨왔던 말을 내뱉은 후에 하는 표현이에요. 꿍하고 있던 것을 말하고 나니 마음이 후련해졌다는 것을 밝히듯 '자, 이제 난 솔직히 다 말했다'라고 하는 뉘앙스에요.

RUSSELL　Phyllis isn't my mom.	러셀　필리스는 우리 엄마가 아니에요.
Carl realizes he **put his foot in it**.	칼이 괜히 발을 들여놓았다는 것을 깨닫는다.
CARL　Oh.	칼　오.
The two sit silently together, watching the fire.	둘은 함께 모닥불을 보며 조용히 앉아있다.
RUSSELL　But he promised he'd come to my Explorer **ceremony** to **pin on** my Assisting the Elderly badge, so he can show me about tents then, right?	러셀　하지만 아빠가 노인 돕기 훈장을 나에게 달아주러 탐험가 수여식에 오시기로 약속했어요. 그러면 그때 텐트 치는 법도 보여줄 수 있겠죠. 그죠?
Carl **studies** Russell's **sad optimism**. He looks at the **missing** badge on Russell's **sash**.	칼이 러셀의 애석한 낙관론을 살핀다. 그가 러셀의 장식 띠에 배지가 비어있는 곳을 본다.
CARL　Hey, uh, why don't you **get some sleep**? Don't want to wake up the **traveling flea circus**.	칼　얘야. 어, 눈 좀 붙이지 그러니? 저기 자고 있는 벼룩 유랑 서커스단을 깨우면 안 될 테니 말이야.
Dug **nuzzles** around the sleeping bird's leg.	더그가 잠든 새의 다리에 코를 비빈다.
RUSSELL　Mr. Fredricksen, Dug says he wants to take Kevin prisoner. We have to protect him!	러셀　프레드릭슨 할아버지, 더그가 케빈을 포로로 데려가고 싶어 해요. 우리가 그를 보호해야 해요!
Russell **YAWNS** and **lies down** on the rock next to Carl.	러셀이 하품을 하고 칼 옆에 있는 바위 위에 눕는다.
RUSSELL　Can Kevin go with us?	러셀　케빈이 우리와 함께 가도 될까요?
CARL　Alright. He can come.	칼　그래. 같이 가도 좋아.
RUSSELL　Promise you won't leave him?	러셀　그를 두고 가지 않겠다고 약속하시겠어요?
CARL　Yeah.	칼　그래.
RUSSELL　Cross your heart?	러셀　마음에 맹세하죠?

---

put one's foot in something ~안에 발을 들여놓다. (부주의로) 어려운 처지에 처하게 되다
ceremony 의식, 식
pin on 배지/훈장을 달다/달아주다
study 살피다, 조사하다, 검토하다, 공부하다
sad optimism 애석한 낙관론
missing 없어진, 실종된, 분실된
sash 장식 띠, 띠

get some sleep 잠을 자다
traveling flea circus (벼룩을 이용한 서커스) 벼룩 서커스 유랑 극단
nuzzle (애정 표시로 무엇에) 코/입을 비비다
yawn 하품하다
lie down 눕다

Carl **looks down** at Russell.

CARL   Cross my heart.

Carl sits at the campfire, the others **asleep**. He **shakes his head** and looks up at the house.

CARL   **What have I got myself into,**❶ Ellie?

칼이 러셀을 내려다본다.

칼 마음에 맹세한다.

칼이 모닥불 앞에 앉아 있고, 다른 이들은 잠들었다. 그가 머리를 흔들며 집을 올려다본다.

칼 내가 대체 무슨 일을 벌인 거지, 엘리?

---

look down at ~을 내려다보다
asleep 잠이 든
shake one's head 고개를 가로젓다

❶ **What have I got myself into?**
내가 도대체 무슨 짓을 한 거지?
자신이 내린 결정으로 인해 스스로가
의도하지 않았던 곤경에 처하게 되었을 때
쓰는 표현이에요. '어쩌다가 내가 이런 상황에
처하게 되었지?' 라고 해석할 수도 있겠네요.

Kevin Is a Girl?!
케빈이 암컷이라고?!

🎧 18.mp3

DISSOLVE TO:
EXT. MOUNTAIN, FLAT ROCKY AREA – MORNING

A frog **sits next to** Carl's glasses. It **CROAKS**. Carl's hand **smacks** it like an alarm clock. The frog hops away. Carl rises, looking up at the house.

화면이 어두워지고 다시 차차 밝아지며:
외부. 산. 평평한 바위가 많은 지역 – 아침

개구리 한 마리가 칼의 안경 옆에 앉아있다. 개굴개굴 운다. 칼의 손이 자명종을 끄듯이 개구리를 내려친다. 개구리가 펄쩍 뛰어 달아난다. 칼이 일어서서 집을 올려다본다.

바로 이장면!

CARL　　Morning Sweetheart.

칼 좋은 아침이야, 여보.

The balloons on the house are **wilting**.

집 위의 풍선들이 점점 바람이 빠지고 있다.

CARL　　**We better get moving.**❶

칼 이제 어서 또 움직여야 해.

He **scans** the camp. The bird is gone.

그가 캠프를 훑어본다. 새가 사라졌다.

CARL　　Huh. Bird's gone. Maybe Russell won't notice. (calls out) Alright, everybody up!

칼 허. 새가 갔군. 어쩌면 러셀이 알아차리지 못할 거야. (외친다) 자 얘들아, 모두들 기상!

Russell sits up with a SNORT.

러셀이 코를 힝힝대며 일어나 앉는다.

RUSSELL　Where's Kevin? He's **wandered** off! Kevin! Dug, find Kevin!

러셀 케빈은 어디 갔어요? 그가 길을 잃었어요! 케빈! 더그, 케빈을 찾아!

Dug crazily searches and sniffs, looking for the bird.

더그가 새를 찾으려고 미친 듯이 수색하며 코를 킁킁거린다.

DUG　　Find the bird. Find the bird... POINT!

더그 새를 찾아라. 새를 찾아라… 저쪽!

Dug **goes rigid** like a **pointer dog** and "points" to the left.

더그가 사냥개처럼 몸이 경직되며 왼쪽을 가리킨다.

---

sit next to ~의 옆에 앉아/놓여 있다
croak (개구리가) 개골개골하다
smack 탁 소리가 나게 치다, 때리다
wilt (화초 등이) 시들다, (사람이) 지치다
scan (무엇을 찾느라고 유심히) 살피다
wander off 떨어져 나가다, 다른 데로 가다
go rigid 뻣뻣해지다, 단단해지다
pointer dog 사냥개로 많이 쓰이는 개 품종의 하나

❶ **We better get moving.**
이제 슬슬 가 보는 게 좋겠어.
서두르지 않으면 늦을 수도 있으니 이제 그만 가 보는 게 좋겠다고 말할 때 쓰는 표현이에요. We better 부분은 원래 중간에 had를 넣어서 We had better 또는 We'd better라고 해야 맞는데, 구어체에서는 편하게 had 부분을 생략하고 발음하기도 한답니다.

RUSSELL Oh, look! There he is.	러셀 오, 봐요! 그가 저기 있어요.

Russell points to the right. The bird is on top of Carl's house. Dug **turns around**.

러셀이 오른쪽을 가리킨다. 새가 칼의 집 꼭대기에 있다. 더그가 돌아본다.

DUG POINT!	더그 저쪽!

The bird has **gathered a pile of** food on Carl's roof.

새가 칼의 집 지붕 위에 먹이를 한 더미 모아놨다.

CARL Hey, that's my food! **Get off** my roof!	칼 아, 그건 내 식량이야! 내 지붕에서 내려와!
DUG Yeah, get off of his <<roof>>!	더그 그래, 내려와, 그의 '루프'에서!

In the distance, BABY BIRDS **call out**. The bird **CALLS back**.

저 멀리에서 새끼 새들이 엄마를 부른다. 새가 외치며 화답한다.

CARL What is it doing?	칼 쟤가 뭐 하는 거지?
DUG The bird is calling to her babies.	더그 새가 그녀의 새끼들을 부르는 거예요.
RUSSELL Her babies! Kevin's a girl?	러셀 그녀의 새끼들! 케빈이 암컷이었어?

The bird **gobbles** the food and **jumps off** the roof.

새가 먹이를 게걸스럽게 먹고 지붕에서 뛰어내린다.

DUG Her house is over there in those **twisty** rocks.	더그 그녀의 집은 저기 꾸불꾸불한 바위들 안에 있어요.

Miles off is a huge grouping of rocks; the **LABYRINTH**. The baby birds call from somewhere inside.

저 멀리에 수많은 바위가 모여있다: 미로다. 새끼 새들이 어딘가 그 안에서 부르고 있다.

DUG She has been gathering food for her babies and must get back to them.	더그 그녀가 자신의 새끼들을 위해 먹이를 모은 거예요. 그리고 이제 그들에게 돌아가 봐야 해요.

The bird "hugs" Russell goodbye and pats Carl on the head with her beak. She HISSES at Dug.

새가 러셀을 안으며 작별인사를 하고 부리로 칼의 머리를 토닥거린다. 그녀가 더그에게 쉭쉭댄다.

RUSSELL Wait, Kevin's just leaving? But you promised to **protect** her!	러셀 잠깐, 케빈이 그냥 떠난다고요? 하지만 할아버지가 그녀를 보호하겠다고 약속했잖아요!

---

turn around 돌아서다, 몸을 돌리다
gather 모으다, 모이다
a pile of 무더기
get off 떠나다, 내려오다, 손을 떼다
in the distance 먼 곳에
call out ~을 부르다, 호출하다
call back 응답하다
gobble 게걸스럽게 먹다

jump off ~에서 뛰어내리다
twisty 꾸불꾸불한
miles off 수 마일 벗어난/떨어진
labyrinth 〈격식〉 미로
protect 보호하다

RUSSELL	Her babies need her, we gotta **make sure** they're together.	러셀	그녀의 새끼들이 엄마를 찾으니, 그들이 함께 만나는 것을 지켜 봐야 해요.

The bird **hurries off** toward the labyrinth. Carl **gathers up** the hose tether.

새가 미로 속으로 서둘러 사라진다. 칼이 호스 밧줄을 모은다.

CARL	Sorry Russell. We've lost enough time already.	칼	미안하구나, 러셀. 우리가 이미 시간을 많이 허비했어.
RUSSELL	Yeah...	러셀	네…

EXT. MOUNTAIN, EDGE OF JUNGLE – MOMENTS LATER
The bird **rounds a corner** and hears **rustling** in the bushes ahead. She **scampers** back toward the house.

외부. 산, 밀림의 끝부분 – 잠시 후
새가 모퉁이를 도는데 앞쪽 수풀 속에서 바스락거리는 소리가 들린다. 그녀가 집 쪽으로 날쌔게 뛰어간다.

EXT. MOUNTAIN, FLAT ROCKY AREA
Russell **chews on** some chocolate.

외부. 산, 평평한 바위들이 있는 지역
러셀이 초콜릿을 우걱우걱 먹고 있다.

RUSSELL	This was her favorite chocolate. Because you **sent her away**, there's more for you.	러셀	이게 그녀가 가장 좋아했던 초콜릿이에요. 할아버지가 그녀를 보내서 할아버지 초콜릿이 많이 남았네요.

Carl rolls his eyes and SIGHS.
They hear rustling from the bushes behind them.

칼이 눈을 돌리며 한숨을 쉰다.
그들 뒤 수풀 속에서 바스락거리는 소리가 들린다.

CARL	Huh?	칼	엥?
RUSSELL	Kevin?	러셀	케빈?

Beta and Gamma, run toward Carl and Russell, **viciously** barking and **growling**. Carl protects Russell with his cane.
Dug is **conflicted**. Alpha walks forward and stares **menacingly** at Carl. He turns toward Dug.

베타와 감마가 사납게 짖는 소리와 함께 으르렁거리며 칼과 러셀을 향해 달려온다. 칼이 지팡이로 러셀을 보호한다.
더그가 갈등한다. 알파가 앞으로 다가가며 위협적으로 칼을 쳐다본다. 그가 더그에게 돌아선다.

ALPHA	(high-pitched voice) Where's the bird? You said you had the bird.	알파	(고음 목소리) 새는 어디 있지? 네가 새를 데리고 있다고 했잖아.
DUG	Oh, yes. Oh, yes. Since I have said that, I can see how you would think that.	더그	오 그래. 오, 그래. 내가 그 말을 했으니까 네가 왜 그렇게 생각하는지 이해되네.

---

make sure 반드시 ~하도록 하다, ~을 확실히 하다
hurry off 서둘러/급히 떠나다
gather up ~을 주워 모으다
round a corner 모퉁이를 돌다
rustling 바스락거리는 소리
scamper (어린아이나 작은 동물이) 날쌔게 움직이다
chew on something 오물거리다, 잘근잘근 씹다
send someone away ~을 보내버리다, 쫓아내다

viciously 사악하게, 맹렬하게
growl (동물, 특히 개가) 으르렁거리다
conflicted 갈등을 겪는
menacingly 위협적으로, 협박적으로

ALPHA   Where is it?

알파 어디 있냐고?

DUG   Uh, tomorrow. Come back tomorrow and then I will again have the bird. Yes.

더그 어, 내일. 내일 돌아오면 내가 다시 새를 데리고 있을 거야. 그래.

Alpha **BARKS angrily**.

알파가 사납게 짖는다.

ALPHA   You lost it. Why do I not have a surprised feeling? Well, **at least** you now have led us to the small mailman and The One Who Smells of Prunes.

알파 잃어버렸구나. 왜 하나도 놀랍지가 않은 거지? 흠, 그렇지만 적어도 네가 우리를 작은 우편배달부와 말린 자두 냄새가 나는 인간에게로 이끌었구나.

Carl and Russell look at Dug. He **turned on** them! Dug **shamefully lowers his head**.

칼과 러셀이 더그를 바라본다. 그가 그들을 기습적으로 공격한다! 더그가 수치스러워하며 고개를 숙인다.

ALPHA   Master will be most pleased we have found them, and will ask of them many questions. (**commanding**, to Carl) Come!

알파 주인님께서 우리가 그들을 찾은 것에 대해서 정말 기뻐하실 것이다. 그리고 그들에게 많은 질문을 하실 것이야. (칼에게 명령을 내린다) 따라와!

CARL   Wait, we're not going with you. We're going to the falls!

칼 잠깐, 우린 너희들을 따라가지 않을 거야. 우린 폭포로 갈 거라고!

Gamma and Beta BARK **fiercely** at Carl.

감마와 베타가 칼을 향해 사납게 짖어댄다.

CARL   **Get away from** me! **Get down**!

칼 내 몸에서 떨어져! 내려가라고!

The dogs lead Carl and Russell like prisoners. Dug follows. The house is pulled after them, and on the roof: THE BIRD.

개들이 칼과 러셀을 포로처럼 끌고 간다. 더그가 그 뒤를 따른다.
집이 그들 뒤로 당겨져 따라온다. 그리고 지붕 위에는: 새가 있다.

---

bark 짖다
angrily 화를 내며, 노하여, 성나서
at least 최소한, 적어도
turn on someone (기습적으로) ~를 공격하다
shamefully 창피스럽게, 수치스럽게
lower one's head 고개를 숙이다/떨구다
command 명령, 명령하다, 지시하다
fiercely 사납게, 맹렬하게

get away from ~에서 벗어나다, 탈출하다, 저리 개!
get down 내려가

Meeting With Charles Muntz
찰스 먼츠와의 만남

🎧 19.mp3

EXT. MOUNTAIN, **DESOLATE** ROCKY AREA – DAY
Alpha leads Carl and Russell through a **canyon**.
Dogs **patrol** the tops of the canyon walls.
Four more large dogs join the group. Carl and Russell watch **warily**
and continue their **march**.
They **round** a **bend**. Before them is a MASSIVE **CAVE OPENING**.

외부, 산, 황량한 바위가 많은 지역 – 낮
알파가 칼과 러셀을 이끌고 협곡을 지난다.
더그가 협곡 벽들 위를 순찰한다.
네 마리의 큰 개들이 그들과 합류한다. 칼과 러셀
이 경계하며 행군을 계속한다.
그들이 굽은 곳을 돌아간다. 그들 앞으로 거대한
동굴 입구가 나타난다.

EXT. MOUNTAIN, CAVE ENTRANCE
The house and balloon **canopy** are **dwarfed** as the group approaches
the huge cave opening.
DOZENS OF DOGS step out of the cave. Carl and Russell stop. More
dogs approach from the side. Every way Carl turns there are more
dogs!

외부, 산, 동굴 입구
거대한 동굴 입구에 다가서자 집과 풍선 지붕이
왠지 왜소해 보일 정도다.
수십 마리의 개들이 동굴에서 나온다. 칼과 러셀이
멈춘다. 더 많은 개가 옆쪽에서 다가선다. 칼이 돌
아보는 곳마다 더 많은 개가 나타난다!

Growling and **snarling**, the dogs **surround** Carl and Russell. Closer...
closer...
From the **darkness** a VOICE:

낮은 소리로 으르렁거리며 이빨을 드러내고 컹컹
거리며 개들이 칼과 러셀을 둘러싼다. 가까이… 더
가까이… 어둠 속에서 목소리가 들린다:

VOICE (O.S.) Stay!

목소리 (화면 밖) 그대로 멈춰

The dogs stop. A figure peers out from the darkness. It **examines**
Carl, Russell, and the floating house.

개들이 멈춘다. 어떤 형상이 어둠 속에서 밖을 내
다본다. 그 형상이 칼과 러셀과 둥둥 떠다니는 집
을 유심히 살핀다.

바로 이장면!*

VOICE	You came here in that?	목소리 저걸 타고 여길 왔다고?
CARL	Uh... yeah.	칼 어… 그렇소.
VOICE	In a house? A floating house?	목소리 집을 타고? 둥둥 떠다니는 집을?

---

desolate 황량한, 적막한

canyon 협곡

patrol 순찰을 돌다

warily 조심하여, 방심하지 않고

march 행진/행군하다, 행진

round (모퉁이, 커브 등을) 돌다

bend (머리나 몸을) 굽히다, 숙이다, 굽은 곳

cave opening 동굴의 시작 부분, 동굴 입구

canopy 덮개, (숲의 나뭇가지가) 지붕처럼 우거진 것

dwarf 난쟁이, 소인, 왜소해 보이게 만들다

dozens of 수십의, 많은

growl (동물, 개가) 으르렁거리다, 으르렁거리는 소리

snarl (개 등이 이빨을 드러내며) 으르렁거리다

surround 둘러싸다, 에워싸다

darkness 어둠, 암흑, 캄캄함

examine 조사/검토하다, 검사/진찰하다

The man laughs. Carl and Russell laugh **along** nervously.

VOICE	That is the **darndest** thing I've ever seen! You're not **after** my bird, are you? But if you need to borrow a cup of sugar, **I'd be happy to oblige!**[1]

The dogs LAUGH **uproariously** at the man's joke.

VOICE	Well, this is all a **misunderstanding**. My dogs **made a mistake**.

The figure walks out toward Carl into the light. Carl **recognizes** him!

CARL	Wait, are you Charles Muntz?!
MUNTZ	Well... Yes.
CARL	The Charles Muntz?

Muntz gives him the "thumbs up."

MUNTZ	"Adventure is out there!"

Carl GIGGLES with **glee**.

CARL	It's really him! (to Russell) That's Charles Muntz!
RUSSELL	(excited) It is?!? (considers) Who's Charles Muntz?
CARL	Him!
DOG WALLA	Yes! It is him! He is!

남자가 웃는다. 칼과 러셀도 초조하게 같이 웃는다.

목소리 내 평생 본 것 중에 제일 희한한 것이로구먼! 당신들 혹시 내 새를 노리는 건 아니겠지, 그렇나? 하지만 설탕 한 컵을 빌리러 온 것이라면, 내 얼마든지 빌려드리지!

개들이 남자의 농담에 야단스럽게 웃는다.

목소리 흠, 이건 다 오해에서 비롯된 거요. 우리 개들이 실수했구먼.

형상이 밝은 곳으로 나와 칼 쪽으로 걸어온다. 칼이 그를 알아본다!

칼 잠깐, 찰스 먼츠 씨 아닌가요?!

먼츠 엄… 그렇소만.

칼 바로 그 찰스 먼츠 씨?

먼츠가 그에게 "엄지 척"을 해 보인다.

먼츠 "모험은 바로 저 너머에!"

칼이 신이 나서 싱글벙글한다.

칼 정말 그분이야! (러셀에게) 저분은 찰스 먼츠 씨란다!

러셀 (흥분하며) 그래요?!? (잠시 생각해 보다가) 근데 찰스 먼츠가 누구예요?

칼 저분!

개떼 맞아! 저분이 바로 그분이라고! 그분이야!

---

along ~을 따라, ~와 함께
darndest 몹시 놀라운, 정말 멋진 (=damnedest)
be동사 + after ~을 쫓는
uproariously 떠들썩하게, 요란/소란하게
misunderstanding 오해
make a mistake 실수를 저지르다/하다
recognize 인식하다/알아보다, 인정/인식하다
glee 신이 남, 고소한 기분

❶ I'd be happy to oblige!
기꺼이 도울게요!
oblige는 '의무적으로 ~하게 하다' 또는 '돕다, (도움 등을) 베풀다'라는 두 가지 의미가 있는데, 여기에서는 '돕다'의 의미로 쓰였어요. 위의 문장은 I'd be happy to help를 더 격조 있게 표현한 것이랍니다.

CARL   I'm Carl Fredricksen. My wife and I, we were your biggest fans!

Carl rushes to shake Muntz's hand. Muntz **is charmed**.

MUNTZ   Well, **you're a man of good taste!**❶

Muntz **LAUGHS at his joke**. Carl joins in.

MUNTZ   You must be tired. Hungry?

RUSSELL   Uh-huh.

MUNTZ   (to dogs) **Attention** everyone! These people are no longer **intruders**. They are our guests.

The dogs CHEER.

DOG WALLA Follow me! I like you **temporarily**. You do smell like prunes. I will not bite you.

Muntz walks into the cave. Carl and Russell excitedly follow.

INT. CAVE

CARL   Wow.

Carl's eyes adjust to the dark. Muntz's dirigible the "Spirit of Adventure" is tethered in the cave.

MUNTZ (O.S.) I'm sorry about the dogs – hope they weren't too **rough on you**.

GAMMA (O.S.) We weren't!

MUNTZ   Go ahead and **moor** your airship **right next to** mine.

칼 저는 칼 프레드릭슨이에요. 제 아내와 저는, 당신의 열혈 팬이었어요!

칼이 먼츠와 악수하려고 빠르게 다가선다. 먼츠가 즐거워한다.

먼츠 사람 보는 눈이 좀 있으시군요!

먼츠가 자신의 농담에 웃는다. 칼도 함께 웃는다.

먼츠 피곤하시겠어요. 배고픈가요?

러셀 네 배고파요.

먼츠 (개들에게) 모두 주목하라! 이 사람들은 더 이상 불청객이 아니야. 그들은 우리의 손님이다.

개들이 환호한다.

개떼 저를 따라오세요! 전 잠정적으로 당신을 좋아합니다. 말린 자두 같은 냄새가 나는군요. 물지 않을게요.

먼츠가 동굴로 걸어 들어간다. 칼과 러셀이 신이 나서 따른다.

내부. 동굴

칼 우와.

칼의 눈이 어둠에 적응한다. 먼츠의 비행선 "모험의 정신"이 동굴 안에 밧줄로 묶여 있다.

먼츠 (화면 밖) 개들의 행동에 대해서는 미안해요 – 얘네들이 당신들을 너무 과격하게 대하지는 않았기를 바라요.

감마 (화면 밖) 우린 과격하게 대하지 않았어요!

먼츠 당신의 비행선은 제 것 바로 옆에 정박해 두세요.

---

be동사 + charmed 〈구어〉 기쁘게 생각하여
laugh at one's joke ~의 농담을 듣고 웃다
attention 주의 집중, 주목, 주목하시오
intruder 불법침입자, 불청객
temporarily 잠정적으로, 일시적으로
rough on someone ~에 대해 거칠게 대하는
moor (배를) 계류/정박하다
right next to 바로 옆에

❶ **You're a man of good taste!**
사람 보는 눈이 있군요!
good taste는 '좋은 취향'이라는 뜻인데, 위의 문장은 '당신은 취향이 좋은 남자다'라고 해석하는 것보다는 문맥상 '사람 보는 눈이 있다'라고 하는 것이 더욱 자연스럽겠네요. 일반적으로 You have a good taste! 라는 문장을 많이 쓰는데 이것은 '취향/센스가 좋네'라는 의미랍니다.

Muntz gestures to a **pylon**, where Carl **ties off** the house. Muntz and the dogs walk up the gangplank of the dirigible.

CARL   We're not actually going inside the "Spirit of Adventure" itself?!

MUNTZ   Oh. Would you like to?

CARL   Would I?!?!

Carl GIGGLES like a little boy.

CARL   **Wait up**, Mr. Muntz!

Carl and Russell follow up the **ramp**.

CARL   **Jiminy Cricket.**[1]

Dug follows, but **is blocked by** Alpha and Beta.

BETA   Not you.

GAMMA   What do we do with Dug?

ALPHA   He has lost the bird. Put him in the **Cone of Shame**.

Dug WHIMPERS.

먼츠가 철탑 쪽을 가리키자 칼이 그곳에 집을 묶는다. 먼츠와 개들이 비행선의 건널판 위로 걸어 올라간다.

칼   설마 우리가 실제로 "모험의 정신" 속으로 들어가는 것은 아니겠지요?!

먼츠   오, 당신이 원한다면?

칼   제가 원하냐고요?!?!

칼이 어린아이처럼 싱글벙글 웃는다.

칼   잠시만요, 먼츠 씨!

칼과 러셀이 경사로를 따라 올라간다.

칼   오 맙소사.

더그가 따라 들어오려 하자, 알파와 베타가 막아선다.

베타   넌 안 돼.

감마   더그를 어떻게 해야 할까?

알파   그가 새를 잃어버렸어. 그에게 수치 깔때기를 씌워.

더그가 낑낑거린다.

---

pylon 철탑
tie off (매듭을 짓거나 끈 등을 써서) ~을 묶다
wait up (같이 갈 수 있도록) 멈춰서 기다려, 천천히 가
ramp (높이가 다른 두 도로, 건물 등의 사이를 연결하는) 경사로, 램프
be동사 + blocked by ~으로 인해 가로막힌/차단된
cone 원뿔, 원뿔형 물체
shame (자기가 한 짓에 대해) 수치심, 창피

❶ Jiminy Cricket.
오 맙소사.
Jiminy Cricket은 유명한 디즈니 애니메이션 중 하나인 〈피노키오〉에 나오는 '지미니 크리켓'이라는 캐릭터이죠. 여기서는 '오 맙소사'라는 감탄사로 쓰였는데, 이는 일종의 유화 화법(금기어나 수위를 낮춘 표현)으로 'Jesus Christ' 대신 쓰인다고 알려져 있습니다.

A Real Treat
정말 즐거운 일

🎧 20.mp3

EXT. DIRIGIBLE GANGPLANK – MOMENTS LATER
Alpha, Gamma and Beta walk into the dirigible. Dug sits **forlornly** with a PLASTIC CONE around his neck.

외부. 비행선 건널판 – 잠시 후
알파, 감마와 베타가 비행선 안으로 걸어 들어간다. 더그가 목에 플라스틱 깔때기를 두르고 의지할 곳 없이 애처롭게 앉아있다.

DUG   I do not like the Cone of Shame.

더그   난 수치 깔때기가 싫어요.

INT. DIRIGIBLE – TROPHY ROOM
Carl and Russell are speechless as they walk into the room. It's a **treasure trove** of giant skeletons, stuffed creatures, and rare cultural **artifacts**.

내부. 비행선 – 트로피실
칼과 러셀이 방 안으로 들어가니 말문이 막힌다. 거대한 해골들과 박제된 생물들, 그리고 희귀한 문화 공예품들을 모아 놓은 보물 저장소이다.

Various servant dogs dust and polish as Muntz leads Carl and Russell through the room.

먼츠가 칼과 러셀을 방을 구경시켜 주는 동안 다양한 하인 개들이 먼지를 털고 청소를 하고 있다.

MUNTZ   Most of the collection is housed in the world's top museums: New York, Munich, London... 'Course I kept the best for myself.

먼츠   대부분의 수집품은 세계 최고의 박물관들에 소장되어 있죠: 뉴욕, 뮌헨, 런던 등등… 아 물론 제일 중요한 것들은 내가 직접 소장하고 있어요.

CARL   **Did you ever!**❶ Will you look at that?

칼   세상에 이럴 수가! 저것 좀 보겠니?

MUNTZ   Oh yes, the Arsinoitherium. Beast **charged** while I was brushing my teeth. Used my shaving kit to **bring him down**.

먼츠   아 네, 아르시노이테리움. 내가 양치를 하고 있는데 그 야수가 나를 공격했었죠. 난 면도 도구를 이용해서 그를 제압했어요.

A dog approaches carrying a menu. Muntz **waves it off**.

개 한 마리가 메뉴를 들고 다가선다. 먼츠가 손을 흔들어 필요 없다는 신호를 보낸다.

MUNTZ   Oh, **surprise me.**❷ (to Carl) Only way to get it out of Ethiopia at the time was to have it declared as "**dental equipment**!"

먼츠   오, 네가 알아서 잘 가져와 봐. (칼에게) 그 당시에 에티오피아에서 그걸 가지고 나올 수 있는 유일한 방법은 "치과용 의료기기!"라고 신고하는 거였다니까요.

Muntz LAUGHS. Behind him, a dog can't resist **gnawing** at one of the bones.

먼츠가 웃는다. 그의 뒤로, 개 한 마리가 참지 못하고 뼈다귀를 물어뜯고 있다.

---

forlornly 쓸쓸히, 의지할 것 없이
treasure trove 매장물, 귀중한 것이 많은 곳
artifact 공예품, 인공물
charge 돌격/공격하다
bring something(one) down ~을 쓰러뜨리다
wave something(one) off ~에게 손을 저어 거절하다
dental equipment 치과용 의료기기
gnaw 갉아먹다, 물어뜯다

❶ **Did you ever!** 무슨 이런 일이!
놀람, 충격을 나타내는 감탄문으로 '세상에 무슨 이런 일이!'라는 의미죠. Did you ever see anything like this! '세상에 이런 말도 안 되는 게 있을까요!'라고 확장할 수 있어요.

❷ **Surprise me.** 네가 결정해서 가져와라.
찰스 먼츠가 요리사에게 직접 음식(메뉴)을 결정해서 가져오라고 하는 표현인데, '(새로운/특별한 것으로) 나를 놀라게 해 봐' 또는 '네가 결정해/골라봐'라는 의미입니다.

CARL	Oh my gosh, the Giant **Somalian Leopard Tortoise!**	칼 오 맙소사, 자이언트 소말리아 표범 거북이라니!

MUNTZ	Oh, you recognize it? I'm impressed! That's an interesting story there...	먼츠 오, 그걸 알아보겠어요? 감동인데요! 그것도 참 재미있는 이야깃거리가 있는데…

A dog approaches with a bottle of champagne in his mouth. Muntz **glances at** the bottle.

개 한 마리가 입에 샴페인 한 병을 물고 다가온다. 먼츠가 병을 힐끗 본다.

MUNTZ	Hm, excellent choice. (to Carl) I found it on safari with **Roosevelt**.	먼츠 흠, 훌륭한 선택이야. (칼에게) 이건 내가 루스벨트 대통령과 사파리 여행을 갔을 때 가져온 거예요.

Two dogs work together to remove the cork from the bottle. POP! They **sloppily** pour two glasses.

개 두 마리가 병에서 코르크 뚜껑을 열려고 협력한다. 펑! 그들이 엉성하게 두 개의 잔에 샴페인을 따른다.

MUNTZ	He and I **fell into a habit** of playing **gin rummy** in the evenings. And did he cheat? Oh, he was horrible!	먼츠 루스벨트와 나는 저녁마다 카드 게임을 하곤 했어요. 그가 속임수를 썼냐고요? 아, 그는 아주 지독했지요!

Muntz and Carl LAUGH. Alpha interrupts.

먼츠와 칼이 웃는다. 알파가 중간에 끼어든다.

ALPHA	(high-pitched voice) Master, dinner is ready.	알파 (고음의 목소리) 주인님, 저녁 식사가 준비되었습니다.

MUNTZ	Oh dear, broken **translator**. It's that loose wire again. (leans down, fixes it) There you go big **fella**.	먼츠 오 이런, 통역기가 고장 났네요. 코드가 또 풀려서 그래요. (몸을 숙이며 기기를 고친다) 자 다 됐네 덩치 큰 친구.

ALPHA	(deep scary voice) Thank you Master.	알파 (깊고 무서운 목소리) 감사합니다, 주인님.

Russell reacts.

러셀이 반응한다.

RUSSELL	I liked his other voice.	러셀 아까 그 목소리가 더 좋았는데.

Muntz LAUGHS.

먼츠가 웃는다.

MUNTZ	Well, **dinner is served!**❶ Right this way.	먼츠 자, 저녁 식사가 준비되었군요! 이쪽으로 오시죠.

Somalian Leopard Tortoise 소말리아산 표범 거북
glance at ~을 힐끗/얼핏 보다
Roosevelt 미국의 제32대 대통령 (Franklin Delano Roosevelt)
sloppily 엉성하게
fall into a habit 습관이 생기다
gin rummy 카드 게임의 일종
translator 번역기, 번역/통역가
fella 〈비격식〉 남자

❶ **Dinner is served!**
식사가 준비되었습니다.
저녁 식사 준비가 다 되었으니 먹으러 오라고 할 때 쓰는 표현이에요. 같은 상황에서 Dinner is ready. 라고 할 수도 있고요.

INT. DIRIGIBLE, **DINING ROOM**
Muntz leads Carl and Russell into the dining room and up to a large table.

내부, 비행선, 식당
먼츠가 칼과 러셀을 식당 안에 있는 큰 식탁으로 안내한다.

MUNTZ   So **how are things stateside**? Almost **tempted** to go back a few times, but I have **unfinished** work here... Please.

먼츠 그래 미국 본토 상황은 어떤가요? 몇 번쯤은 돌아가고 싶은 유혹에 거의 넘어갈 뻔했지만, 아직 여기에서 마치지 못한 일이 있어서… 자, 드세요.

Dogs pull back chairs for them. They sit. Dog waiters **place** napkins on their laps.

개들이 그들을 위해 의자를 뒤로 빼 준다. 그들이 앉는다. 개 웨이터들이 그들의 무릎 위에 냅킨을 세팅한다.

MUNTZ   I hope you're hungry because Epsilon is the **finest chef** I've ever had.

먼츠 당신들이 배가 고프셨으면 좋겠네요. 왜냐하면 제가 지금까지 데리고 있던 요리사 중에 엡실론이 최고거든요.

Dogs bring out **covered** plates, look at each other, and remove the silver plate covers **at the same time**. The **meals** look **delicious**.

개들이 뚜껑이 덮인 요리들을 가져와서 서로 눈빛 교환을 한 후 동시에 은 접시 뚜껑을 연다. 음식들이 맛있어 보인다.

MUNTZ   Oh, Epsilon, you've done it again!

먼츠 오, 엡실론, 네가 또 해냈구나!

RUSSELL   Yes!!

러셀 오 예!!

Russell is **served** a hot dog. His waiter can't resist and eats a bite.

러셀에게는 핫도그를 대접했다. 그의 웨이터가 참지 못하고 한 입 베어 문다.

RUSSELL   Hey!

러셀 야!

Another dog pours some juice then **takes a** big **slurp** from his glass.

다른 개가 주스를 따른 후 후루룩 한 모금 마신다.

RUSSELL   Hey!

러셀 이봐!

Carl looks around, still **enthralled**.

칼이 여전히 매혹된 표정으로 주변을 돌아본다.

바로 이장면!*

CARL   Oh my Ellie would have loved all this. You know, it's because of you she had this dream to come down here and live by Paradise Falls.

칼 오 우리 엘리가 여기에 왔으면 정말 좋아했을 거예요. 그녀가 여기에 와서 파라다이스 폭포 옆에 살고 싶어 했던 건 다 당신 때문이었거든요.

---

dining room 식당, 식당용 방   covered 덮개로 덮인, 커버가 씌워진
How are things? 잘 지내고 있니?   at the same time 동시에
stateside 미국의, 미국 쪽의   meal 식사
tempt 유혹하다   delicious 맛있는
unfinished 완료되지/끝나지 않은, 미결의   serve (식당 등에서 음식을) 제공하다
place (조심스럽게) 놓다/두다, 배치하다   take a slurp 후루룩/홀짝 들이마시다
finest 가장 훌륭한, 가장 질이 높은   enthrall 마음을 사로잡다
chef 요리사

He gestures toward HIS HOUSE, tethered outside the **porthole window**.

그가 둥근 창밖에 묶여있는 그의 집을 가리킨다.

MUNTZ   I'm **honored**. And now you've made it!

먼츠 영광이군요. 그리고 마침내 당신이 해냈어요!

CARL   You're sure we're not **a bother**? **I'd hate to impose.** ❶

칼 그런데 저희가 괜히 귀찮게 해드리는 것 아닌가요? 폐를 끼치고 싶지는 않거든요.

MUNTZ   No no! It's a pleasure to have guests – a real **treat**.

먼츠 아니에요 아니에요! 손님을 맞는 것은 정말 즐거운 일이에요 – 정말 기뻐요.

The dogs **erupt** into excited barking.

갑자기 개들이 흥분해서 짖기 시작한다.

DOG WALLA   **Treat**?! Treat! I want a treat!

개떼 맛있는 거?! 맛있는 게! 난 맛있는 걸 원해요!

MUNTZ   No no, quiet! Calm down. **Calm down**...

먼츠 아니 아니, 조용히 해! 진정하라고, 진정해…

In the excitement a dog **swipes** the rest of Russell's hot dog.

흥분된 분위기 속에서 개 한 마리가 러셀의 남아있던 핫도그를 싹 훔쳐 간다.

RUSSELL   Hey!

러셀 야!

MUNTZ   (CONT'D) Shouldn't've used that word... Having guests is a delight. More often I get thieves, come to steal what's **rightfully** mine.

먼츠 (계속) 그 단어를 사용하지 말았어야 했는데… 손님을 맞는 건 기쁨이에요. 보통은 손님보다는 도둑들이 오거든요, 합법적으로 나의 소유물을 훔치러 온 도둑들이요.

CARL   No!

칼 그럴 수가!

---

porthole window (선박, 항공기 측면의) 둥근 창
honored 명예/영광으로 생각하여, 명예로운
a bother 괴로운 일, 골치 아픈 존재
erupt (화산, 용암) 분출하다, (강한 감정) 터뜨리다
treat (대접) 특별한 것/선물, 대접, 한턱
calm down 진정하다, 진정시키다
swipe 후려치다, 훔치다, 슬쩍하다
rightfully 마땅히, 정당하게, 합법적으로

❶ **I'd hate to impose.**
폐를 끼치고 싶지는 않네요.
impose는 '(힘들거나 불쾌한 것을) 부과하다', '(의견 등을) 강요하다'는 의미로 쓰이는 동사예요. 상대방이 호의를 베풀려고 할 때 폐를 끼치고 싶지 않다고 하며 거절하며 위의 문장처럼 표현해도 좋고, 더 쉽게 I don't want to impose. 라고 해도 좋답니다.

The Best Story Yet
지금껏 들어본 이야기 중에 최고

🎧 21.mp3

Muntz picks up a lantern and walks to the back of the room.

먼츠가 손전등을 들고 방의 뒤쪽으로 간다.

MUNTZ They called me a fraud, those... dah! But once I bring back this creature, **my name will be cleared.**

먼츠 그들은 나를 사기꾼이라고 했지, 그놈들이… 에이! 하지만 내가 이 생물체를 잡아오면 내 실추된 명예를 회복할 수 있을 거야.

The lantern **illuminates** photographs, drawings, samples, feathers. Hundreds of them... all of THE BIRD. Kevin. This is Muntz's **obsession.** He looks over to a full size skeleton.

손전등이 사진들과 그림들, 샘플들, 깃털들을 환하게 비춘다. 수백 개의… 모든 것이 그 새에 관한 것이다. 케빈. 이것은 먼츠의 집착이다. 그가 저쪽에 있는 실물 크기의 해골을 바라본다.

MUNTZ Beautiful, isn't it? I've spent a lifetime tracking it. Sometimes years go by between sightings... I've tried to **smoke it out** of that **deathly** labyrinth where it lives... Can't go in after it. **Once in, there's no way out.**❶ Lost so many dogs...

먼츠 아름다워요, 그렇지 않나요? 난 이걸 추적하느라 평생을 보냈어요. 어떤 때는 한 번 목격된 후 수년 동안 모습을 못 볼 때도 있고… 그놈이 사는 죽음의 미로에 연기를 피워 나오게 만들려고 한 적도 있고… 그것을 쫓아 들어갈 수는 없어요. 일단 한번 들어가면 절대 다시 나올 수 없으니까요. 정말 많은 개를 잃었죠…

Muntz **is lost in reverie.**

먼츠가 사색에 잠긴다.

MUNTZ And here they come, these **bandits,** and think the bird is theirs to take! But they soon find that this mountain is a very dangerous place.

먼츠 그리고 그놈들이 나타나는데, 그 강도 놈들이 그 새를 자기들이 가져가도 된다고 생각하는 거죠. 하지만 곧 그들은 이 산이 아주 위험한 곳이라는 것을 알게 됩니다.

Distracted Russell finally notices the skeleton.

주의가 산만해진 러셀이 마침내 해골을 알아본다.

바로 이장면!*

RUSSELL Hey, that looks like Kevin!

러셀 어, 저거 케빈하고 비슷하게 생겼네요!

MUNTZ "Kevin?"

먼츠 "케빈?"

---

clear one's name 결백을 증명하다, 오명을 씻다

illuminate ~에 불을 비추다, (이해하기 쉽게) 밝히다

obsession 집착, 강박

smoke something out 연기를 피워 ~을 나오게 하다

deathly 죽음을 암시하는, 죽은 사람 같은

be동사 + lost in (회상이나 생각에) 골몰한/잠긴

reverie 몽상, 공상

bandit 노상강도

❶ **Once in, there's no way out.**
일단 한번 들어가면 절대 못 나온다.
일단 한번 들어가면/발을 들여놓으면 나오는 건 거의 불가능하다는 의미로 쓸 수 있는 표현인데, 이보다 더 간단하게 Once in, never out. '한번 들어가면 절대 못 나옴' 이렇게 표현하기도 합니다.

RUSSELL Yeah! That's my new giant bird pet. I trained it to follow us.

러셀 네! 새로 생긴 나의 커다란 애완용 새예요. 우리를 따라오도록 내가 훈련시켰어요.

Muntz and Alpha **exchange glances**.

먼츠와 알파가 서로 눈길을 주고받는다.

MUNTZ Follow you? Impossible. How?

먼츠 너를 따라온다고? 그럴 리가 없어. 어떻게?

RUSSELL She likes chocolate.

러셀 그녀는 초콜릿을 좋아해요.

Russell holds up a chocolate bar to show Muntz.

러셀이 먼츠에게 보여주려고 초콜릿 바를 위로 든다.

MUNTZ Chocolate?

먼츠 초콜릿?

RUSSELL Yeah, I gave her some of my chocolate. She **goes ga-ga for** it.

러셀 네, 그 새에게 제 초콜릿을 좀 줬어요. 그녀는 초콜릿에 환장하거든요.

Carl **swipes** the chocolate from Russell and **pockets** it.

칼이 러셀에게서 초콜릿을 빼앗아 주머니에 챙겨 넣는다.

CARL But it **ran off**! It's gone now.

칼 하지만 걔는 도망갔어요! 이젠 사라졌다고요.

Muntz **stares**.

먼츠가 바라본다.

He walks to a table full of flight helmets.

그가 비행용 헬멧으로 가득한 탁자 쪽으로 걸어온다.

MUNTZ You know, Carl. These people who **pass through** here, they all tell pretty good stories. A "**Surveyor**" making a map.

먼츠 저기, 칼. 이곳을 거쳐 갔던 사람들은 모두가 다 꽤 그럴듯한 이야기를 꾸며댔어요. 지도를 만든다던 "측량사".

Using his cane, Muntz **topples** a helmet from the table. It rolls across the floor.

그의 지팡이를 이용해 먼츠가 탁자 위에 있는 헬멧 하나를 떨어뜨린다. 헬멧이 바닥을 가로지르며 굴러간다.

MUNTZ A "**Botanist**" **cataloguing** plants.

먼츠 식물 도록을 만든다던 "식물학자".

Muntz topples another helmet. He **lifts** a third to show Carl.

먼츠가 또 다른 헬멧을 떨어뜨린다. 그가 칼에게 보이기 위해 세 번째 헬멧을 들어 올린다.

MUNTZ An old man taking his house to Paradise Falls.

먼츠 자신의 집을 파라다이스 폭포로 가지고 간다는 노인네.

---

exchange glances 서로 눈짓하다, 눈길을 주고받다
go gaga for (~에 대해) 좋아서 미치는
swipe 후려치다, 훔치다, 슬쩍하다
pocket 호주머니에 넣다, (호)주머니, 포켓
run off 달아나다, 도망가다
stare 빤히 쳐다보다, 응시하다
pass through ~을 빠져나가다, 거쳐 가다
surveyor 측량사

topple 넘어지다, 넘어뜨리다, 실각시키다
botanist 식물학자
catalogue (상품자료의) 목록, 카탈로그
lift (위로) 들어 올리다, 올라가다

He drops the helmet. It rolls to Carl's feet.

MUNTZ   **That's the best one yet.**[1] I can't wait to hear how it ends.

그가 헬멧을 떨어뜨린다. 헬멧이 칼의 발 옆으로 굴러간다.

먼츠 그게 지금까지 들어본 이야기 중 최고군요. 그 이야기가 어떻게 끝나는지 정말 궁금해요.

Carl glances around nervously. Out the window, sitting on the roof of his house, sits THE BIRD!

칼이 초조하게 주변을 둘러본다. 창문밖에 그의 집 지붕에 앉아있다. 바로 그 새가!

CARL   Well! It's been a wonderful evening, but we'd better be going.

칼 쟤 정말 멋진 저녁이었어요. 하지만 우린 이제 가봐야 할 것 같군요.

Carl gets up and pulls Russell from the table.

칼이 일어나 식탁에 있는 러셀을 끌어당긴다.

MUNTZ   Oh, you're not leaving?

먼츠 오, 가긴 어딜 간다고 그러시나?

CARL   We don't want to **take advantage of** your **hospitality**. Come on Russell.

칼 당신의 환대를 너무 누리면 실례가 될 것 같아서요. 자, 가자 러셀.

Carl leads Russell toward the door.

칼이 러셀을 이끌고 문 쪽으로 간다.

RUSSELL   But we haven't even had dessert yet.

러셀 하지만 아직 디저트도 못 먹었는걸요.

Muntz follows behind them slowly, **menacingly**.

먼츠가 천천히 위협적으로 그들 뒤를 따라온다.

MUNTZ   No, the boy's right. You haven't had dessert. Epsilon here makes a delicious **Cherries Jubilee**.

먼츠 아냐, 그 아이 말이 맞아요. 디저트를 아직 안 먹었잖아요. 여기 엡실론이 체리 주빌리를 아주 잘 만든다고요.

Carl pulls Russell along, Muntz following behind like something out of a bad dream.

칼이 러셀을 잡아당기는데, 먼츠가 마치 악몽에서 나오는 괴물처럼 그들의 뒤를 따르고 있다.

MUNTZ   Oh, you really must stay. I **insist**! We have so much more to talk about!

먼츠 오, 정말 가지 말아요. 제 맘대로 하세요! 아직 우리 할 말이 많이 남았잖아요!

A **distant HAUNTED WAIL**. Everyone stops.

멀리서 겁에 질린 통곡 소리가 들린다. 모두가 멈춘다.

---

take advantage of ~을 이용하다
hospitality 환대, 후대, 접대
menacingly 협박(위협)적으로
Cherries Jubilee 버찌/체리를 곁들인 바닐라 아이스크림
insist 고집하다, 주장하다
distant 먼, 떨어져 있는, 동떨어진
haunted (건물이) 귀신/유령이 나오는
wail (슬픔, 통증 때문에) 울부짖다, 통곡하다

❶ That's the best one yet.
그게 지금까지 들어본 것 중 최고네요.
yet은 주로 '아직'이라는 뜻으로 쓰이지만, 최상급이 들어간 문장에서 yet을 쓰면 '지금까지 있던 것 중 가장 ~한'이라는 의미의 문장이 된답니다. 예를 들어, This is the tallest building yet. '이 건물이 지금까지 있던 빌딩 중에서 가장 높은 빌딩이야' 이렇게 쓰지요.

RUSSELL   Kevin?

Muntz walks to the window and **looks out**. **Atop** the roof he sees
THE BIRD.

MUNTZ   It's here.

He **turns back** to Carl... but they're gone.

MUNTZ   (to dogs) Get them!

러셀   케빈!?

먼츠가 창문 쪽으로 가서 밖을 본다. 그가 지붕 위
에 있는 새를 본다.

먼츠   그 새가 여기에 왔다.

그가 칼에게 돌아서는데… 그들이 사라졌다.

먼츠   (개들에게) 그놈들을 잡아!

---

look out ~을 찾다, 내다 보다
atop 꼭대기에
turn back 뒤로 돌아서다

Dug, the Ultimate Helper

더그, 도우미 끝판왕

🎧 22.mp3

INT. CAVE
Carl and Russell untie Carl's house from the pylon.

CARL Hurry!

RUSSELL I am hurrying!

Dogs descend down the ramp behind them.

RUSSELL They're coming!

Carl and Russell run toward the cave opening. Dogs block the cave opening. Carl **stops short.**

DUG (O.S.) Master, over here!

Dug points to a tunnel opening deeper inside the cave. Carl and Russell run toward him.
The cave leads to a **steep incline**. The dogs are getting closer. **There's no choice but to JUMP.**❶
The lift from the **overhead** balloons allows Carl and Russell to leap down the incline, like **astronauts**.

DUG Go toward the light, master!

Dogs climb down the rocks, **closing in on** Carl and Russell.
The bird sees the dogs. She jumps off the house and lifts Carl and Russell on her back.
She runs through the cave, **towing** the house behind her. Russell and Carl **HANG ON for dear life**.
BANG BANG BANG! Balloons pop as they **scrape** across the ceiling. The house lowers.

내부, 동굴
칼과 러셀이 철탑에서 칼의 집을 풀고 있다.

칼 서둘러!

러셀 서두르는 중이에요!

개들이 그들 뒤로 경사로를 내려온다.

러셀 그들이 오고 있어요!

칼과 러셀이 동굴 입구 쪽으로 달려간다. 개들이 동굴 입구를 가로막는다. 칼이 가다가 멈춘다.

더그 (화면 밖) 주인님, 이쪽이에요!

더그가 동굴 안쪽 더 깊은 곳에 있는 터널 입구 방향을 가리킨다. 칼과 러셀이 그를 향해 달린다.
동굴에 급경사가 있는 곳이 나온다. 개들이 점점 가까워지고 있다. 뛰어내리는 수밖에는 달리 도리가 없다.
하늘 위의 풍선들이 위로 들어 올려줘서 칼과 러셀이 급경사를 뛰어내리는 데 도움이 된다. 마치 우주비행사처럼.

더그 빛이 보이는 쪽으로 가세요, 주인님!

개들이 바위들을 내려오며 칼과 러셀에게 점점 더 가까이 다가선다.
새가 개들을 본다. 그녀가 집에서 뛰어내려 칼과 러셀을 자기 등에 태운다.
새가 자기 뒤로 집을 견인하며 동굴 속을 달린다.
러셀과 칼이 필사적으로 매달린다.
팡 팡 팡! 풍선들이 천장에 긁히면서 하나둘씩 터진다. 집이 하강한다.

---

stop short (하던 일을) 갑자기 뚝 멈추다

steep incline 급경사

overhead 머리 위에/로, 하늘 높이

astronaut 우주 비행사

close in on ~을 포위하다, 궁지에 몰아넣다

tow (자동차, 보트 등을) 끌다/견인하다

hang on for dear life 죽을힘을 다해 필사적으로 매달리다

scrape (무엇을 떼어내기 위해) 긁다, 긁어내다

> ❶ **There's no choice but to jump.**
> 뛰어내리는 것밖에는 달리 선택의 여지가 없다.
> 어떤 상황에서 ~외에는 달리 선택의 여지가 없을 때 쓰는 표현이에요. There's를 I/we have로 바꿔서 'I/we have no choice but to + 동사' 형식으로 쓸 수도 있답니다. 예를 들어, I have no choice but to accept the offer. '그 제안을 받아들이는 것 외에는 달리 선택의 여지가 없어' 이렇게요.

Ahead, a giant rock sits in their **path**. Carl **tugs** at the house but it **CRASHES against** the rock, pulling Russell onto the ground.

CARL　　Russell!

Dragging on the ground, Russell gets **BUMPED** around **badly**.

EXT. MOUNTAIN, CANYON
The dogs close in on Russell. Alpha bites at his **heels**. Carl **fends off** Alpha with his cane.

CARL　　Get back!!

Alpha is about to bite when an **avalanche** of **boulders rains down**! The dogs stop short.
Carl looks back as the bird keeps running. Dug is up on the canyon wall. He caused the avalanche!

앞에, 거대한 바위가 그들의 길을 가로막고 있다. 칼이 집을 세게 잡아당기지만, 집이 바위에 세게 충돌하며 러셀을 땅으로 잡아당긴다.

칼　러셀!

땅에 질질 끌리며 러셀이 여기저기 심하게 부딪힌다.

외부. 산. 협곡
개들이 러셀과 점점 가까워진다. 알파가 그의 발뒤꿈치를 문다. 칼이 지팡이로 알파의 공격을 막아낸다.

칼　물러서!!

알파가 물려고 하는 순간 바위산이 무너지며 산사태가 일어난다! 개들이 오다가 멈춰 선다. 새가 계속 뛰고 있는 동안 칼이 뒤를 돌아본다. 더그가 협곡 벽 위에 올라왔다. 그가 산사태를 일으킨 것이다.

바로 이장면!*

DUG　　Go on Master! I will stop the dogs!

Dug jumps down to block the path of the approaching dogs.

DUG　　Stop you dogs!!

The dogs run around Dug. Alpha **bites Dug by the neck** and throws him out of the path.
The bird carries Carl, Russell dragging along behind. She rounds a corner. Russell **SWINGS** OUT over the **abyss**. The bird jumps from rock **spire** to spire. Russell swings back and forth **wildly** in the air.

RUSSELL　Help! Help!

Russell does the WILDERNESS EXPLORER CALL.

CARL　　**Gimme** your hand!

더그　어서 가세요 주인님! 제가 개들을 멈출게요!

더그가 다가오는 개들의 길을 막기 위해 뛰어내린다.

더그　이 개들아 멈춰!!

개들이 더그 주변으로 달린다. 알파가 더그의 목을 물어서 그를 집어 던진다.
새가 칼을 업고 있고, 러셀은 뒤로 끌려오고 있다. 그녀가 모퉁이를 돈다. 러셀이 깊은 구렁을 넘어 획 돈다. 새가 뾰족한 바위들을 계속 뛰어넘는다. 러셀이 공중에서 계속 심하게 앞뒤로 왔다 갔다 하며 날아가고 있다.

러셀　도와줘요! 도와줘요!

러셀이 야생 탐험가 구조 요청을 한다.

칼　손을 내밀어!

---

path (사람, 사물이 나아가는) 방향/길

tug (세게) 잡아/끌어당기다

crash against ~에 충돌하다, ~와 부딪히다

bump (~에 신체 부위를) 찧다/부딪히다

badly 몹시, 심하게

heel 발뒤꿈치

fend off (~의 공격을) 막다/막아내다

avalanche (눈, 산) 사태

boulder (비바람에 씻겨 반들반들해진) 바위

rain down (비, 물 등이) 쏟아지다/퍼붓다

bite someone by the neck ~의 목을 물다

swing (몸을 흔들어) 획 움직이다/돌다

abyss 심연, 깊은 구렁

spire (교회의) 첨탑, 소용돌이, 나선

wildly 걷잡을 수 없이, 미친 듯이

gimme 나에게 줘 (give me의 구어체적 표기)

Carl **holds out** his cane so that Russell can GRAB it and Carl PULLS him back onto the bird.
Meanwhile Dug **manages to rejoin** his friends, but **just in time** to reach **the end of the line** – A CLIFF EDGE. A river **winds** 100 **feet** below.

Carl looks above to see the house's **momentum** pulling forward.

RUSSELL　**Hang on to** Kevin!

Carl grabs onto Kevin and picks Dug up by the collar.
Just as the dogs reach our gang, the house's momentum carries them across the **chasm**. Alpha bites the bird on the leg but is kicked loose and falls into the river below.
Carl LANDS HARD but safely across the river chasm. The dogs are stuck on the other side.
Carl painfully gets up. He looks up at his house. It's still **intact**. He breathes **a SIGH OF RELIEF**.

RUSSELL (O.S.)　Kevin!

The bird tries to stand but SQUAWKS **pitifully** and falls back to the ground. Russell rushes to her side.
The bird's leg has been injured badly by the dog bite. She can't stand. Russell **applies a bandage**.
From the distant labyrinth of rocks, the BIRD BABIES call. Kevin CALLS back to them. She tries to stand, but can't. Russell runs to her side.

RUSSELL　No no no! Kevin! Stay down. (to Carl) She's hurt real bad. Can't we help her get home?

Carl looks at the bird's wounds. He looks to the rock maze, then to his house.
He knows **the right thing to do**. And he **hates himself for it**.

칼이 러셀이 잡을 수 있도록 지팡이를 내밀고 러셀을 잡아당겨 다시 새의 등위에 태운다.
그러는 동안 더그가 용케도 그의 친구들과 합류했다. 그러나 바로 그때 앞에 낭떠러지가 나타난다. 300여 미터 아래로 강물이 구불구불 흐르고 있다.

칼이 앞으로 잡아당기고 있는 집의 탄력을 보기 위해 위를 올려다본다.

러셀　케빈을 꽉 잡아요!

칼이 케빈을 꽉 움켜잡고 더그의 개목걸이를 잡아 그를 들어 올린다.
개들이 우리 편에게 다다랐을 때 집의 탄력이 그들이 골짜기를 건너게 해준다. 알파가 새의 다리를 물었지만 발로 차여 놓치고 강으로 떨어진다.
칼이 거칠게 착륙하지만 그래도 강의 골짜기를 건너 안전하게 내려앉는다. 개들은 반대편에서 오도 가도 못하게 되었다.
칼이 고통스러워하며 일어선다. 그가 그의 집을 올려다본다. 아직은 심한 손상을 입지는 않았다. 그가 안도의 한숨을 쉰다.

러셀 (화면 밖)　케빈!

새가 일어서려고 하지만 안쓰럽게 깍깍거리며 다시 땅으로 쓰러진다. 러셀이 그녀의 옆으로 재빨리 다가선다.
개에게 물려 새의 다리가 심하게 다쳤다. 일어서질 못한다. 러셀이 붕대를 감아준다.
멀리 바위의 미로에서 새의 새끼들이 외친다. 케빈이 그들에게 대답한다. 그녀가 일어서려고 해보지만 안 된다. 러셀이 그녀의 옆으로 빠르게 다가선다.

러셀　안 돼 안 돼 안 돼! 케빈! 그냥 누워있어. (칼에게) 케빈이 정말 심하게 다쳤어요. 그녀가 집으로 돌아갈 수 있도록 우리가 도울 수는 없을까요?

칼이 새의 상처 부위를 본다. 그가 바위 미로를 보고 그의 집을 보며 곰곰이 생각한다.
그는 무엇을 해야 옳은 건지 안다. 그런 자신이 너무 싫다.

---

hold something out (손 따위를) 내밀다
manage to 간신히/가까스로 ~하다
rejoin 재가입하다, 다시 합류하다
just in time 겨우 시간에 맞춰, 마침 때맞춰
the end of the line 줄/선의 끝
wind (도로, 강 등이) 구불구불하다
feet 피트 (약 30.48cm)
momentum 탄력, 가속도

hang on to ~을 꽉 붙잡다
chasm 아주 깊은 틈/구멍
intact 온전한, 전혀 다치지 않은
a sigh of relief 안도의 한숨
pitifully 가련하게, 측은하게, 안쓰럽게
apply a bandage 반창고를 붙이다, 붕대를 감다
the right thing to do 마땅히 해야 할 일, 옳은 일
hate oneself for something 스스로를 못마땅해하다

CARL   Alright. But we've got to hurry.

INT. DIRIGIBLE, COCKPIT
Dripping wet dogs **cower in front of** a **menacing** Muntz.

MUNTZ   You lost them?

BETA   Uh, it was Dug.

GAMMA   Yeah, he's with them. He helped them **escape**!

Muntz **snarls in anger**.

MUNTZ   Wait. Wait a minute. Dug...

칼 좋아. 하지만 서둘러야만 해.

내부. 비행선. 조종석
물에 흠뻑 젖은 개들이 위협적인 먼츠 앞에서 주눅 들어 웅크리고 있다.

먼츠 너희들이 그들을 놓쳤다고?

베타 어, 더그 때문이에요.

감마 네, 그가 그들과 한패예요. 그가 그들이 탈출하도록 도왔다고요!

먼츠가 분개하며 으르렁거린다.

먼츠 잠깐. 잠깐 있어 봐. 더그…

He **leans over** a **RADAR TRACKING DEVICE**.

그가 레이더 추적장치 쪽으로 몸을 구부린다.

---

drip (액체가) 방울방울/뚝뚝 흐르다
wet 젖은, 적시다
cower (겁을 먹고) 몸을 숙이다/웅크리다
in front of ～앞에
menace 위협적인/위험한 존재
escape 탈출하다
snarl (이빨을 드러내며) 으르렁거리다
in anger 화가 나서, 노하여

lean over 기울이다. 기대다
radar tracking device 레이더 추적장치

Boring but Wonderful Memories

따분하지만 아름다운 추억들

🎧 23.mp3

CUT TO:
EXT. MOUNTAIN – NIGHT
DUG'S COLLAR SCREEN powers on, and a **signal zeroes in on** Dug's location.

Dug, **oblivious**, looks out over the landscape, sniffing.
Carl and Russell **peek** out from behind a tree.

CARL   See anything?

DUG   No, my pack is not following us! **Boy** they are **dumb**.

Dug **scampers** back to Carl and Russell, who pull the house from behind a tree canopy.

CARL   This is crazy. I finally meet my **childhood hero** and he's trying to kill us! **What a joke.**

DUG   Hey, I know a joke. A squirrel **walks up to** a tree and says I forgot to **store acorns** for winter and now I am dead. Ha! It is funny because the squirrel gets dead.

They pull the house, keeping it hidden behind the trees.

CARL   Careful Russell.

The house **bumps into** a tree, **jostling** the injured BIRD on the porch.

RUSSELL   You okay, Kevin?

Kevin **goes back to sleep**. Russell looks at her **BANDAGED** LEG.

장면 전환
외부, 산 – 밤
더그의 개목걸이 화면의 전원이 켜졌다. 그리고 신호가 더그가 있는 곳의 위치에 초점을 맞추고 있다.

그것을 감지하지 못한 채, 더그가 코를 킁킁대며 풍경을 바라보고 있다.
칼과 러셀은 나무 뒤에 숨어서 몰래 엿보고 있다.

칼 뭐 보이는 게 있니?

더그 아니요, 저희 무리가 우리를 따라오고 있지 않아요! 거 참 걔들은 멍청하다니까요.

더그가 나무 덮개 뒤로부터 집을 잡아당기고 있는 칼과 러셀에게 날쌔게 움직여 뛰어간다.

칼 이건 정말 말도 안 돼. 마침내 나의 어린 시절 영웅을 만나게 됐는데 그가 우리를 죽이려 하다니! 무슨 이런 농담이 다 있냐고!

더그 아, 제가 농담을 하나 알아요. 다람쥐 한 마리가 나무에 다가가 말하기를 겨울을 나기 위해 도토리를 모아두는 것을 잊어버려서 지금은 내가 죽었어요. 해! 웃기잖아요 왜냐하면 다람쥐가 죽게 되었다니.

그들이 집을 잡아당겨 나무들 뒤로 숨겨 놓는다.

칼 조심해 러셀.

집이 나무에 부딪혀서 부상을 입은 새를 베란다에 거칠게 떠밀게 된다.

러셀 괜찮아, 케빈?

케빈이 다시 잠든다. 러셀이 밴드를 붙인 새의 다리를 본다.

---

signal (동작, 소리로 하는) 신호
zero in on ~에 초점/관심을 맞추다
oblivious 의식/자각하지 못하는
peek (재빨리) 훔쳐보다, 살짝 엿보다
boy (놀람, 기쁨, 아픔) 어머나, 이런, 맙소사
dumb 말을 못 하는, 멍청한
scamper (작은 동물이) 날쌔게 움직이다
childhood hero 어린 시절의 영웅/우상

What a joke! 말도 안 돼! 진짜 무슨 장난하나!
walk up to ~에게 다가서다
store 저장/보관하다
acorn 도토리
bump into (우연히) ~와 마주치다, ~에 부딪치다
jostle (많은 사람 사이) 거칠게 밀치다/떠밀다
go back to sleep 다시 잠을 자다
bandaged 붕대를 감은/한

바로 이 장면!*

RUSSELL   **You know what**, Mr. Fredricksen? The wilderness isn't quite what I expected.

CARL   Yeah? **How so?**

RUSSELL   It's kinda... wild. I mean, it's not how they made it sound in my book.

CARL   Hmm, get used to that, kid.

RUSSELL   My dad made it sound so easy. He's really **good at** camping, and how to make fire from rocks and stuff. He **used to** come to all my Sweatlodge meetings.

Russell **smiles at the thought**.

RUSSELL   And **afterwards** we'd go get ice cream at Fentons. I always get chocolate and he gets butterbrickle. Then we'd sit on this one **curb**, right outside, and I'll count all the blue cars and he counts all the red ones, and **whoever gets the most, wins.**❶ I like that curb.

He looks up at Carl.

RUSSELL   That might sound boring, but I think the boring stuff is the stuff I remember the most.

러셀 있잖아요, 프레드릭슨 할아버지? 야생은 제가 생각했던 것과는 좀 많이 다르네요.

칼 그러니? 어떻게 다른데?

러셀 야생은 좀… 사납네요. 그러니까 내 말은, 책에서 읽었던 내용하고는 많이 다른 것 같아요.

칼 흠, 그런 것에 익숙해져야 한단다, 꼬마야.

러셀 우리 아빠는 야생이 정말 쉬운 것처럼 얘기하셨거든요. 아빠는 캠핑을 정말 잘하시거든요. 돌로 불을 만든다든지 그런 것들 말이에요. 예전에는 우리 조 모임에 늘 오셨었는데.

러셀이 그때 생각을 하며 미소 짓는다.

러셀 모임이 끝나면 팬톤스 아이스크림 가게에 가서 아이스크림을 사 먹었어요. 난 항상 초콜릿향을 먹고 아빠는 버터브릭클을 드셨죠. 그리고 나서 우리 가게 바로 밖에 있는 도롯가에 앉았어요. 난 파란색 차들을 세고 아빠는 빨간색 차들을 셌는데, 제일 많이 세는 사람이 이기는 게임이거든요. 난 그 도롯가가 좋아요.

그가 칼을 올려다본다.

러셀 심심한 얘기처럼 들릴지는 모르겠지만, 난 심심한 일들이 제일 기억에 남는 것 같더라고요.

They walk **in silence**. Carl understands.
The bird babies CALL OUT in the distance. Kevin CALLS BACK.

RUSSELL   Look, there it is!

그들이 아무 말없이 걷는다. 칼이 이해한다.
새의 새끼들이 먼 곳에서 부르짖는다. 케빈이 화답한다.

러셀 봐요, 저기에 있어요!

You know what? 그거 알아? 있잖아?

How so? 왜/어째서 그런가?

good at ~을 잘하는, ~에 능숙한

used to (과거에) ~하곤 했다

smile at the thought (~한) 생각을 하며 미소 짓다

afterwards 나중에, 그 뒤에

curb 도로 경계석, (차도 가의) 연석

in silence 조용히, 침묵하여, 아무 말 없이

❶ **Whoever gets the most, wins.**
제일 많이 맞추는 사람이 이기는 거예요.
두 명 이상이 경쟁하는 게임을 할 때 게임 룰을 설명하면서 많이 쓰는 표현이에요. '~하는 사람이 이기는 거야'라는 의미의 표현인데, 예를 들어 Whoever comes first, wins. '먼저 들어오는 사람이 이기는 거야', 또는 Whoever answers the most, wins. '제일 많이 답을 맞히는 사람이 이기는 거야' 이렇게 씁니다.

Russell spots the labyrinth, now **close by**. He tries to run but is pulled back by his tether. LAUGHING, Carl **unclips** Russell's tether.

CARL   Hold on Russell, **stand still**!

Carl ties the hose harnesses to a tree, securing the house.
Russell helps Kevin off the porch and the group run toward the labyrinth entrance.
Kevin is **reenergized** by the sound of her babies. She runs off ahead. Carl and Russell LAUGH.

CARL   Look at that bird go!

CARL   Wait up, you **overgrown** chicken!

RUSSELL   That's it, go Kevin! Go find your babies!

Just as they approach the entrance to the labyrinth, a **fierce spotlight** hits them. MUNTZ'S DIRIGIBLE lowers overhead.

RUSSELL   Run Kevin! Run!

A net **shoots** out and binds her. She falls and CALLS OUT.

RUSSELL   Oh no!

The net catches on a rock. Carl and Russell **run to her aid**.

CARL   Russell, give me your knife!

Carl saws **frantically** at the net.

MUNTZ (O.S.)   Get away from my bird!

Muntz and his dogs descend from the dirigible. Beside them, a group of dogs drag forward CARL'S HOUSE.
Muntz **hurls** a **lit** lantern. **Flames burst up** beneath the house.
Heat waves ripple up. Balloons POP. Carl's house LOWERS into the fire.

러셀이 미로를 발견한다. 이제 근처까지 왔다. 그가 달려가려고 하지만 밧줄에 잡아당겨 진다. 웃으며, 칼이 러셀의 밧줄을 풀어준다.

칼 잠깐만 있어봐라 러셀. 가만히 좀 있으라고!

칼이 호스 마구들을 나무에 묶어서 집을 고정시킨다.
러셀이 케빈이 베란다에서 내려올 수 있도록 돕고 그들이 미로의 입구 쪽으로 달려간다.
케빈이 새끼들의 소리를 듣고 다시 기운을 차렸다. 그녀가 앞으로 뛰어간다. 칼과 러셀이 웃는다.

칼 저 새 빨리 뛰는 것 좀 봐!

칼 잠시 기다려, 이 심하게 덩치만 큰 닭아!

러셀 바로 그거야. 어서 가 케빈! 가서 네 새끼들을 찾아!

그들이 미로의 입구에 도달하려는 바로 그 순간, 험악한 스포트라이트가 그들에게 쏟아진다. 먼츠의 비행선이 하늘 위에서 내려오고 있다.

러셀 뛰어 케빈! 뛰라고!

그물이 발사되고 그녀를 포박한다. 그녀가 쓰러지며 울부짖는다.

러셀 오 안 돼

그물이 바위에 걸린다. 칼과 러셀이 그녀를 도우러 달려간다.

칼 러셀, 네 칼을 다오!

칼이 미친 듯이 그물을 끊으려고 톱질을 한다.

먼츠 (화면 밖) 내 새에게서 떨어져!

먼츠와 그의 개들이 비행선에서 내려온다. 그들 옆으로, 개들 한 무리가 칼의 집 방향으로 힘겹게 움직인다.
먼츠가 불이 켜진 손전등을 거칠게 던진다. 집 밑으로 불길이 치솟는다.
뜨거운 기운이 물결치듯 퍼지기 시작한다. 풍선들이 터진다. 칼의 집이 불길 속으로 내려온다.

---

close by 인근에, 가까이에

unclip (클립을) 풀다

stand still 가만히 있다, 현상을 유지하다

reenergize 원기/사기/활기를 회복하다/시키다

overgrown 너무 커진, (풀, 잡초 등이) 마구 자란

fierce 사나운, 맹렬한, 험악한

spotlight 스포트라이트, 환한 조명

shoot (총, 화살 따위를) 쏘다/발사하다

run to someone's aid ~를 돕기 위해 달려가다

frantically 미친 듯이, 극도로 흥분하여

hurl (거칠게) 던지다

lit 불을 밝힌, 불이 켜진, light의 과거, 과거분사

flame 불꽃, 불길

burst up 파열하다, 폭발하다

heat wave 열파, 복사열, 무더위

ripple 잔물결/파문을 일으키다, 잔물결

Now Go Have a New One!
가서 새로운 모험을 찾아!

🎧 24.mp3

INT. CARL'S HOUSE, LIVING ROOM
Inside the living room, Ellie's photo crashes to the floor.

내부. 칼의 집, 거실
거실 안. 엘리의 사진이 바닥에 쿵 하고 떨어진다.

EXT. MOUNTAIN, LABYRINTH GATE

외부. 산. 미로 입구

CARL   No!

칼 안 돼!

Carl **panics**. He rushes toward the house, dropping the knife.
Muntz **motions** to the dogs. They **swarm** past Russell, **knocking him down** and grabbing the bird in the net.

칼이 공황상태에 빠진다. 그가 칼을 떨어뜨리며 집 쪽으로 달려간다.
먼츠가 개들에게 신호를 준다. 그들이 한꺼번에 러셀 옆으로 몰려들어 그를 넘어뜨리고 그물 안에 있는 새를 잡는다.

바로 이장면!*

RUSSELL   No!

러셀 안 돼!

Carl pulls his house away from the **flames**.
The bird CALLS OUT **plaintively** as the dogs **drag her into** the dirigible.
Muntz follows the bird up the ramp of the dirigible.

칼이 집을 불길로부터 구하려고 잡아당긴다.
개들이 새를 비행선으로 끌고 들어가는 동안 새가 애처롭게 울부짖는다.
먼츠가 비행선의 경사로를 오르는 새의 뒤를 따른다.

MUNTZ   Careful. We want her **in good shape** for my return.

먼츠 조심해. 나의 귀환을 위해서는 그녀를 손상시키면 안 된다.

RUSSELL   Let her go! Stop!

러셀 그녀를 놔 줘요! 멈춰요!

Russell runs after the dogs, but the gangplank closes. The dirigible flies off.

러셀이 개들의 뒤를 쫓아가 보지만 건널 판자가 닫힌다. 비행선이 떠나간다.

RUSSELL   Kevin!

러셀 케빈!

Carl **beats out** the flames with his jacket. He **extinguishes** the flames. Carl **collapses** on the side of his house.

칼이 불을 끄려고 그의 외투를 휘두른다. 불이 꺼진다. 칼이 그의 집 옆으로 주저앉는다.

---

panic 공황, (갑작스러운) 극심한 공포
motion 동작/몸짓을 해 보이다
swarm 군중/대중, (곤충의) 떼/무리
knock something/somebody down 때려 부수다/눕히다
flame 불길, 불꽃
plaintively 구슬프게, 애처롭게
drag someone into ~을 …로 끌어오다/가다
in good shape (몸의) 상태가 좋은

beat out 물리치다, 두들겨서 끄다
extinguish (불을) 끄다
collapse 붕괴하다, 무너지다, (의식을 잃고) 쓰러지다

RUSSELL	You gave away Kevin. You just gave her away.	러셀 할아버지가 케빈을 줘버렸어요. 할아버지가 그녀를 그냥 내쳤다고요.
CARL	This is none of my concern. I didn't ask for any of this!	칼 내가 알 바 아니야. 내가 원해서 얘네들을 데리고 있던 게 아니잖아!
DUG	Master. It's alright.	더그 주인님. 괜찮아요.
CARL	I am not your master! And **if you hadn't've shown up, none of this would have happened!**❶ Bad dog! Bad dog!	칼 난 네 주인이 아니야! 그리고 네가 나타나지만 않았어도 이런 일은 일어나지도 않았을 거야! 나쁜 개야! 나쁜 개!

Dug **slinks off**, tail between his legs. Carl angrily puts on the harness.

더그가 다리 사이에 꼬리를 넣고 슬그머니 자리를 피한다. 칼이 화를 내며 어깨에 끈을 멘다.

CARL	Now, whether you assist me or not, I am going to Paradise Falls **if it kills me**.	칼 이제 난 네가 도와주건 말건, 죽는 한이 있더라도 파라다이스 폭포에 갈 거야.

He **walks off**. Russell falls in behind.
An angry **dawn breaks**.

그가 걸어서 떠난다. 러셀이 뒤로 쳐진다.
잔뜩 찌푸린 여명이 밝는다.

EXT. MOUNTAIN, ROCKY **TERRAIN** – DAY
Now barely **aloft**, Carl pulls the house across the rocky landscape.
Russell's harness drags along side, empty.
Russell walks behind.

외부. 산. 암석이 많이 지대 – 낮
겨우 공중에 떠 있는 집을 잡아당기며 칼이 바위가 많은 지대를 가로지른다.
러셀의 어깨 벨트는 아무것도 연결된 것 없이 옆에서 질질 끌려오고 있다.
러셀이 뒤에 쳐져 걷는다.

EXT. MOUNTAIN HILLSIDE – MORNING
With the last of his energy, Carl drags the house into place. The house groans as it comes to rest. Carl drops the hose harness and walks to the edge of a cliff.

외부. 산비탈 – 아침
가까스로 마지막 남은 힘을 모아서 칼이 집을 끌어당겨 고정시킨다. 멈춰서면서 집이 끽끽대며 소리를 낸다. 칼이 호스 벨트를 내려놓고 절벽 모서리 쪽으로 걸어간다.

EXT. PARADISE FALLS – MORNING
He looks over. He's finally made it: Paradise Falls. **Torrents** of water **career** over the massive cliff edge. Carl takes out Ellie's childhood drawing. Next to him stands the real house, just like Ellie wanted.

외부. 파라다이스 폭포 – 아침
그가 살펴본다. 드디어 해냈다. 파라다이스 폭포다. 거대한 절벽 가장자리 너머로 억수로 뿜어져 나오는 폭포가 콸콸 쏟아지고 있다. 칼이 엘리의 어린 시절 그림을 꺼낸다. 그의 옆으로는 진짜 집이 서 있다. 엘리가 원했던 그 모습 그대로.

---

slink off 슬그머니 도망치다
if it kills me 죽는 한이 있더라도, 내가 죽더라도
walk off (화가 나서) 떠나버리다
dawn breaks 날이 새다, 동이 트다
terrain 지형, 지역
aloft 하늘/위로 높이
torrent 급류, 빗발침, 마구 쏟아짐/퍼부음
career (차량이나 사람이) 위태롭게 달리다

❶ **If you hadn't a shown up, none of this would have happened!**
네가 나타나지만 않았어도 이런 일은 전혀 없었을 거라고!
이 문장 형식은 문법적으로 꽤 복잡해 보이지만, '네가 ~하지만 않았어도, ~했을 거야'의 의미로 문장을 최대한 간단하게 만들어서 패턴으로 연습해 보세요. 예를 들어, If you hadn't done that, you would have won. '네가 그것만 안 했어도 네가 이겼을 거야' 이렇게 말이에요.

RUSSELL (O.S.)   Here.

Behind him, Russell throws his sash on the ground.

RUSSELL   I don't want this anymore.

Russell walks away. He sits on a rock, alone.
Carl picks up the sash. He walks up the steps of his house.

INT. CARL'S HOUSE, HALLWAY
The door opens. Carl steps in. He's back in his house **for the first time in days**.

INT. CARL'S HOUSE, LIVING ROOM
Carl and Ellie's things are strewn across the floor, a **mess** from the **rough** journey.
Carl **rights** Ellie's chair, **sets** the lamp **upright**, slides the table **into position**.
He pushes their two chairs back into their place.

Carl closes his eyes, **takes a deep breath**, and sits. Quiet.
Nothing, **save** the distant sound of the falls outside. Carl surveys the room.
The ADVENTURE BOOK **rests** on a table near him. He opens it and puts Ellie's drawing back.
He looks through the pages, remembering the newspaper **clippings** and old photographs, the dreams of young Ellie.

He turns to the page marked: STUFF I'M GOING TO DO.
Carl sighs. He managed to bring the house to the falls, but Ellie never made it.
He closes the book. But as he does, Carl sees something he hadn't before.
The **blank** pages at the end are no longer blank.
A **WEDDING PHOTO** of the two of them.
On a picnic. **Celebrating** birthdays. Another and another... photos of their **ordinary** life together, the **ups and downs**.

러셀 (화면 밖) 여기요.

그의 뒤에서 러셀이 자신의 장식 띠를 땅바닥에 내동댕이친다.

러셀 난 이제 이거 필요 없어요.

러셀이 걸어간다. 그가 바위 위에 홀로 앉는다.
칼이 장식 띠를 집어 든다. 그가 그의 집 계단 쪽으로 다가간다.

내부, 칼의 집, 복도
문이 열린다. 칼이 들어온다. 그가 며칠 만에 처음으로 그의 집 안에 들어왔다.

내부, 칼의 집, 거실
칼과 엘리의 물건들이 바닥에 여기저기 널브러져 있다. 고된 여행으로 엉망이 되었다.
칼이 엘리의 의자를 바로 고치고 램프를 똑바로 세우고 탁자를 제자리로 민다.
그가 그들의 의자 둘을 밀어 제자리에 가져다 놓는다.

칼이 두 눈을 감고, 깊이 숨을 들이마신 후, 앉는다. 징직.
아무 소리도 들리지 않는다. 저 멀리 작게 들리는 폭포 소리만 제외하면. 칼이 방을 살핀다.
모험 책이 그의 옆 탁자 위에 놓여있다. 그가 책을 펼쳐 엘리의 그림을 다시 그 안에 넣는다.
그가 책장을 넘기며, 신문 스크랩과 옛날 사진들, 어린 엘리의 꿈들을 기억한다.

그가 책장을 넘겨 '내가 할 것들'이라고 쓰여 있는 페이지를 펼친다.
칼이 한숨을 쉰다. 그가 어찌어찌 폭포에 집을 가져오는 데 성공했지만 엘리는 그러지 못했다.
그가 책을 덮는다. 그런데 책을 덮다가 칼이 이제껏 한 번도 보지 못했던 무엇인가를 본다.
맨 마지막에 있던 빈 페이지가 더 이상 비어있지 않다.
그들의 결혼사진.
소풍 간 것. 생일 축하. 그리고 또 이것저것… 그들이 함께했던 평범한 삶의 사진들

---

for the first time 처음으로

in days 며칠 만에

mess (지저분하고) 엉망진창인 상태/상황

rough 거친, 힘든, 대충한/개략적인

right 고치다, 정정하다

set something upright 일으켜 앉히다/세우다

into position 제/원래 위치로

take a deep breath 깊은숨을 들이마시다

save ~을 제외하고, ~만 빼면

rest (어떤 것에) 받쳐지다/기대지다

clipping 깎아/잘라/오려 낸 조각

blank 글자/그림/장식이 없는, 빈, 빈칸

wedding photo 결혼식/웨딩 사진

celebrate 기념하다, 축하하다

ordinary 평범한

ups and downs 기복, 우여곡절

Carl's face **warms**. Ellie lived the life she wanted: she saw adventure in **everyday life**.
A photo of the two of them sitting **side by side**, together, in their chairs. Beneath it, Ellie has written:
"THANKS FOR THE ADVENTURE – NOW GO HAVE A NEW ONE! LOVE, ELLIE."

Carl smiles.
He looks over to Ellie's empty chair. On the arm is Russell's sash. Carl picks it up.
He looks to Ellie's chair. He crosses his heart.

EXT. CARL'S HOUSE – MOMENTS LATER
Carl walks from the house and calls from the porch.

CARL   Russell?

But Russell is **nowhere to be seen**.
A shadow crosses Carl. He looks up to see Russell floating off, hanging from **a BUNCH** OF BALLOONS.

CARL   Russell!

RUSSELL   I'm gonna help Kevin **even if** you won't!

Russell **fires up** a **LEAF BLOWER** and steers himself off into the sky.

CARL   No, Russell! No!

Carl runs back to his house and tries **in desperation** to lift it. He struggles, but the house doesn't **budge**. The balloons have lost too much helium.
Furious, he THROWS a chair off his porch. It lands atop the mountain rocks with a **thud**.
This **gives him an idea**.

칼의 얼굴이 뜨거워진다. 엘리는 그녀가 원했던 삶을 살았다: 그녀는 평범한 일상에서 모험을 경험했던 것이다.
둘이 함께 나란히 의자에 앉아 있는 사진. 그 아래 엘리가 쓴 글:
"모험 고마웠어 – 이제 가서 새로운 모험을 찾아! 너의 사랑, 엘리가."

칼이 미소 짓는다.
그가 엘리의 비어있는 의자를 본다. 의자의 팔걸이에 러셀의 장식 띠가 걸려있다. 칼이 그것을 집어 든다.
그가 엘리의 의자를 유심히 본다. 그가 가슴에 십자를 긋는다.

외부. 칼의 집 – 잠시 후
칼이 집에서 걸어 나와 베란다에서 외친다.

칼 러셀?

하지만 러셀은 보이지 않는다.
그림자 하나가 칼을 지나간다. 그가 위를 보니 러셀이 풍선 여러 개에 매달려서 하늘 위로 날아가고 있다.

칼 러셀!

러셀 할아버지가 돕지 않겠다고 해도 난 케빈을 도울 거예요!

러셀이 낙엽청소기를 작동시켜서 자신의 몸을 하늘로 날아오르게 조종한다.

칼 안 돼, 러셀 안 돼!

칼이 다시 집으로 뛰어가 필사적으로 집을 들어 올리려고 한다. 그가 발버둥 쳐보지만 집은 꿈쩍도 하지 않는다. 풍선에서 바람이 너무 많이 빠져나갔다.
몹시 화가 난 칼이 베란다에 있는 의자를 집어 던진다. 의자가 쿵 하며 바위 위에 떨어진다.
그 순간 그에게 아이디어가 떠오른다.

---

warm 따뜻해지다, 데워지다, 따뜻한
everyday life 일상, 일상생활
side by side 나란히
nowhere to be seen 어디에서도 보이지 않는
a bunch of 다수의
even if ~에도 불구하고, ~라 하더라도
fire up (기계 등을) 작동시키다
leaf blower 낙엽청소기

in desperation 절망하여, 자포자기하여
budge 약간 움직이다, 꼼짝하다
thud (무거운 것이 떨어질 때 나는 소리) 쿵, 퍽
give someone an idea ~에게 아이디어가 떠오르게 하다

I'm Your Master!
난 너의 주인이란다!

🎧 25.mp3

CUT TO:
The **GRAMOPHONE smashes** onto the rocky ground. Chairs, **dressers**, tables; Carl throws them all out of the house.
Slowly, one corner of the house lifts. Then another.
Carl struggles to push a **refrigerator** from the porch. It **teeters**... and falls. The house **lifts off**!

CARL   Wahhoo!

The house floats off into the sky, leaving a **huge pile of** things. **Beside** it sits Carl and Ellie's chairs, side by side atop Paradise Falls.

EXT. CARL'S HOUSE, FLOATING
The house **soars into the air, sails billowing**.

INT. CARL'S HOUSE, LIVING ROOM
Inside the house, Carl adjusts his steering, **scans** the skies.

KNOCK KNOCK KNOCK. **Carl's eyes go wide**.

CARL   Russell?

INT. CARL'S HOUSE, PORCH
The door **swings open**.

장면 전환:
축음기가 바위 땅에 떨어져 박살이 난다. 의자들, 옷 장들, 탁자들; 칼이 모든 것들을 집 밖으로 던진다. 서서히 집의 한쪽 부분이 들리기 시작한다. 그리고 다른 한쪽도.
칼이 베란다에서 냉장고를 밀어 떨어뜨리려고 안 간힘을 쓴다. 냉장고가 넘어질 듯이 흔들흔들하다 가 떨어진다. 집이 공중으로 올라간다!

칼 야호!

거대한 짐 더미를 뒤로 남기고 집이 하늘 위로 날 아간다. 더미 옆으로 파라다이스 폭포 위에 칼과 엘리의 의자가 나란히 놓여있다.

외부. 칼의 집. 떠가는 중
집이 공중으로 치솟으며 돛들이 바람에 부풀어 오 른다.

내부. 칼의 집. 거실
집 안에서 칼이 조타를 조종하며 하늘을 살핀다.

똑똑똑. 칼의 눈이 휘둥그레진다.

칼 러셀?

내부. 칼의 집. 베란다
문이 획 열린다.

바로 이장면!*

CARL   Dug!

DUG   I was hiding under your porch because I love you. Can I stay?

칼 더그!

더그 제가 주인님의 베란다 밑에 숨어있었어요. 왜냐하면 당신을 사랑하니까요. 있어도 될까요?

---

gramophone 축음기, 유성기
smash 박살 내다, 박살이 나다
dresser 서랍장, 옷장, 화장대
refrigerator 냉장고
teeter (넘어질 듯) 불안정하게 움직이다/서다
lift off 이륙하다
huge 거대한
a pile of ~한 더미, ~한 무더기

beside 옆에
soar 치솟다, 급등하다, (허공으로) 솟구치다
sail 돛
billow (바람에) 부풀어 오르다
scan (유심히) 살피다, (대충) 훑어보다
one's eyes go wide ~의 두 눈이 휘둥그레지다
swing open (갑자기) 획/활짝 열리다

CARL   Can you stay? Well, you're my dog aren't you? And I'm your master!

칼 있어도 되냐고? 넌 나의 강아지잖니. 안 그래? 그리고 난 네 주인이고!

DUG   You are my master?!

더그 제 주인님이세요?!

Dug **lunges forward** and **overwhelms** Carl with dog kisses.

더그가 앞으로 돌진하여 칼에게 키스 세례를 퍼붓는다.

DUG   Oh boy. Oh boy!

더그 아 좋아. 오 좋아!

EXT. CARL'S HOUSE, FLOATING
The house **flies off** into the sky.

외부. 칼의 집. 떠가는 중
집이 하늘 위로 날아간다.

CARL (O.S.)   Good boy, Dug. You're a good boy!

칼 (화면 밖) 착한 강아지. 더그. 넌 착한 강아지야!

EXT. OPEN SKY – DAY
Russell steers through the clouds toward the DIRIGIBLE.

외부. 열린 하늘 – 낮
러셀이 비행선을 향해 구름을 헤치며 나아간다.

INT. DIRIGIBLE
Dogs **play poker**. Behind them, Russell flies past with the leaf blower. They turn to look.

내부. 비행선
개들이 포커를 치고 있다. 그들 뒤로 러셀이 낙엽청소기를 타고 날면서 지나간다. 그들이 돌아본다.

EXT. DIRIGIBLE
Russell steers **wobbly** toward an open dirigible window. He **smashes into** the wall.

외부. 비행선
러셀이 비행선의 열려 있는 창문으로 흔들흔들 기우뚱거리며 접근한다. 그가 벽에 세게 부딪힌다.

RUSSELL   Ooph!

러셀 으아!

He tries again and **TUMBLES** through the window.

그가 다시 한 번 시도하며 창문을 통해 굴러떨어진다.

INT. DIRIGIBLE
Russell **releases** the balloons and picks up the leaf blower, **ready for action**.

내부. 비행선
러셀이 풍선들을 날려 보내고 낙엽청소기를 들어, 액션에 들어갈 준비를 한다.

RUSSELL   Yes! Don't worry Kevin! I'll **save** you.

러셀 좋았어! 걱정하지 마. 케빈! 내가 널 구해줄게.

Growling dogs move toward him.
Russell blows the leaf blower at the dogs.

으르렁거리는 개들이 그를 향해 움직인다.
러셀이 개들을 향해 낙엽청소기를 작동한다.

---

lunge forward ~을 향해 달려들다. 돌진하다
overwhelm (격한 감정이) 휩싸다/압도하다
fly off 날아가 버리다
play poker (카드놀이의 일종인) 포커게임을 하다
wobbly (불안정하게) 흔들리는, 기우뚱한
smash into ~와 맞부딪치다. 충돌하다
tumble 굴러떨어지다
release 풀어주다/석방/해방하다, 놓아주다

ready for action 액션을 취할 준비가 된
save 구하다, 구출하다
growl (동물, 특히 개가) 으르렁거리다

INT. DIRIGIBLE, CAGE ROOM Muntz stares into the bird's cage, **mesmerized**. She's **miserable** and **scared**.	내부. 비행선. 새장이 있는 방 먼츠가 황홀해 하며 새의 우리 안을 들여다본다. 그녀는 끔찍하고 두렵다.
MUNTZ And they wouldn't believe me. Just wait till they get a look at you.	먼츠 그들은 나를 믿지 않으려고 했지. 그들이 너를 보게 되면 어떨지 두고 보자고.
Alpha enters.	알파가 들어온다.
ALPHA Master! The small mailman has returned.	**알파** 주인님! 꼬마 우체부가 돌아왔습니다.
MUNTZ What?	먼츠 뭐야?
INT. DIRIGIBLE Dogs **tie** Russell to a chair.	내부. 비행선 개들이 러셀을 의자에 묶는다.
RUSSELL Let me go!	러셀 날 보내줘!

Muntz enters.	먼츠가 들어온다.
MUNTZ Where's your **elderly** friend?	먼츠 너의 나이 든 친구는 어디 있지?
Russell blows the leaf blower in Muntz's face.	러셀이 먼츠의 얼굴에 낙엽청소기로 바람을 쏜다.
RUSSELL He's not my friend anymore.	러셀 그 사람은 더 이상 내 친구가 아니에요.
Muntz grabs the leaf blower and drags Russell out.	먼츠가 낙엽청소기를 잡고 러셀을 끌어낸다.
MUNTZ Well, if you're here, **Fredricksen can't be far behind.**❶	먼츠 흠, 네가 여기에 있다면, 분명 프레드릭슨도 멀리 있지 않을 거야.

---

mesmerize 최면을 걸듯 마음을 사로잡다
miserable 비참한, 참담한, 처량한
scared 무서워하는, 겁먹은
tie (끈 등으로) 묶다, 묶어 놓다
elderly 연세 드신, 나이 든

❶ **He can't be far behind.**
그가 그리 멀리 있진 않을 거야.
여러 가지 정황으로 보아 분명히 ~할 가능성이 크다고 할 때 위와 같이 must not의 의미로 can't를 활용할 수 있어요. 예를 들어, 여행을 떠난 잭의 집에 누군가 있는 것을 보며, It can't be Jack. '분명 잭이 아닐 거야, 잭일 리는 없어' 이런 식으로 말할 수 있어요.

Saving Snipe Kevin

케빈 구하기

🎧 26.mp3

INT. DIRIGIBLE, TROPHY ROOM
Muntz drags Russell through the trophy room.

내부, 비행선, 트로피실
먼츠가 러셀을 끌고 트로피실을 지난다.

바로 이장면!*

RUSSELL Where are you keeping Kevin!?

러셀 케빈을 어디에 가뒀어요!?

INT. DIRIGIBLE, **RAMP ROOM**
Muntz **sets Russell down** and walks to a **control panel**.

내부, 비행선, 경사로
먼츠가 러셀을 내려놓고 조종패널로 걸어간다.

RUSSELL Let me go!

러셀 날 보내줘요!

BETA **Scream all you want,❶** small mailman.

베타 맘껏 소리 질러라, 이 꼬마 우체부 놈아.

GAMMA None of your mailman friends can hear you.

감마 네 우체부 친구들은 그 누구도 네 목소리를 들을 수 없어.

RUSSELL I'll **unleash** all my Wilderness Explorer training!

러셀 나의 모든 야생 탐험 훈련 맛을 보여줄 테다!

Muntz is about to **throw a switch** when he looks out the **porthole**. Flying toward him is CARL'S HOUSE!

먼츠가 스위치를 켜려고 하다가 둥근 창밖을 바라본다. 그를 향해 날아오는 것은 다름 아닌 칼의 집이다!

MUNTZ Alpha! Fredricksen's coming back. **Guard** that bird. If you see the old man, you know **what to do.**

먼츠 알파! 프레드릭슨이 돌아오고 있다. 그 새를 지켜라. 그 늙은이를 보면 네가 어떻게 해야 할지 잘 알 테지.

Muntz pulls the switch and walks out of the room.

먼츠가 스위치를 당기고 방에서 나간다.

RUSSELL Hey, where are you going? **I'm not finished with you!❷**

러셀 이봐요, 어디 가요? 아직 내 얘기 안 끝났다고요!

---

ramp room 경사로가 설치된 방
set something down ~을 내려주다, 내려놓다
control panel 제어판, 조종패널
unleash (개 등을) 놓아/풀어주다
throw a switch 스위치를 누르다
porthole (선박, 항공기 측면의) 둥근 창
guard 경비/감시/수비 요원, 경비대
what to do 무엇을 해야 할지

❶ **Scream all you want.** 마음껏 소리 질러라.
'동사 + all you want' 형식은 '마음껏/원하는 만큼 ~해라'라는 의미랍니다. 예를 들어, Eat all you want! '원하는 만큼 먹어라!' 이렇게 활용할 수 있어요.

❷ **I'm not finished with you!**
아직 내 얘기 안 끝났어!
한참 흥분해서 말하고 있는데 상대방이 더 이상 듣지 않고 가려고 할 때 '아직 할 얘기가 남았어'라는 의미로 쓰는 표현이에요.

MUNTZ   Nice talking with you.

Muntz slams the door.
Light **emerges** from the floor. Russell is on the ramp, which is opening. Russell REACTS.

INT. DIRIGIBLE, COCKPIT
Muntz enters the cockpit and takes the **wheel**.

MUNTZ   Where are you, Fredricksen?

먼츠 즐거운 대화였어.

먼츠가 문을 쾅 닫는다.
바닥에서 불빛이 나온다. 러셀이 경사로에 서 있는데, 경사로에 문이 열리고 있다. 러셀이 반응한다.

내부. 비행선. 조종석
먼츠가 조종석에 들어와 운전대를 잡는다.

먼츠 어디 있지, 프레드릭슨?

EXT. DIRIGIBLE
The dirigible turns, revealing Carl's house **sneaking up behind**.

INT. CARL'S HOUSE, LIVING ROOM
Carl steers toward the cockpit. He **dons** Russell's sash, then **hooks** his cane onto his back. He's **fighting for a cause**.
He hears SCREAMING. It's Russell! Tied to his chair, he slides down the ramp as it lowers, closer and closer to the edge.

CARL   Russell!

Carl steers his house to the dirigible.

EXT. DIRIGIBLE, RAMP
Carl **flings** the hose, HOOKING it to the ramp **railing**. Using his cane as a **zip line**, Carl slides to Russell, catching him just as Russell slides off the ramp edge. They land safely together.

RUSSELL   Mr. Fredricksen!

CARL   Dug! **Bring 'er over**!

Dug **winches** in the hose **caddy**, pulling the house closer to the dirigible ramp.
Carl carries Russell into the house.

외부. 비행선
비행선이 방향을 바꾸자 뒤쪽으로 몰래 다가서고 있는 칼의 집이 드러난다.

내부. 칼의 집. 거실
칼이 조종석 쪽으로 집을 몰고 간다. 그가 러셀의 장식 띠를 두르고 그의 등에 지팡이를 걸어 맨다. 그는 대의를 위해 싸우고 있다.
그가 비명을 듣는다. 러셀이다! 의자에 묶여 그가 점점 끝쪽으로 내려가는 경사로에 미끄러지고 있다.

칼 러셀!

칼이 비행선 쪽으로 그의 집을 조종한다.

외부. 비행선. 경사로
칼이 호스를 던져 경사로의 난간에 걸리게 한다. 그의 지팡이를 연결케이블처럼 이용해서 칼이 러셀을 향해 미끄러지며 러셀이 경사로 가장자리에서 떨어지는 순간 그를 잡는다. 그들이 함께 안전하게 착지한다.

러셀 프레드릭슨 할아버지!

칼 더그! 집을 끌고 와!

더그가 호스 상자 윈치를 이용해 비행선 경사로 쪽으로 집을 잡아당긴다.
칼이 러셀을 안고 집으로 옮긴다.

---

emerge 나오다. 모습을 드러내다

wheel 바퀴, 핸들

sneak up behind 뒤로/에서 몰래 다가서다

don (옷 등을) 입다/쓰다/신다

hook (갈)고리, 걸이, 걸다

fight for a cause 대의를 위해 싸우다

fling (거칠게) 내던지다/내팽개치다, 던지다

railing 철책, 난간, 울타리

zip line 협곡이나 강을 건너기 위해 사용하는 케이블과 같은 장치

bring something over ~을 데려오다/인도하다

winch 윈치 (무거운 물건을 들어 올리는데 쓰는 공구/장치), 윈치로 들어 올리다

caddy (물건을 수납하는) 상자/용기, 작은 가방

INT. CARL'S HOUSE
Carl sets Russell, still **bound**, down in the front **hall**.

내부. 칼의 집
칼이 여전히 묶여있는 러셀을 현관 입구에 내려놓는다.

RUSSELL You came back for Kevin! Let's go get her.

러셀 할아버지가 케빈을 구하러 오셨군요! 우리 어서 가서 케빈을 구해요.

CARL I'm getting Kevin. You stay here!

칼 케빈은 내가 데려오마. 넌 여기에 있거라!

RUSSELL But I want to help!

러셀 하지만 저도 돕고 싶어요!

CARL I don't want your help. I want you safe!

칼 난 네 도움을 원하지 않아. 난 네가 안전하길 원해!

Carl leaps back into the dirigible. Dug follows.
Russell STRUGGLES against his **bonds**.

칼이 다시 비행선으로 뛰어든다. 더그가 따른다.
러셀이 밧줄에 묶여 허우적댄다.

INT. DIRIGIBLE, **HALLWAY**
Carl and Dug sneak down a hall. They see dogs ahead and hide.

내부. 비행선, 복도
칼과 더그가 몰래 복도를 내려간다. 앞에 개들이 보이자 그들이 숨는다.

CARL How do we get past these dogs?

칼 이 개들을 어떻게 따돌리지?

DUG Uh... POINT!

더그 어… 이쪽!

Dug points to a **grate** in the wall.

더그가 벽에 있는 쇠창살을 가리킨다.

INT. DIRIGIBLE, **GAS CELL** AREA
Dug leads Carl "**backstage**" through a **vent shaft** into the dirigible.
They **sneak** past two **biplanes**.

내부. 비행선, 가스 주머니의 한 구획
더그가 통풍구 통로를 통해 비행선 안쪽 은밀한 곳으로 칼을 이끈다. 그들이 몰래 두 대의 복엽기를 지나간다.

INT. DIRIGIBLE, CAGE ROOM
They emerge through a grate near the ceiling. They look down into
the room where the bird is kept in a cage.

내부. 비행선, 새장이 있는 방
그들이 천장 근처에 있는 쇠창살을 통과해 나온다. 그들이 새가 새장 속에 갇혀 있는 방을 내려다본다.

CARL Kevin!

칼 케빈!

The bird **recognizes** Carl and CRIES OUT.

케빈이 칼을 알아보고 울부짖는다.

CARL Don't worry Kevin, we're on our way!

칼 걱정하지 마 케빈. 우리가 널 구하러 가는 중이야!

---

bound 묶인, bind의 과거, 과거분사
hall (건물 입구 안쪽의) 현관, 복도
bond 끈, 굴레, 속박, 접착/접합시키다
hallway 복도
grate (난로 안) 쇠살대, (창문 등의) 쇠격자
gas cell (비행선의) 가스 주머니의 한 구획
backstage 무대 뒤에서, 은밀히, 무대 뒤
vent shaft 통풍구/환기구 통로, 통기 수직관

sneak 살금살금/몰래 가다
biplane 복엽(비행)기 (날개가 2조로 되어 있는 옛날 비행기)
recognize 알아차리다

Alpha enters, **leading** a group of dogs. Carl and Dug **duck into** the shadows and watch **unnoticed** from above.

ALPHA   Allow no one to be entering through these doors. Guard well that bird, my **minions**.

CARL   (**whispers**) What do we do now, Dug?

Dug is lost in **ecstasy**, **chomping** on a tennis ball on the end of Carl's cane.

INT. DIRIGIBLE, CAGE ROOM – MOMENTS LATER
Carl drops down from the ceiling and stands on the cage. He bangs his cane. All the dogs turn.
He grabs a ball from his cane and waves it in the air.

CARL   Who wants the ball?

DOGS   Me! I do! I want the ball!

CARL   Then go get it!

Carl throws the ball. The dogs **scramble** after it.

알파가 한 무리의 개들을 이끌고 들어온다. 칼과 더그는 그늘진 곳으로 몸을 숨겨 들키지 않고 위에서 지켜본다.

알파 아무도 이 문들로 들어오지 못하게 해. 저 새를 잘 지키거라, 나의 부하들아.

칼 (속삭인다) 이제 어쩌지, 더그?

더그가 칼의 지팡이 끝에 달린 테니스공을 우적우적 씹으며 황홀경에 빠져있다.

내부. 비행선, 새장이 있는 방 – 잠시 후
칼이 천장에서 아래로 떨어져서 새장 위에 서 있다. 그가 그의 지팡이를 쾅 내려친다. 모든 개가 돌아본다. 그가 지팡이에서 공을 하나 빼내서 허공에 들고 흔든다.

칼 이 공 갖고 싶은 놈?

개들 나요! 나요! 나 그 공 갖고 싶어요.

칼 그럼 가서 가져오너라!

칼이 공을 던진다. 개들이 공을 잡으려고 서로 밀치며 뛰어간다.

---

lead 이끌다, 안내하다
duck into ~로 급히 숨다, 숙이다
unnoticed 눈에 띄지 않는, 간과되는
minion 아랫것, 하인, 부하
whisper 속삭이다
ecstasy 황홀경
chomp 쩝쩝 먹다, 우적우적 씹다
scramble (여러 사람이) 서로 밀치다/앞다투다, 재빨리 움직이다

Kevin's Gone!

케빈이 사라졌다!

🎧 27.mp3

INT. DIRIGIBLE, HALLWAY OUTSIDE OF CAGE ROOM The dogs pile into the hallway **in pursuit**.	내부. 비행선, 새장이 있는 방의 바깥 복도 개들이 공을 쫓아 복도로 몰린다.
DOGS　I'm gonna get there first! Oh gonna get the ball! I'm gonna get it!	개들　내가 먼저 갈 거야! 내가 공을 차지할 거야! 내가 잡을 거라고!
Gamma catches it.	감마가 공을 잡는다.
GAMMA　I got it!!	감마　잡았다!!
Behind them Carl **shuts the door**. The dogs realize their mistake.	그들 뒤에서 칼이 문을 닫는다. 개들이 자신들의 실수를 깨닫는다.
GAMMA　Uh-oh.	감마　오 이런.
INT. DIRIGIBLE, CAGE ROOM Carl opens the cage door.	내부. 비행선, 새장이 있는 방 칼이 새장의 문을 연다.

바로 이 장면!*

CARL　　I'm sorry Kevin. Let's get you out of here.	칼　미안해 케빈. 어서 널 꺼내 줄게.
INT. DIRIGIBLE, COCKPIT Muntz **scans** the **horizon**. Suddenly the **in-ship communicator comes to life**.	내부. 비행선, 조종석 먼츠가 지평선을 살핀다. 갑자기 선내 인터폰이 켜진다.
DOG WALLA　(**on radio**) Master! He's gone! The old man! He's here! He's got the bird! The bird's gone!	개떼　(통신) 주인님! 그가 사라졌어요! 그 노인네 개! 그가 여기에 왔어요! 그가 새를 데려갔어요! 새가 사라졌어요!
MUNTZ　　What? **Calm down! One at a time!**	먼츠　뭐라고? 진정해! 한 놈씩 말해!
EXT. CARL'S HOUSE, FRONT PORCH Russell STRUGGLES to **break free** of the chair.	외부. 칼의 집, 전면 베란다 러셀이 의자에서 벗어나려고 발버둥 친다.

---

be동사 + in pursuit ~을 뒤쫓고 있다
shut the door 문을 꽉 잠그다/닫다
scan 살피다, 훑다
horizon 지평선, 수평선
in-ship communicator 비행선 내부에 설치된 통신기
come to life 활기를 띠다, 소생하다, 생기가 돌다
on radio 라디오에서, 통신으로
calm down 진정하다, 흥분을 가라앉히다

one at a time 한 번에 하나씩
break free 떨치다, 도망치다, 탈주하다

RUSSELL   I want to help!

He manages to get his arms free.

RUSSELL   Ha ha!

Except that all his struggling causes the chair to hop out on the porch and fall off.
Russell SCREAMS as he falls. The hose **unspools**.
Russell reaches the end of the hose. Russell grabs onto it and the chair **jostles** free, falling **thousands of** feet down. The house **drifts away** from the dirigible.

INT. DIRIGIBLE, COCKPIT
The **melee** of **conflicting** reports from the dogs continues.

DOG WALLA   He's in Hall D! He's in Hall B! It's the old man!

MUNTZ   Does anyone know where they are?!?!

On cue, Russell SPLATS into the **dashboard** window of the control room and **SQUEEGEES** across, **dangling** from the hose. Muntz stares, **slack-jawed**.

RUSSELL   Whoooaaah!

The house floats off.

MUNTZ   (into radio) Grey leader! **Take down** the house!

EXT. CARL'S HOUSE
Russell **clings** to the end of the hose, swaying in the wind.
What's that noise? From beneath the dirigible dirigible...

EXT. OPEN SKY
Three **spitfire** airplanes emerge. As they get closer, it is clear they are **being flown by** DOGS.

러셀　난 돕고 싶어요!

그가 가까스로 그의 양팔을 빼냈다.

러셀　하하!

그런데 문제는 그의 발버둥으로 인해 의자가 베란다로 튀어나와 추락한다.
추락하면서 러셀이 비명을 지른다. 감겨있던 호스가 풀어진다.
러셀이 호스의 가장자리로 손을 뻗어 잡는다. 러셀이 호스를 꼭 움켜잡고 있고 의자가 거칠게 호스에서 풀려나며 수천 피트 밑으로 떨어진다. 집이 비행선으로부터 멀어지며 떠내려간다.

내부. 비행선, 조종석
개들이 서로 다투며 보고하는 아수라장이 계속된다.

개떼　그가 D홀에 있어요! 그가 B홀에 있어요! 그 늙은이에요!

먼츠　그들이 어디에 있는지 아는 놈이 있긴 한 거야?!?!

바로 그때, 러셀이 조종실의 계기판 창문에 철퍼덕하며 부딪히더니 호스에 매달린 채로 고무 롤러처럼 창문 위로 끼익 하며 미끄러진다.

러셀　워오오으애

집이 떠내려가며 멀어진다.

먼츠　(통신) 회색 대장! 집을 처치하라!

외부. 칼의 집
러셀이 호스 끝에 매달려 바람을 맞으며 이리저리 왔다 갔다 한다.
이 소음은 무엇인가? 비행선의 아래에서…

외부. 열린 하늘
화염을 내뿜는 세 대의 비행기가 나타난다. 점점 가까워지면서 이 비행기들을 조종하는 것은 개들이란 사실이 분명해진다.

---

unspool (실감개 따위에 감긴 것이) 풀어지다

jostle (많은 사람 사이에서) 거칠게 밀치다

thousands of 수천의, 무수한

drift away 떠내려가 버리다, 가버리다

melee 아수라장 (같은 곳)

conflicting 서로 싸우는, 모순되는, 상반되는

on cue 마침 때맞추어

splat 철퍼덕

dashboard 계기판

squeegee (창문 닦는데 쓰는) 고무 롤러, 고무 청소기

dangle 달랑거리다, 달랑달랑 매달리다

slack-jawed (놀라움, 당혹스러움으로) 입을 딱 벌린

take someone down ~을 쓰러뜨리다/해치우다

cling 꼭 붙잡다, 매달리다

spitfire (대포, 화산 등) 불을 뿜는 것

be flown by (비행물체가) ~에 의해 조종되고 있는

BETA   (into radio) Grey leader, **checking in.**

베타 (통신) 회색 대장, 준비 완료.

GAMMA   Grey 2, checking in.

감마 회색 2, 준비 완료.

OMEGA   Grey 3, checking in.

오메가 회색 3, 준비 완료.

The planes **fall into formation** and fly toward the house.

비행기들이 대형을 갖춰 칼의 집 방향으로 날아간다.

BETA   **Target sighted.**

베타 목표물 확인.

The Dog **Squadron** Leader bites down on a **squeaky** bone **chew** toy that **fires poison darts.**
The biplanes fire and **strafe** Carl's house with darts. Russell SCREAMS, swaying beneath it on the hose.

비행중대장이 독 다트를 발사하는 삑삑 소리 나는 뼈다귀 장난감을 깨문다.
복엽비행기가 다트들로 칼의 집을 폭격한다. 러셀이 집 밑에서 호스에 매달려 이리저리 격하게 흔들리며 비명을 지른다.

INT. DIRIGIBLE, TROPHY ROOM
Carl, Dug and the bird escape through the trophy room.

내부. 비행선, 트로피실
칼, 더그, 그리고 새가 트로피실을 통해 탈출한다.

CARL   Come on, Kevin.

칼 어서, 케빈.

Behind the door, Muntz is waiting for them. He grabs a **sword** from the wall display and **attacks.**
Dug hears and BITES Muntz on the leg. Muntz **kicks Dug loose** and out the door. He slams it shut.

문 뒤에서 먼츠가 그들을 기다리고 있다. 그가 벽면 전시공간에서 검을 꺼내어 잡고 공격한다. 더그가 그 소리를 듣고 먼츠의 다리를 문다. 먼츠가 더그를 문밖으로 걷어차 버린다. 그가 문을 쾅 닫는다.

INT. DIRIGIBLE, OUTSIDE OF TROPHY ROOM
Locked out, Dug jumps on the door and barks.
He hears growling and turns around. There stands Alpha and the other dogs.

내부. 비행선, 트로피실의 밖
문이 잠겨버린 상태에서 더그가 문을 향해 짖는다. 그가 으르렁거리는 소리를 듣고 뒤를 돌아본다. 알파와 다른 개들이 거기에 있다.

DUG   Hi.

더그 안녕.

INT. DIRIGIBLE, HALLWAY
Dug runs. The dogs **give chase.**

내부. 비행선, 복도
더그가 달린다. 개들이 그를 추격한다.

---

check in 투숙/탑승 수속을 밟다

poison 독

fall into formation (비행기들이) 편대를 짓다

dart (무기용의) 작은 화살, (다트) 화살

target 목표, 목표로 하는 대상, (공격의) 표적

strafe (저공비행을 하면서) 폭격을 가하다

sighted (찾고 있던 것이) 눈에 보이는

sword (무기로 쓰이는 긴) 칼, 검

squadron 비행 중대, 소함대

attack 공격하다

squeaky 끼익/꽥/찍 하는 소리가 나는

kick someone loose 발로 차서 떨어져 나가게 하다

chew 씹다, 물어뜯다, 깨물다

locked out 문이 잠겨서 안으로 들어갈 수 없는

fire (탄환 등을) 발사하다, 발포하다

give chase 뒤쫓기/추적을 시작하다

Alive or Dead!

살려서든 죽여서든 상관없이!

🎧 28.mp3

INT. DIRIGIBLE, TROPHY ROOM
Muntz swings his sword at Carl but misses. Carl uses his cane to defend himself.
OLD MAN SWORD FIGHT!

Muntz smashes his trophy collection as he swings for Carl. His sword **gets stuck** in a **mounted** skeleton. Carl swings his cane and hits Muntz on the head. The tennis balls bounce the cane off Muntz and smack Carl in the face.

Muntz pulls the sword free. He raises the sword over his head to strike and his back CRACKS loudly. He's stuck! Carl raises his cane over his head and his back CRACKS too.
Carl and Muntz STRUGGLE to move. Muntz CRACKS his back free and kicks Carl in the chest, knocking him against a trophy. He **has the upper hand** now. He **throttles** him with his arm and lifts his sword.

내부, 비행선, 트로피실
먼츠가 칼에게 검을 휘두르지만 빗나간다. 칼이 그의 지팡이를 이용해 방어한다.
노인 칼싸움!

먼츠가 칼에게 검을 휘두르다가 자신의 트로피 소장품을 내리친다. 받침대로 받쳐놓은 해골에 그의 칼이 끼어버린다. 칼이 지팡이를 휘둘러 먼츠의 머리를 가격한다. 테니스공들 때문에 지팡이가 먼츠의 머리를 맞고 튕겨 나오며 칼의 얼굴을 때린다.

먼츠가 박혀있던 검을 뽑아 든다. 그가 공격하려고 머리 위로 검을 치켜드는데 그의 허리가 크게 우지끈하는 소리를 낸다. 몸을 움직일 수가 없다! 칼이 머리 위로 높이 지팡이를 치켜드는데 그의 허리 역시 우지끈 소리를 낸다.
칼과 먼츠가 움직여보려고 안간힘을 쓴다. 먼츠가 다시 우지끈 소리를 내며 허리를 원상태로 돌려놓으며 칼의 가슴을 발로 차서 트로피 쪽으로 쓰러뜨린다. 이제 그가 우위를 점했다. 그가 자신의 팔로 칼의 목을 조르며 검을 든다.

바로 이장면!

MUNTZ   **Any last words,**[1] Fredricksen? Come on, **spit it out!**[2]

Carl spits his **FALSE TEETH** at Muntz. He **falls backwards**.
Carl collects his teeth and motions for Kevin.

CARL   Come on!

Muntz **advances on** Carl, who struggles to protect the bird.
Muntz is a wild man now, smashing and destroying anything that **gets in his way**.

먼츠 죽기 전에 할 말이라도 있나, 프레드릭슨? 자, 어서 말해봐!

칼이 먼츠를 향해 틀니를 내뱉는다. 먼츠가 뒤로 넘어진다.
칼이 다시 틀니를 주워 모으고 케빈에게 신호를 보낸다.

칼 자 어서 가자!

먼츠가 새를 보호하려고 안간힘을 쓰는 칼을 향해 진군한다.
먼츠는 이제 그의 길을 방해하는 것은 뭐든지 다 때리고 부수는 미친 사람이다.

get stuck 꼼짝 못하게 되다
mounted (전시품 등을) 받침대로 받쳐놓은
have the upper hand 우위를 점하다, 우세하다
throttle 목을 조르다, 목을 졸라 죽이다
false teeth 의치, 틀니
fall backwards 뒤로 넘어가다, 벌떡 나자빠지다
advance on ~향해 진군하다
get in one's way ~의 길을 막다/방해하다

[1] **Any last words?** 마지막으로 할 말이 있는가?
'마지막으로 할 말'을 last words라고 표현해요. 상대방을 공격하는 상황에서 '죽기 전에 마지막으로 할 말이 있으면 해라'라는 뜻으로 써요.

[2] **Spit it out!** 어서 말해!
상대방이 어떤 말을 하지 않고 주저하고 있을 때 '어서 털어놔라'라고 윽박지를 때 쓰는 표현이에요. 안에 있는 말을 입 밖으로 내뱉으라는 뜻이지요.

MUNTZ Enough! I'm taking that bird back with me alive or dead!

Carl **trips** and **falls to the floor**. Muntz is about to **deal the final blow**.

INT. DIRIGIBLE, COCKPIT
Meanwhile Alpha backs Dug into the control panel. He bumps a **LEVER**.

EXT. DIRIGIBLE
The entire dirigible rocks wildly to the side.

INT. DIRIGIBLE, TROPHY ROOM
Muntz is **knocked off balance**. He slides to one side. Trophy cases slide after him.
The dirigible **tilts** to the other side. The broken trophy cases **barrel straight** toward Carl!
Carl is thrown into a window which **bursts open**. Carl falls through but manages to grab the frame with his cane. He dangles out over **open air**.
He sees the biplanes circling the house, Russell hanging beneath it. The ship **corrects** again. Carl climbs back inside. Muntz **comes at** Carl.

CARL Come on, Kevin!

EXT. SIDE OF DIRIGIBLE
Carl climbs the work ladder up the side of the dirigible. He pushes the bird along as he goes.
Muntz follows up.

INT. DIRIGIBLE, COCKPIT
Alpha throws Dug **viciously** across the room. Alpha throws him again and Dug crashes into the **steering wheel**, knocking a **radar shade** off the control panel.
Alpha moves in. Dug hides behind the steering wheel.

먼츠 이제 그만해! 내가 그 새를 다시 가져갈 거야, 살려서든 죽여서든 상관없이!

칼이 발을 헛디뎌 바닥에 넘어진다. 먼츠가 마지막 일격을 가하려고 하는 순간이다.

내부. 비행선. 조종석
한편 알파가 더그를 조종패널이 있는 쪽으로 뒷걸음질 치게 한다. 더그가 레버에 부딪힌다.

외부. 비행선
비행선 전체가 옆으로 심하게 요동친다.

내부. 비행선. 트로피실
먼츠가 균형을 잃는다. 그가 한쪽으로 미끄러진다. 트로피 상자들이 그를 따라 미끄러진다.
비행선이 반대쪽으로 기운다. 깨진 트로피 상자가 칼을 향해 초고속으로 직진한다.
칼이 갑자기 팍 열리는 창문 쪽으로 내던져진다. 칼이 열린 창문을 통해 떨어지다가 그의 지팡이로 간신히 창틀을 잡는다. 그가 뻥 뚫린 공중에 달랑달랑 매달려 있다.
칼이 집 밑에 러셀이 매달려 있고 복엽기들이 집 주위를 돌고 있는 것을 본다.
비행선이 다시 제자리로 돌아온다. 칼이 내부로 올라온다. 먼츠가 칼에게 달려든다.

칼 어서, 케빈!

외부. 비행선의 측면
칼이 작업용 사다리를 타고 비행선 측면을 오른다. 그가 올라가면서 케빈을 밀어 올리고 있다. 먼츠가 그 뒤를 따라 오른다.

내부. 비행선. 조종석
알파가 방 저편으로 더그를 사납게 던져버린다. 알파가 그를 또다시 던지는데 그 순간 더그가 조종핸들에 충돌하면서 조종패널에서 레이더 뚜껑이 떨어진다.
알파가 다가온다. 더그가 조종핸들 뒤로 숨는다.

---

trip 발을 헛디디다

fall to the floor 바닥에 넘어지다

deal the final blow 마지막 일격을 가하다

meanwhile 그러는 동안에, 한편

lever (기계, 차량 조작용) 레버, 지렛대

knock off balance 쳐서 균형을 잃게 만들다

tilt 기울다, 갸우뚱하다

barrel 쏜살같이 달리다, 질주하다

straight 곧장, 똑바로, 곧바로

burst open 벌컥/팡 하고 열다/열리다

open air 옥외, 야외

correct 바로잡다, 정정하다

come at (공격하듯이) ~에게 달려들다/덤벼들다

viciously 사악하게, 맹렬하게, 악랄하게

steering wheel (운송수단의) 조종/운전용 핸들

radar shade 레이더 뚜껑/가리개

ALPHA	I will have many **enjoyments** for what I am about to do, Dug.	알파 내가 지금 하려고 하는 행동으로 난 많은 즐거움을 얻게 될 거야, 더그.

Alpha lunges at Dug through the steering wheel. Dug **cowers**, but then notices the RADAR SHADE.
As Alpha lunges again, Dug **jams** the shade over Alpha's head. Alpha's head is stuck, **trapped** by the cone. The dogs all **GASP**.

알파가 조종핸들을 통과하며 더그에게 달려든다. 더그가 움츠리다가 레이더 뚜껑에 주목한다. 알파가 다시 달려갈 때 더그가 뚜껑을 알파의 머리에 쑤셔 넣는다. 알파의 머리가 원뿔 뚜껑에 갇혀 움직일 수 없게 된다. 개들이 모두 허걱 하며 놀란다.

MISC DOG	He wears the Cone of Shame!	무명의 개 그가 수치 깔때기를 썼다!
ALPHA	(high-pitched voice) What? Do not just continue sitting! Attack!	알파 (고음의 목소리) 뭐야? 그냥 가만히 앉아만 있지 마! 공격하라!

The bump caused his collar to go funny again. The dogs all **howl** with laughter.

충돌로 인해 그의 개목걸이가 다시 이상해졌다. 개들이 비웃으며 컹컹 짖어댄다.

ALPHA	(high pitched voice) No! No! Stop your laughing! Get this off of me!	알파 (고음의 목소리) 안 돼! 안 돼! 웃지 마! 이걸 빼내라고!
DUG	Listen you dog! Sit!	더그 이 개야 내 말 들어! 앉아!

Surprised at Dug's **moxy**, Alpha sits. All other dogs sit too.

더그의 깡에 놀라서 알파가 앉는다. 다른 모든 개가 그를 따라 앉는다.

DOG WALLA	Yes, Alpha.	개떼 네, 알파님.
DUG	Alpha? I am not Alpha, he is- (realizing) Oohhhh!	더그 알파님? 난 알파가 아니야, 그가 (상황을 알아채며) 오오오호!

EXT. CARL'S HOUSE
Russell TRIES TO CLIMB the hose. His hands **are about to give out**. The biplanes **head straight** at Russell.

외부. 칼의 집
러셀이 호스를 타고 오르려고 애쓴다. 그의 손에 힘이 거의 다 빠졌다.
복엽기들이 러셀을 향해 직진한다.

RUSSELL	(out of breath) I can't do it!	러셀 (숨을 헐떡이며) 못 버티겠어!

Behind him, Carl is climbing the side of the dirigible for dear life, Muntz **closing in**.

그의 뒤로 칼이 필사적으로 비행선 측면을 타고 올라오고 있다. 먼츠가 점점 가까워져 온다.

---

enjoyment 즐거움, 기쁨, 흥밋거리
cower (겁을 먹고) 몸을 숙이다
jam 쑤셔 넣다, 채워 넣다, 막다
trap 덫, 올가미, 끼이다/옥죄이다
gasp 숨이 턱 막히다, 헉하고 숨을 쉬다
howl (길게) 울다/울부짖다
moxy 〈비속어〉 두려움에 맞서는 용기나 행동, 깡
be about to 막 ~을 하려고 한다

give out 바닥/동이 나다, (빛) 내다/발하다
head straight 곧바로 나아가다, 직행하다
out of breath 숨이 가쁜
close in 접근하다

CARL (far in the distance) Russell!	칼 (아득히 먼 곳에서) 러셀!
RUSSELL Huh?	러셀 허어?
Carl **calls for help**: the WILDERNESS EXPLORER CALL.	칼이 도와달라고 소리치고 있다: 야생 탐험가 구조 요청.
RUSSELL You **leave Mr. Fredricksen alone**!	러셀 프레드릭슨 할아버지를 건드리지 마!
Russell CLIMBS! He's more **machine** than boy now. Biplanes shooting **the whole way**, he climbs up onto the porch. The biplanes close in. Russell **yells** to them.	러셀이 올라간다! 그는 지금 소년이라기보다는 기계에 가깝다. 복엽 기들이 융단폭격을 가하는 가운데 그가 베란다에 오른다. 복엽기들이 더 가깝게 다가선다. 러셀이 그들에게 소리친다.
RUSSELL Hey! (pointing down) Squirrel!	러셀 이봐! (아래쪽을 가리키며) 다람쥐!
All the dog pilots **snap to attention**.	모든 개 조종사들이 갑자기 차려 자세를 취한다.
GAMMA Squirrel?	감마 다람쥐?
OMEGA Where's the squirrel?!	오메가 다람쥐가 어디에 있지?!
The planes **dive**, crash into each other. The dog pilots **parachute** out.	비행기들이 뛰어들며 서로 충돌한다. 개 조종사들이 낙하산을 펼치고 탈출한다.
GAMMA I hate squirrels.	감마 난 다람쥐들이 싫어.
EXT. SIDE OF DIRIGIBLE Carl climbs. Muntz grabs Carl's foot. Carl defends himself with his cane, knocking Muntz off the ladder. Muntz catches on to a **rung** of the ladder. He watches Carl and the bird climb. Muntz descends the ladder.	외부. 비행선의 측면 칼이 올라간다. 먼츠가 칼의 발을 잡는다. 칼이 지팡이로 방어하며 먼츠를 사다리에서 떨어뜨린다. 먼츠가 사다리의 가로대를 붙잡는다. 그가 칼과 새가 올라가는 것을 본다. 먼츠가 사다리를 내려간다.

---

far in the distance 아득히 멀리에
call for help 소리 높여 도움을 청하다
leave someone alone ~를 홀로/혼자 남겨두다
machine 기계
the whole way 끝까지, 목표지점까지
yell 소리치다, 고함치다
snap to attention 잽싸게 차려 자세를 취하다
dive 뛰어들다, 다이빙하다

parachute 낙하산, 낙하산을 펼치다/타다
rung (사다리의) 가로대/단

It's Just a House

그건 그냥 집일 뿐이란다

🎧 29.mp3

EXT. DIRIGIBLE, TOP – DAY
Carl and the bird **make it to the top** of the dirigible. Suddenly, a trap door opens. Carl GASPS... but it's Dug!

CARL   Dug!

Dug jumps up on Carl, **licking** his face.

DUG   Master!

The house **bears down on** them. They run to meet it.

외부. 비행선. 꼭대기 – 낮
칼과 새가 비행선의 꼭대기에 이르렀다. 갑자기 천장의 뚜껑이 열린다. 칼이 헉하고 놀라는데… 그런데 더그이다!

칼 더그!

더그가 칼에게 뛰어올라 그의 얼굴을 핥는다.

더그 주인님!

집이 그들에게 접근한다. 그들이 집을 맞이하려고 뛰어간다.

바로 이장면!*

CARL   Russell!! Over here!! Let's go!

Russell steers the house toward Carl.

RUSSELL Mr. Fredricksen!

The house slows and **lowers** atop the airship. Carl HOISTS the bird up onto the **porch**.

CARL   Come on, Kevin!

Carl helps Dug onto the porch. He climbs up himself...
BLAM! Muntz **appears** on top of the dirigible with a **rifle**!
A **bullet blasts through** Carl's balloon strings. A third of them break or **shoot skyward**. The house **plummets**, crashing onto the dirigible.

칼 러셀! 이쪽이야! 가자!

러셀이 칼이 있는 쪽으로 집을 조종한다.

러셀 프레드릭슨 할아버지!

집이 속도를 늦추며 비행선 위로 하강한다. 칼이 베란다 위로 새를 들어 올린다.

칼 힘내, 케빈!

더그가 베란다에 오를 수 있도록 칼이 돕는다. 칼 자신도 올라간다...
탕! 먼츠가 소총을 들고 비행선 꼭대기에 나타난다! 총알이 칼의 풍선 끈들을 관통하며 날아간다. 풍선 끈들의 1/30 끊어지며 하늘로 솟아오른다. 집이 곤두박질치며 비행선 위로 쾅 하고 떨어진다.

---

make it to the top 정상에 오르다

lick 핥다

bear down on ~을 향해 돌진하다

lower 낮추다, 내리다

porch 현관

blam (총소리나 문을 세게 닫는 소리) 탕, 빵

appear 나타나다, 보이기 시작하다

rifle 소총, 라이플총

bullet 총알

blast through ~을 폭파하다

shoot (총, 활, 화살 따위를) 쏘다/발사하다

skyward 하늘 쪽으로, 위로

plummet 급락하다, 곤두박질치다

Carl is THROWN from the house onto the airship.
The house slides toward the edge, Russell, Dug and Kevin still inside.

CARL   No!

Carl SCRAMBLES to grab the hose trailing from the sliding house.
The house slides on to the dirigible's **tail fin**. Holding the hose, Carl **digs in his heels** and is just able to stop it.
The house teeters on the **very** edge of the tail fin.

CARL   Russell! Get out of there!

Russell, Dug and Kevin run toward the front porch.
BLAM! A bullet smashes the **door jamb** next to them.
Muntz **storms** toward the house. Carl holds **desperately** to the hose.

CARL   No! Leave them alone!

Russell and others duck inside and slam the door.
The house tilts, **threatening** to **tip** off **at any second**. Carl holds on **for his life**.
Muntz **POUNDS** on the door with the **butt** of the rifle.

INT. CARL'S HOUSE, HALLWAY
Russell, Dug and Kevin **back away from** the door.

EXT. DIRIGIBLE, TOP
The house slides farther over the edge.
Carl struggles to hold on. The hose caddy is **ripping** free from the house! The bolts pop from the **wooden siding**... it's about to go!

INT. CARL'S HOUSE
Russell, Dug and Kevin run into the living room.

EXT. DIRIGIBLE, TOP
Muntz KICKS the door.
Suddenly, Carl has an idea.

칼이 집 밖으로 튕겨 나오며 비행선 위에 떨어진다.
집이 가장자리 쪽으로 미끄러지는데, 러셀, 더그, 케빈이 아직 그 안에 있다.

칼 안 돼!

칼이 미끄러지고 있는 집에 연결된 호스 덩굴을 잡으려고 밀치며 나아간다. 집이 비행선의 꼬리날개 쪽으로 미끄러진다. 칼이 호스를 잡고 완강하게 버티며 겨우 집을 멈춘다.
꼬리날개 맨 끝부분에 집이 떨어질 듯하며 비틀거린다.

칼 러셀! 거기서 나와!

러셀, 더그, 그리고 케빈이 전면 베란다 쪽으로 뛴다. 탕! 총알이 그들 옆에 있는 문설주를 강타한다. 먼츠가 집 방향으로 공격을 퍼붓는다. 칼이 필사적으로 호스를 잡는다.

칼 안 돼! 그 아이들을 내버려 둬!

러셀 무리가 안에서 몸을 숨기며 문을 쾅 닫는다. 집이 옆으로 기울어 곧 추락할 것 같은 상황이다. 칼이 죽을힘을 다해 잡는다. 먼츠가 소총의 개머리판으로 문을 세게 가격한다.

내부. 칼의 집, 복도
러셀, 더그, 그리고 케빈이 문에서 물러난다.

외부. 비행선, 꼭대기
집이 가장자리 바깥쪽으로 더 미끄러진다. 칼이 잡고 있으려고 안간힘을 쓴다. 호스 상자가 집에서 떨어져 나가려고 한다! 목재 외장용 자재에서 볼트들이 튕겨나간다… 이제 바로 추락할 것만 같다!

내부. 칼의 집
러셀, 더그, 그리고 케빈이 거실로 달려간다.

외부. 비행선, 꼭대기
먼츠가 문을 발로 걷어찬다.
갑자기, 칼에게 아이디어가 떠오른다.

---

tail fin 꼬리지느러미, 꼬리날개, 수직안정판

dig in one's heels 완강하게 버티다

very (다름 아닌) 바로 그/이

door jamb 문설주

storm 기습/급습하다, 호통치다

desperately 필사적으로, 절박하게

threaten 위협하다, 협박하다

tip 기울어지다, 젖혀지다

at any second 금방이라도, 이제 곧

for one's life 필사적으로, 목숨을 걸고

pound 치다/두드리다

butt (총의) 개머리판, 밑동

back away from ~에서 뒷걸음질 치다, ~을 피하다

rip (갑자기 거칠게) 찢다/찢어지다, 떼어/뜯어내다

wooden 목재의, 나무로 된

siding (건물) 외장용 자재

CARL   Russell! **Hang on to** Kevin! Don't let go of her!

INT. CARL'S HOUSE, LIVING ROOM
Confused, Russell **follows** Carl's **directions**. Russell, Dug and the bird **huddle** together.
Muntz **breaks through** the door. He lifts his rifle and **sights** the bird...
Through the window, Carl **yells out**.

EXT. DIRIGIBLE, TOP

CARL   Kevin! Chocolate!

Carl holds **aloft** a bar of chocolate.

INT. CARL'S HOUSE, LIVING ROOM
Kevin lunges, pushing past Muntz and knocking the rifle from his hands.
Muntz lunges after them.

EXT. CARL'S HOUSE
The hose caddy breaks free.
Kevin **leaps through the window**, Russell and Dug hanging from her side.
Muntz leaps after them. But balloon strings **tangle** around his leg and pull him back.
Muntz hangs **for a moment**... It's thousands of feet from the ground....
He falls.

EXT. DIRIGIBLE, TOP
PANTING, Carl is left holding the hose. He PULLS himself toward the edge.
The hose **curves** beneath the tail fin. Finally it swings out...

RUSSELL   That was cool!

칼 러셀! 케빈 꽉 붙잡고 있어라! 놓치면 안 돼!

내부. 칼의 집, 거실
혼란스러워하면서 러셀이 칼의 지시를 따른다. 러셀, 더그, 그리고 새가 서로를 꽉 붙잡고 있다.
먼츠가 문을 부수고 들어간다. 그가 소총을 들어 새를 찾는다...
창문을 통해 칼이 외친다.

외부. 비행선, 꼭대기

칼 케빈! 초콜릿!

칼이 초콜릿 바를 높이 든다.

내부. 칼의 집, 거실
케빈이 먼츠를 밀며 돌진하고 먼츠의 손에서 소총이 나가떨어진다.
먼츠가 그들에게 돌진한다.

외부. 칼의 집
호스 상자가 풀어진다.
케빈이 창문 사이로 뛰어오르고 러셀과 더그가 그녀 옆에 매달려 있다.
먼츠가 그들을 쫓아 뛰어오른다. 하지만 풍선 끈들이 그의 다리에 엉키며 그를 뒤로 잡아당긴다.
먼츠가 잠시 매달려 있다... 이곳은 땅에서 수천 피트 떨어진 곳이다...
그가 추락한다.

외부. 비행선, 꼭대기
숨을 헐떡거리며 칼이 여전히 호스를 잡고 있다. 그가 모서리 쪽으로 자신을 잡아당긴다.
꼬리날개 밑으로 호스가 곡선을 이룬다. 마침내 호스가 밖으로 휙 돈다.

러셀 정말 멋졌어요!

---

hang on to ~을 꽉 붙잡다
follow directions 지시/명령을 따르다
huddle 옹기종기 모이다, 바짝 다가붙다
break through 뚫고 지나가다, 돌파하다
sight (찾고 있던 것을 갑자기) 보다/찾다
yell out 소리를 지르다
aloft 하늘/위로 높이
leap through a window 창으로 뛰어나가다

tangle 꼬인/엉망인 상태, 꼬이다
for a moment 잠깐, 당장 그때만
curve 곡선, 커브, 곡선을 이루다

Russell and Dug dangle from it, sitting on Kevin. The bird holds on to the hose with her **beak**. Carl LAUGHS, **relieved**.

러셀과 더그가 케빈 위에 앉아 호스에 달랑달랑 매달려 있다. 케빈이 부리로 호스를 꽉 잡고 있다. 칼이 웃는다, 안도하며.

CARL　　**Don't jerk around so much, kid!**[1]

칼　너무 흔들어대지 마, 꼬마야!

Russell climbs up, followed by the bird and Dug.

러셀이 위로 올라오고 새와 더그가 그 뒤를 따른다.

DUG　　Oh I am ready to not be up high.

더그　오, 난 높이 올라가는 것 안 좋아하는데.

Carl LAUGHS **heartily** as Dug jumps on him and licks his face. Carl looks into the distance. His house, now empty, floats softly down into the clouds, and **disappears**.

더그가 칼에게 뛰어올라 그의 얼굴을 핥자 칼이 크게 웃는다. 칼이 먼 곳을 바라본다. 이젠 텅 빈 그의 집이 구름 속으로 잔잔히 떠내려가다가 사라진다.

RUSSELL　Sorry about your house, Mr. Fredricksen.

러셀　집이 날아가서 안타깝네요, 프레드릭슨 할아버지.

Carl smiles. He puts his arm around Russell.

칼이 미소 짓는다. 그가 러셀에게 어깨동무를 한다.

CARL　　You know, it's just a house.

칼　뭐, 저건 그냥 집일 뿐이잖니.

Carl, Russell, Dug and Kevin stand on the tail of the airship floating off over the clouds.

칼, 러셀, 더그, 그리고 케빈이 구름 속으로 떠가고 있는 비행선 꼬리 위에 서 있다.

---

beak 부리
relieved 안도하는, 다행으로 여기는
jerk 휙 움직이다
heartily 실컷, 열심히, 진심으로
disappear 사라지다

[1] **Don't jerk around so much, kid!**
너무 흔들어대지 마, 꼬마야!
jerk around는 '가지고 놀다'라는 의미인데, 위 장면에서는 러셀이 호스에 매달려 계속 움직이자 칼 할아버지가 '너무 흔들지 마, 너무 심하게 놀지 마'라고 하는 표현입니다. '사람을 갖고 논다' 할 때도 이 표현을 쓸 수 있어요.

The Ellie Badge
엘리 배지

🎧 30.mp3

DISSOLVE TO:
EXT. MOUNTAIN, LABYRINTH GATE – AFTERNOON

화면이 겹치며 치지 밝아지며:
외부. 산. 미로 입구 – 오후

Carl and Russell hold and **cuddle** the baby birds. The babies **peck** at Carl's head. Carl and Russell LAUGH.

칼과 러셀이 새끼 새들을 잡고 안아준다. 새끼 새들이 칼의 머리를 쪼아댄다. 칼과 러셀이 웃는다.

CARL　　　Ow! Ow! Ow!

칼　아야! 아야! 아야!

RUSSELL　Look at you. You're so soft.

러셀　어디 보자. 넌 정말 부드럽구나.

Kevin CALLS OUT, waiting for the babies at the gate to the LABYRINTH. **Time to go.** ❶

케빈이 미로로 들어가는 입구에서 새끼 새들을 기다리며 소리쳐 부른다. 가야 할 시간이다.

CARL/RUSSELL　(disappointed) Awwww!

칼/러셀　(실망하며) 아야!

RUSSELL　I wish I could keep one.

러셀　한 마리 가질 수 있으면 얼마나 좋을까.

The babies run to the bird. One stops to HISS at Dug.
Carl has **misplaced** something.

새끼들이 케빈에게 뛰어간다. 한 마리가 멈춰 서서 더그에게 쉭쉭댄다.
칼이 뭔가를 잃어버렸다.

CARL　　　Huh, where's my cane? I just had it here...

칼　엥, 내 지팡이가 어디 갔지? 조금 전까지 가지고 있었는데…

Kevin starts **HACKING**. She **COUGHS up** the cane.
Babies start HACKING too. They COUGH up tennis balls.

케빈이 캑캑거리기 시작한다. 그가 지팡이를 뱉어낸다.
새끼 새들도 캑캑거리기 시작한다. 그들이 테니스 공들을 뱉어 낸다.

CARL　　　You know what? Keep 'em. A little gift from me to you.

칼　있지, 얘들아? 이거 너희들 가져라. 내가 너희들에게 주는 작은 선물이야.

The bird family enters the labyrinth. Carl and Russell wave.

새 가족이 미로로 들어간다. 칼과 러셀이 손을 흔든다.

RUSSELL　Bye Kevin!

러셀　잘 가, 케빈!

---

cuddle (애정 표시로) 껴안다. 포옹
peck (새가 부리로) 쪼다. 쪼아먹다
misplace 분실하다. 잘못 놓다
hack 헛기침하다. 토하다
cough up 내뱉다. 토해내다

❶ **Time to go.**
이제 가야 할 시간이야.
'이제 ~해야 할 시간이야'라고 말할 때 'It's time to + 동사' 형식을 쓴답니다. 위에서는 구어체로 It's 부분을 생략해서 썼네요. 예를 들어, It's time to say goodbye. '이제 작별인사를 해야 할 시간이야', 또는 It's time to go to bed. '이제 잠자리에 들 시간이야' 이렇게 활용할 수 있겠어요.

The bird looks back toward Carl and Russell and CALLS OUT one last time before disappearing into the **mist**.

INT. DIRIGIBLE, COCKPIT – LATER
Carl and Russell both wear matching leather flight helmets and goggles.

<u>RUSSELL</u>   Ready?

Carl **gives a thumbs up**.

<u>**CARL**</u>   Ready!

EXT. DIRIGIBLE
Muntz's dirigible **ascends** into the sky. Dug and all of MUNTZ'S DOGS **stick their heads out the** dirigible **windows**, barking as they fly into the sunset.

DISSOLVE TO:
INT. **AUDITORIUM**

케빈이 뒤로 돌아 칼과 러셀을 보며 안개 속으로 사라지기 전에 마지막으로 울부짖는다.

내부, 비행선, 조종석 – 나중
칼과 러셀이 둘이 같이 서로 어울리는 가죽 비행 헬멧과 고글을 쓰고 있다.

러셀 준비됐어요?

칼이 양손의 엄지손가락을 들어 올려 준비되었음을 알린다.

칼 준비됐어!

외부, 비행선
먼츠의 비행선이 하늘 위로 오른다. 더그와 모든 먼츠의 개들이 비행선 창문 밖으로 머리를 내밀고 일몰 속으로 날아가며 짖어댄다.

화면이 겹쳐지며:
내부, 강당

바로 이장면!*

<u>CAMP MASTER STRAUCH</u>   ...and by receiving their badges, the **following** Explorers will **graduate** to **Senior** Explorers.

Each Junior Wilderness Explorer stands next to his father. As the **Camp Master announces** the **achievement** he hands the father a badge, who pins it to his son's sash.

<u>**CAMP MASTER STRAUCH**</u>   For Extreme **Mountaineering Lore**... **Congratulations**, Jimmy. (hands badge to dad) For **Wild Animal Defensive** Arts... Congratulations, Brandon. (hands badge) For Assisting the Elderly...

야영 마스터 스트라흐 …이제 그들이 훈장을 받음으로써 다음의 탐험 대원들은 졸업을 하여 상급 탐험 대원으로 진급하겠습니다.

각각의 하급 야생 탐험 대원들이 아버지들 옆에 서 있다. 야영 마스터가 업적을 발표하면서 아버지에게 훈장을 주면 아버지가 그의 아들의 장식 띠에 훈장을 달아준다.

야영 마스터 스트라흐 극한 산악등반 지식상은… 축하한다, 지미. (훈장을 아빠에게 건넨다) 야생동물 수호 기술상은… 축하한다, 브랜든. (훈장을 건넨다) 노인을 돕는 상은…

---

mist 엷은 안개, 박무

give a thumbs up (두 엄지를 들며) 찬사를 보내다

ascend 오르다, 올라가다, 상승하다

stick one's head out the window 창밖으로 머리를 내밀다

auditorium 강당, 객석

following (시간상으로) 다음에/아래 나오는

graduate 졸업하다, 학위를 받다

senior (계급, 지위가) 고위/고급/상위/상급의

camp master 야영의 달인/명수/전문가

announce 발표하다, 알리다

achievement 업적, 성취한 것

mountaineering 산악등반

lore 구전 지식, 구비설화, (민간) 전통

congratulations! 축하합니다!

wild animal 들짐승, 야생동물

defensive 방어의/수비의

Russell is **tanned** and dirty. And alone.

CAMP MASTER STRAUCH   Uh, Russell? Is there... someone that... uh...

The Camp Master **CLEARS HIS THROAT** uncomfortably. Russell looks for his dad in the audience.

CARL (O.S.) Excuse me. Pardon me. **Old man coming through.**❶

Carl **takes his place** next to Russell.

CARL   (to Camp Master) I'm here for him.

CAMP MASTER STRAUCH   Congratulations, Russell. Sir...

The Camp Master hands Carl the badge and continues down the line.

CARL   Russell, for assisting the elderly, and for **performing above and beyond the call of duty**, I would like to **award** you the highest honor I can **bestow**: The Ellie Badge.

Carl pins the badge onto the missing spot on Russell's sash. It's Ellie's GRAPE SODA PIN.

RUSSELL   Wow.

Carl smiles.
They **salute** each other. Russell gives Carl a hug. Carl returns it. Russell's mom sits in the audience with Dug. Russell proudly shows her the badge.

러셀이 햇볕에 그을린 얼굴에 추레한 모습이다. 그리고 혼자 있다.

야영 마스터 스트라흐 어, 러셀? 혹시 있니… 누가 너에게… 어…

야영 마스터가 거북하게 헛기침을 한다. 러셀이 관객 속에서 아빠가 있는지 찾아본다.

칼 (화면 밖) 잠시만요, 실례합니다. 노인이 지나갑니다.

칼이 러셀 옆에 자리를 잡는다.

칼 (야영 마스터에게) 이 아이를 위해서는 제가 왔습니다.

야영 마스터 스트라흐 축하한다, 러셀. 어르신…

야영 마스터가 칼에게 훈장을 건네며 계속 그다음 적힌 문구들을 읽는다.

칼 러셀. 노인을 도운 것과 직무 범위를 초월한 행위에 대해서 내가 수여할 수 있는 가장 영예로운 상을 너에게 주고 싶구나: 엘리 훈장.

칼이 러셀의 상식 띠 빈 곳에 훈장을 달아준다. 엘리의 포도 소다 뚜껑 핀이다.

러셀 우와.

칼이 미소 짓는다.
그들이 서로에게 거수경례를 한다. 러셀이 칼을 안는다. 칼도 같이 안는다.
러셀의 엄마가 더그와 함께 관객 속에 앉아있다.
러셀이 자랑스럽게 그녀에게 훈장을 보여준다.

---

tanned (피부가) 햇볕에 탄/그을린

clear one's throat 헛기침하다

take one's place (마련된) 자리에 앉다

perform (일, 과제, 의무 등을) 행하다/수행하다

above and beyond the call of duty 직무 범위를 넘어서

award (부상이 딸린) 상, 수여하다

bestow (존경의 뜻으로) 수여/부여하다

salute (군인이) 경례를 하다, 경의를 표하다, 거수경례

❶ **Old man coming through.**
노인이 지나갑니다.
사람들이 많이 모인 곳을 헤치며 지나갈 때 '좀 지나갈게요!'라고 외치며 쓰는 표현이 Coming through! 예요. 주로 앞에 Excuse me 또는 Pardon me '실례합니다'라고 먼저 말하고 이 표현을 쓴답니다.

CAMP MASTER STRAUCH   Alright, I think that **covers** everybody... So let's give a big Explorer Call to our **brand new** Senior Wilderness Explorers! Ready everybody?

The Camp Master leads the audience in the WILDERNESS EXPLORER CALL.
Muntz's dogs sit **in the back**, BARKING **in approval**.

DISSOLVE TO:
EXT. CURB OUTSIDE FENTONS ICE CREAM **PARLOR** – DAY
Carl and Russell sit on a curb licking ice cream cones. Russell has chocolate and Carl has butter-brickle.
Cars **pass by**.

RUSSELL   Blue one.

CARL   Red one.

DUG   Grey one.

CARL   Red one.

Russell GIGGLES.

RUSSELL   That's a bike!

CARL   It's red, isn't it?

RUSSELL   Mr. Fredricksen, you're **cheating**.

CARL   No, I'm not. Red one.

RUSSELL   That's a **fire hydrant**.

They LAUGH.

CARL   Maybe I need new glasses.

야영 마스터 스트라흐 자, 그럼 이것으로 모든 표창이 끝났구나… 그럼 우리 새로운 상급 야생 탐험 대원들에게 탐험가 구조 요청을 크게 외쳐보자꾸나! 모두 준비됐니?

야영 마스터가 야생 탐험 대원 구조 요청을 하도록 관객을 이끈다.
먼츠의 개들이 뒤쪽 좌석에 앉아 찬성의 표시로 짖어댄다.

화면이 겹쳐지며:
외부. 팬톤스 아이스크림 가게 앞 도로 경계석 – 낮
칼과 러셀이 도롯가에 앉아 아이스크림콘을 핥아 먹고 있다. 러셀 것은 초콜릿 맛이고 칼 것은 버터 브릭클 맛이다.
차들이 지나간다.

러셀 파란색.

칼 빨간색.

더그 회색.

칼 빨간색.

러셀이 키득거린다.

러셀 그건 자전거잖아요!

칼 빨갛긴 하잖아, 안 그래?

러셀 프레드릭슨 할아버지, 그건 반칙이에요.

칼 아냐, 반칙 아냐. 빨간색.

러셀 그건 소화전이잖아요.

그들이 웃는다.

칼 아무래도 내가 안경을 새로 해야겠구나.

---

cover 다루다, 포함시키다
brand new 완전 새로운
in the back 뒤쪽에
in approval 찬성/승인한다는 뜻으로
parlor 특정한 상품, 서비스를 제공하는 상점
pass by ~을 지나가다
cheat 속이다, 사기 치다
fire hydrant 소화전

Overhead, MUNTZ'S DIRIGIBLE is parked, its ladder in the **handicapped parking spot**.

DISSOLVE TO:
EXT. PARADISE FALLS – AFTERNOON
On top of Paradise Falls sits Carl's house, **just as** Ellie **imagined** it.

THE END

하늘 위로 먼츠의 비행선이 있고, 비행선의 사다리가 장애인 주차 공간에 주차되어 있다.

화면이 겹쳐지며:
외부. 파라다이스 폭포 – 오후
파라다이스 폭포 꼭대기에 칼의 집이 있다. 엘리가 상상했던 그대로.

끝

---

overhead 머리 위에/로, 하늘 높이
handicapped (신체적, 정신적) 장애가 있는, 장애인들
parking spot 주차 공간
on top of ~의 위에
just as 꼭 ~처럼
imagine 상상하다

당신의 독학을 함께하는 길벗이지톡!

어학과 관련된 다양한 정보와 유용한 무료 학습 자료까지 SNS에서 만나 보세요!

1 | 네이버 포스트

http://post.naver.com/gilbuteztok

길벗이지톡 도서 소개뿐만이 아니라 다양한 어학 학습 콘텐츠와 외국어 관련하여 읽을거리, 지식, 정보 등을 전달하는 다채로운 콘텐츠가 매주 업데이트 됩니다.

바로 가기 ☞

2 | 페이스북

https://www.facebook.com/gilbuteztok/

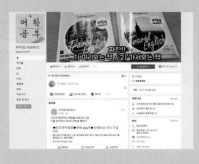

길벗이지톡 도서의 소식을 누구보다도 깊고 빠르게 전달해드리는 길벗이지톡 출판사의 페이스북 페이지입니다. 각종 플랫폼에 올라오는 도서 관련 콘텐츠들이 페이지를 통해 공유되고 있습니다.

바로 가기 ☞

3 | 완독의 기쁨 카페

http://cafe.naver.com/readingnjoy

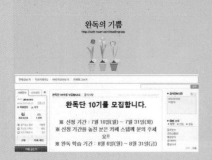

"어학책 한권 완독한적 있니?"

매달 20일 코스로 외국어 학습서 한권을 정해서 완독을 목표로 함께 공부하는 길벗이지톡 온라인 스터디 카페입니다. 언어권 별로 다양한 클래스가 열리며, 완독목표 커리큘럼 제공, 사은품 증정 등 다양한 서비스를 제공하고 있습니다. 도서가 있으시다면 누구나 참여 가능합니다.

바로 가기 ☞

30장면으로 끝내는
스크린 영어회화

해설 라이언 강

길벗
이지:톡

이 책의 학습법

이 책은 스크립트 북과 워크북, 전 2권으로 구성되어 있습니다. 이 책은 워크북으로 전체 대본에서 뽑은 30장면을 집중 훈련할 수 있습니다.

Day 01

Adventure Is Out There!
모험은 바로 저 너머에!

> 오늘 공부할 장면에 대한 간단한 설명입니다.

칼 프레드릭슨은 위대한 탐험가이자 찰스 먼츠를 동경하는 어린 소년이에요. 찰스 먼츠는 그 누구도 도전에 성공하지 못한 남미의 파라다이스 폭포가 있는 정글을 탐험하고 돌아왔어요. 그를 찬양하는 다큐멘터리 형식의 뉴스영화를 보며 칼은 꼭 그와 같이 되겠노라고 결심하며 넋 놓고 그의 모습을 바라봅니다. 찰스 먼츠가 세상을 향해 외치는 '모험은 바로 저 너머에!'라는 구호를 읊조리며 말이에요. 그런데, 찰스 먼츠가 불명예스러운 일에 휘말렸어요. 그 일로 탐험가 협회에서 제명까지 당하게 생겼어요. 그는 과연 명예를 회복할 수 있을까요?

Warm Up! 오늘 배울 표현

오늘 등장하는 표현들입니다. 어떤 표현이 들어가야 할지 생각해 보세요.

* The explorer is off to _____. 탐험가는 오명을 벗기 위해 떠납니다.
* _____ Charles Muntz! 오명을 벗어던지세요, 찰스 먼츠!
* _____? 세상에 그가 잡을 수 없는 짐승이 있기는 한 걸까요?
* Adventure is _____! 모험은 바로 저 너머에!

> **Warm up! 오늘 배울 표현**
> 오늘 배울 핵심표현을 살짝.
> 이 표현을 내가 영어로 말할 수 있는지 테스트해보세요.

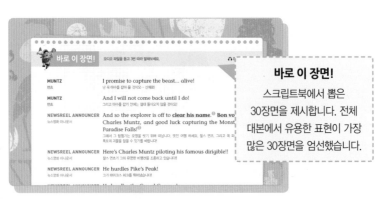

바로 이 장면!
오디오 파일을 듣고 3번 따라 말해보세요.

MUNTZ
먼츠
I promise to capture the beast... alive!
넌 저 야수를 잡아 올 거야오... 산 채로!

MUNTZ
먼츠
And I will not come back until I do!
그리고 야수를 잡기 전에는 절대 돌아오지 말 것이오!

NEWSREEL ANNOUNCER
뉴스영화 아나운서
And so the explorer is off to **clear his name.** Bon vo[yage] Charles Muntz, and good luck capturing the Monst[er of] Paradise Falls!
그래서 그 탐험가는 오명을 벗기 위해 떠납니다. 멋진 여행 하세요, 찰스 먼츠, 그리고 파[라]다이스 폭포의 괴물을 잡을 수 있기를 바랍니다!

NEWSREEL ANNOUNCER
뉴스영화 아나운서
Here's Charles Muntz piloting his famous dirigible!!
찰스 먼츠가 그의 유명한 비행선을 조종하고 있습니다!!

NEWSREEL ANNOUNCER
뉴스영화 아나운서
He hurdles Pike's Peak!
그가 파이크스 피크를 뛰어넘습니다!

> **바로 이 장면!**
> 스크립트북에서 뽑은 30장면을 제시합니다. 전체 대본에서 유용한 표현이 가장 많은 30장면을 엄선했습니다.

2

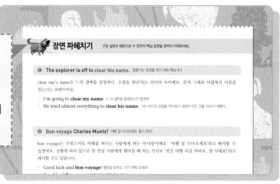

장면 파헤치기

'바로 이 장면'에서 뽑은
핵심 표현들을 친절한
설명과 유용한 예문을 통해
깊이 있게 알아봅니다.

영화 속 패턴 익히기

영화에 나오는 패턴을 활용하여
다양한 표현을 만들 수 있습니다.
Step1에서 기본 패턴을 익히고,
Step2에서 패턴을 응용하고,
Step3에서 실생활 대화에서
패턴을 적용하는 훈련을 합니다.

확인학습

오늘 배운 표현과 패턴을
확인해 보는 코너입니다.
문제를 풀며 표현들을 완벽히
내 것으로 만드세요.

차례

Contents

Adventure Is Out There!

모험은 바로 저 너머에!

칼 프레드릭슨은 위대한 탐험가^{explorer} 찰스 먼츠를 동경하는 어린 소년이에요. 찰스 먼츠는 그 누구도 도전에 성공하지 못한 남미의 파라다이스 폭포가 있는 정글을 탐험하고 돌아왔어요. 그를 찬양하는^{praise} 다큐멘터리 형식의 뉴스영화를^{newsreel} 보며 칼은 꼭 그와 같이 되겠노라고 결심하며 넋 놓고^{agape} 그의 모습을 바라봅니다. 찰스 먼츠가 세상을 향해 외치는 '모험은 바로 저 너머에!'라는 구호를 읊조리며 말이에요. 그런데, 찰스 먼츠가 불명예스러운^{dishonorable} 일에 휘말렸어요. 그 일로 탐험가 협회에서 제명까지 당하게 생겼네요. 그는 과연 명예를 회복할 수 있을까요?

 **Warm Up!** 오늘 배울 표현   오늘 등장하는 표현들입니다. 어떤 표현이 들어가야 할지 생각해 보세요.

* The explorer is off to   . 탐험가는 오명을 씻기 위해 떠납니다.

*   Charles Muntz! 여행 잘 다녀오세요, 찰스 먼츠!

*   ? 세상에 그가 할 수 없는 일이 있기는 한 걸까요?

* Adventure is   ! 모험은 바로 저 너머에!

MUNTZ
먼츠

I promise to capture the beast... alive!
난 꼭 야수를 잡아 올 것이오… 산채로!

MUNTZ
먼츠

And I will not come back until I do!
그리고 야수를 잡기 전에는 절대 돌아오지 않을 것이오!

NEWSREEL ANNOUNCER
뉴스영화 아나운서

And so the explorer is off to **clear his name.** ❶ **Bon voyage** Charles Muntz, and good luck capturing the Monster of Paradise Falls! ❷
그래서 그 탐험가는 오명을 씻기 위해 떠납니다. 멋진 여행 하세요, 찰스 먼츠, 그리고 꼭 파라다이스 폭포의 괴물을 잡을 수 있기를 바랍니다!

NEWSREEL ANNOUNCER
뉴스영화 아나운서

Here's Charles Muntz piloting his famous dirigible!!
찰스 먼츠가 그의 유명한 비행선을 조종하고 있습니다!!

NEWSREEL ANNOUNCER
뉴스영화 아나운서

He hurdles Pike's Peak!
그가 파이크스 피크를 뛰어넘습니다!

NEWSREEL ANNOUNCER
뉴스영화 아나운서

He hurdles the Grand Canyon!
그가 그랜드 캐니언을 뛰어넘습니다!

NEWSREEL ANNOUNCER
뉴스영화 아나운서

He hurdles Mount Everest!
그가 에베레스트산을 뛰어넘습니다!

NEWSREEL ANNOUNCER

뉴스영화 아나운서

He... goes around Mount Everest! **Is there nothing he cannot do?** ❸
그가… 에베레스트산의 옆으로 우회합니다! 세상에 그가 할 수 없는 일이 있기는 한 걸까요?

NEWSREEL ANNOUNCER
뉴스영화 아나운서

Yes, as Muntz himself says: "Adventure is–"
네, 먼츠 그 자신이 말하듯이: "모험은—"

GIRL'S VOICE
소녀의 목소리

"Adventure is **out there!**" ❹
"모험은 바로 저 너머에!"

8

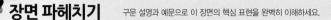

장면 파헤치기   구문 설명과 예문으로 이 장면의 핵심 표현을 완벽히 이해하세요.

❶ The explorer is off to clear his name. 탐험가는 오명을 씻기 위해 떠납니다.

clear one's name은 '~의 결백을 증명하다, 오명을 씻다'라는 의미의 숙어예요. 문자 그대로 더럽혀진 이름을 씻는다는 표현이지요.

* I'm going to **clear my name**. 난 내 결백을 증명하고야 말겠어.
* He tried almost everything to **clear his name**. 그는 자신의 오명을 씻으려고 세상의 모든 것을 거의 다 해봤다.

❷ Bon voyage Charles Muntz! 여행 잘 다녀오세요, 찰스 먼츠!

bon voyage는 프랑스어로 여행을 떠나는 사람에게 하는 인사말이에요. '여행 잘 다녀오세요'라고 해석할 수 있겠네요. 상황에 따라 앞으로 못 만날 사람에게 헤어질 때 하는 인사로 '멋진 여행 되길 바라요, 잘 사세요!'라고 해석할 수도 있답니다.

* Good luck and **bon voyage**! 행운을 빌어요, 멋진 여행 되세요!
* Good bye! **Bon voyage**! 잘 가요! 여행 잘하세요!

❸ Is there nothing he cannot do? 세상에 그가 할 수 없는 일이 있기는 한 걸까요?

nothing과 cannot이 같이 쓰여 부정형이 두 번 들어간 문장이에요. 이런 문장은 자칫 해석할 때 혼란스러울 수 있으니 꼼꼼히 들여다보며 잘 해석하셔야 해요. '할 수 없는 것이 아무것도 없다'는 것이니 결과적으로 '뭐든지 다 할 수 있다'는 뜻이랍니다.

* **There is nothing I cannot** cut. 내가 자르지 못할 것은 세상에 아무것도 없다.
* **There is nobody he cannot** beat. 그가 이기지 못할 상대는 세상에 아무도 없다.

❹ Adventure is out there! 모험은 바로 저 너머에!

out there은 문자 그대로 해석하면 '저기 밖에'라는 뜻이지만, 이 표현은 주로 구어체에서 '세상 밖으로 나가면, 세상에는'이라는 의미로 해석하면 가장 좋답니다. 위의 문장은 '저 너머에'라고 조금 더 드라마틱하게 의역을 해 보았어요. 한편, 관용적으로 somewhere out there이라는 표현이 많이 쓰이는데, '이 세상 어딘가에' 정도로 해석할 수 있겠어요. 문장에서 어떻게 활용되는지 패턴 문장으로 같이 연습해 볼게요.   ★영화 속 패턴 익히기

🎧 01-2.mp3

out there　　세상 밖으로 나가면, 세상은, 저 밖에

Step 1　기본 패턴 연습하기

1　It's a jungle **out there**. 세상 밖으로 나가면 정글이야.

2　There are some crazy people **out there**. 저 밖에 미친 사람들이 있어요.

3　It's a big world **out there**. 이 세상은 정말 크단다.

4　There are people doing wonderful things _____.
　세상에는 참으로 아름다운 일을 하는 사람들이 있단다.

5　There are more possibilities _____ you think. 세상에는 네 생각보다 더 많은 가능성이 있어.

Step 2　패턴 응용하기 | somewhere out there

1　It's got to be **somewhere out there**. 그것은 분명 어딘가에 있을 거야.

2　There must be a perfect man for you **somewhere out there**.
　분명 세상에는 너를 위한 완벽한 짝이 있을 거야.

3　I will find my happiness **somewhere out there**. 난 세상 어딘가에서 나의 행복을 찾을 거야.

4　There are aliens _____. 세상 어딘가에는 외계인들이 있다.

5　There are opportunities for you _____. 세상 어딘가엔 너를 위한 기회들이 있어.

Step 3　실생활에 적용하기

A　I can't believe he turned out to be such a fraud.

B　세상에는 이상한 사람들이 정말 많단다.

A　You bet.

A　그가 알고 보니 그런 사기꾼이었는지 믿기질 않네.

B　There are a lot of weird people out there.

A　정말 그렇네.

정답　Step 1 **4** out there **5** out there than　Step 2 **4** somewhere out there **5** somewhere out there

A | 영화 속 대화를 완성해 보세요.

MUNTZ   I promise to ❶............................... alive!
난 꼭 야수를 잡아올 것이오… 산채로!

MUNTZ   And I will not come back ❷..................!
그리고 야수를 잡기 전에는 절대 돌아오지 않을 것이오!

NEWSREEL ANNOUNCER   And so the explorer is off to
❸............................ ❹.......................... Charles
Muntz, and ❺......................... capturing the
Monster of Paradise Falls! 그래서 그 탐험가는 오명을 씻기 위해 떠납니다.
여행 잘 다녀오세요 찰스 먼츠, 그리고 꼭 파라다이스 폭포의 괴물을 잡을 수 있기를 바랄게요!

NEWSREEL ANNOUNCER   Here's Charles Muntz piloting his famous
dirigible!! 찰스 먼츠가 그의 유명한 비행선을 조종하고 있습니다!!

NEWSREEL ANNOUNCER   He ❻.......................... Pike's Peak!
그가 파이크스 피크를 뛰어넘습니다!

NEWSREEL ANNOUNCER   He hurdles the Grand Canyon!
그가 그랜드 캐니언을 뛰어넘습니다!

NEWSREEL ANNOUNCER   He hurdles ❼.........................!
그가 에버레스트산을 뛰어넘습니다!

NEWSREEL ANNOUNCER   He... ❽.......................... Mount Everest!
❾..?   그가 에버레스트산의
옆으로 우회합니다! 세상에 그가 할 수 없는 일이 있기는 한 걸까요?

NEWSREEL ANNOUNCER   Yes, as Muntz himself says: "Adventure is–"
네, 먼츠 그 자신이 말하듯이: "모험은–"

GIRL'S VOICE   "Adventure is ❿.........................!" "모험은 바로 저 너머에!"

B | 다음 빈칸을 채워 문장을 완성해 보세요.

1 세상 밖으로 나가면 정글이야.
It's a jungle _____.

2 저 밖에 미친 사람들이 있어요.
There are some crazy people _____.

3 세상에는 참으로 아름다운 일을 하는 사람들이 있단다.
There are people doing wonderful things _____.

4 그것은 분명 어딘가에 있을 거야.
It's got to be _____.

5 세상 어딘가에는 외계인들이 있다.
There are aliens _____.

11

Ellie & Carl's First Encounter

엘리와 칼의 첫 만남

극장에서 모험 왕 찰스 먼츠를 보며 꿈에 부풀어 있던 칼이 길을 가다가 그루터기에^{stump} 걸려 넘어집니다^{trip and fall}. 그런데 바로 그 순간 금방이라도 쓰러질 것 같은 허름한^{dilapidated} 어떤 집에서 한 소녀의 목소리가 들리네요. 찰스 먼츠가 늘 외치는 '모험은 바로 저 너머에!'라고 말하는 것 같아요. 너무나도 궁금해진 칼이 그 집안으로 들어가서 그 소녀의 행동을 엿보다가^{peep} 딱 들키고 말죠. 소녀는 칼과의 첫 만남이^{the first encounter} 전혀 어색하지 않은지 씩씩하게 말도 참 잘하네요. 자기 클럽에 칼을 초대한 이 씩씩한 소녀의 이름은 엘리예요.

Warm Up! 오늘 배울 표현   오늘 등장하는 표현들입니다. 어떤 표현이 들어가야 할지 생각해 보세요.

* **Do you think** ⬛⬛⬛⬛⬛⬛⬛⬛⬛ ? 네가 자격이 있다고 생각해?

* **Alright,** ⬛⬛⬛⬛⬛⬛ . 좋아, 넌 합격이야.

* ⬛⬛⬛⬛⬛⬛⬛⬛ . 우리 클럽에 가입하게 된 걸 환영해.

* **Let's** ⬛⬛⬛⬛⬛ ! 찾으러 가자!

YOUNG ELLIE What are you doing!?!
어린 엘리 여기서 뭐 하는 거지!?!

YOUNG ELLIE Don't you know this is an exclusive club? Only explorers get in here.
어린 엘리 Not just any kid off the street with a helmet and a pair of goggles.
Do you think **you got what it takes?**① Well, do you?!?
여긴 회원자격이 있어야만 들어올 수 있는 클럽이라는 거 몰라? 탐험가들만 여기에 들어올 수 있어. 헬멧과 고글만 썼다고
아무나 막 들어올 수 있는 곳이 아니라고. 네가 여기에 들어올 자격이 있다고 생각해? 응, 그러냐고?!?

YOUNG ELLIE Alright, **you're in.**② **Welcome aboard.**③
어린 엘리 좋아, 넌 자격이 있어. 우리 클럽에 가입하게 된 걸 환영해.

YOUNG ELLIE What's wrong? Can't you talk?
어린 엘리 왜 그래? 말을 못하니?

YOUNG ELLIE Hey, I don't bite.
어린 엘리 야, 나 안 물어.

YOUNG ELLIE You and me, we're in a club now.
어린 엘리 너하고 나하고, 우린 이제 같은 클럽 회원이야.

YOUNG ELLIE I saw where your balloon went. Come on, let's **go get it!**④
어린 엘리 네 풍선이 어느 쪽으로 가는지 봤어. 이리 와, 찾으러 가자!

YOUNG ELLIE My name's Ellie.
어린 엘리 내 이름은 엘리야.

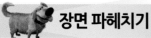
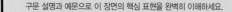

❶ Do you think you got what it takes? 네가 자격이 있다고 생각해?

have/(have) got what it takes는 '(~을 완수하는데/성공하는데 필요한) 능력/자질이 있다'라는 의미의 숙어에요. have와 have got은 서로 교체해가며 써도 된답니다. 구어체에서 have got은 그냥 got이라고 하는 경우가 많고요. 표현이 생소하고 약간 복잡해서 문장에서 활용하기가 쉽지 않은 만큼 패턴 문장으로 연습하도록 할게요.

★ 영화 속 패턴 익히기

❷ Alright, you're in. 좋아, 넌 합격이야.

상대방에게 그럴만한 자격이 된다고 하며 우리의 일에 합류 또는 동참해도 좋다고 할 때 쓰는 표현이에요. 반대로, 내가 상대방과 함께할까 고민하다가 '나도 같이할게, 나도 낄게'라고 할 때는 I'm in. 이라고 하지요.

* I like your attitude. **You're in.** 네 태도가 마음에 드는군. 넌 합격이야.
* Okay, **I'm in.** Let's get going. 좋아, 나도 합류하겠어. 어서 가보자고.

❸ Welcome aboard. 우리 클럽에 가입하게 된 걸 환영해.

이 표현은 비행기의 기장이나 배의 선장이 승객들에게 방송으로 하는 환영 인사로 '저희 비행기/배를 이용해 주셔서 감사합니다!'라는 의미예요. 그런데, 의미를 조금 더 확장해서 팀에 새롭게 합류하거나 회사에 입사한 신입사원에게 환영 인사로 쓰이는 경우도 많답니다.

* **Welcome aboard.** We look forward to working with you. 환영해요. 당신과 함께 일하게 되어 기대되네요.
* **Welcome aboard.** Our flight is 3 hours and 20 minutes.
  저희 비행기를 이용해 주셔서 감사합니다. 이 비행은 3시간 20분 소요 예정입니다.

❹ Let's go get it! 찾으러 가자!

'go + 동사'는 '~하러 가다'라는 의미의 구어체적 표현이에요. 원래 문법적으로는 'go and + 동사' 형식이 맞는데, 구어체에서는 주로 and를 생략하고 쓰지요. 이 경우엔 'go to + 동사'를 축약한 것이 아니고 'go and + 동사'를 축약한 것임을 알아두세요.

* Let's **go ask her.** 가서 그녀에게 물어보자.
* I'll **go find it.** 내가 가서 찾아올게.

🎧 02-2.mp3

have what it takes   (~을 완수하는데/성공하는데 필요한) 능력/자질이 있다.

Step 1   기본 패턴 연습하기

1   I wonder if I **have what it takes**. 내가 자질(능력)이 있는지 궁금하네.

2   You don't **have what it takes**. 넌 이 일을 할 만한 자질(능력)이 안 돼.

3   He doesn't **have what it takes** to be a leader. 그는 지도자가 될 만한 그릇이 안 된다.

4   Who has _____ a hero? 영웅이 될만한 자질(능력)이 있는 사람은 누구인가?

5   I think my daughter might _____ be a model.
우리 딸이 모델이 될 만한 자질이 있는 것 같은데.

Step 2   패턴 응용하기   (have) got what it takes

1   I don't think I've **got what it takes** to be a doctor. 난 의사가 될 만한 자질(능력)이 안 되는 것 같아.

2   Have you **got what it takes** to marry me? 네가 나와 결혼할 만한 자질(능력)이 있니?

3   He has **got what it takes** to make it to the top. 그는 정상에 오를만한 자질(능력)이 있다.

4   I _____ be a lawyer. 난 변호사가 될만한 자질(능력)이 있어.

5   She _____ deal with it. 그녀에겐 그 일을 처리할 만한 자질(능력)이 없다.

Step 3   실생활에 적용하기

A   넌 네가 내 여자친구가 될 자격이 있다고 생각하니?

B   I don't want to be your girlfriend.

A   Come on, I know you do.

A   Do you think you have what it takes to be my girlfriend?

B   난 네 여자친구 하고 싶지 않은데.

A   왜 이래, 네가 내 여자친구가 되고 싶어 하는 거 다 알아.

정답   Step 1   4 what it takes to be   5 have what it takes to   Step 2   4 got what it takes to   5 hasn't got what it takes to

15

확인학습

문제를 풀며 오늘 배운 표현을 완벽히 내 것으로 만드세요.

A | 영화 속 대화를 완성해 보세요.

YOUNG ELLIE What ❶_____!?! 여기서 뭐 하는 거지!?!

YOUNG ELLIE Don't you know this is ❷_____? Only explorers get in here. Not just any kid off the street with a helmet and a pair of goggles. Do you think ❸_____? Well, do you?!? 여긴 회원자격이 있어야만 들어올 수 있는 클럽이라는 거 몰라. 탐험가들만 여기에 들어올 수 있어. 헬멧과 고글만 썼다고 아무나 막 들어올 수 있는 곳이 아니라고. 네가 여기에 들어올 자격이 있다고 생각해? 응, 그러냐고?!?

YOUNG ELLIE Alright, ❹_____ ❺_____. 좋아, 넌 자격이 있어. 우리 클럽에 가입하게 된 걸 환영해.

YOUNG ELLIE ❻_____? Can't you talk? 왜 그래? 말을 못하니?

YOUNG ELLIE Hey, ❼_____. 야, 나 안 물어.

YOUNG ELLIE You and me, we're ❽_____. 너하고 나하고, 우리 이제 같은 클럽 회원이야.

YOUNG ELLIE I saw ❾_____. Come on, let's ❿_____! 네 풍선이 어느 쪽으로 가는지 봤어. 이리 와, 찾으러 가자!

YOUNG ELLIE My name's Ellie. 내 이름은 엘리야.

정답 A

❶ are you doing
❷ an exclusive club
❸ you got what it takes
❹ you're in
❺ Welcome aboard
❻ What's wrong
❼ I don't bite
❽ in a club now
❾ where your balloon went
❿ go get it

B | 다음 빈칸을 채워 문장을 완성해 보세요.

1 넌 이 일을 할 만한 자질(능력)이 안 돼.
You don't _____.

2 그는 지도자가 될 만한 그릇이 안 된다.
He doesn't _____ to be a leader.

3 영웅이 될만한 자질(능력)이 있는 사람은 누구인가?
Who has _____ a hero?

4 난 의사가 될 만한 자질(능력)이 안 되는 것 같아.
I don't think I've _____ to be a doctor.

5 그녀에겐 그 일을 처리할 만한 자질(능력)이 없다.
She _____ deal with it.

정답 B

1 have what it takes
2 have what it takes
3 what it takes to be
4 got what it takes
5 hasn't got what it takes to

16

Paradise Falls, a Land Lost in Time
파라다이스 폭포, 시간 속에 사라진 땅

칼은 말없이 표정만으로^{facial expression} 반응하고 엘리만 계속 말을 합니다. 그런 칼이 편한지^{feel comfortable} 엘리는 자신의 꿈을 담은 '모험 책'까지 칼에게 보여줍니다. 그녀의 꿈은 파라다이스 폭포에 클럽하우스를 옮겨서 거기에 주차해^{park} 놓는 것이라는군요. 그곳에 어떻게 갈지 고민이네요. 엘리는 장난감 비행선을^{blimp} 보고 있던 칼에게 흥분하며 말합니다. 나중에 비행선으로 그곳에 데려가 달라고, 꼭 약속하라고 말이에요. 가슴에 십자를 그으라고^{cross your heart} 하며 맹세를^{swear} 약속하네요. 칼은 그렇게 하겠다는 약속의 표시로 가슴에 십자를 긋습니다.

 **Warm Up!** 오늘 배울 표현   오늘 등장하는 표현들입니다. 어떤 표현이 들어가야 할지 생각해 보세요.

* I ripped this _____ a library book. 도서관 책에서 바로 뜯어서 가져온 거야.

* _____ what lives up there? 거기에 무엇이 살고 있을지 누가 알겠어?

* _____! 가슴에 십자 그어!

* _____. 나중에 딴소리하기 없어.

17

YOUNG ELLIE
어린 엘리
"Paradise Falls, a land lost in time." I ripped this **right out of** a library book. ❶
"파라다이스 폭포, 시간 속에 사라진 땅." 도서관 책에서 바로 뜯어서 가져온 거야.

YOUNG ELLIE
어린 엘리
I'm gonna move my clubhouse there, and park it right next to the falls. **Who knows** what lives up there? ❷ And once I get there...
내 클럽하우스를 거기로 옮겨서, 폭포 바로 옆에 주차해 놓을 거야. 거기에 무엇이 살고 있을지 누가 알겠어? 그리고 일단 내가 거기에 가게 되면…

YOUNG ELLIE
어린 엘리
Well, I'm saving these pages for all the adventures I'm gonna have. Only... I just don't know how I'm gonna get to Paradise Falls.
흠, 이 뒤쪽 페이지들은 앞으로 펼쳐질 나의 모든 모험을 담기 위해서 남겨놨어. 그런데 문제는… 파라다이스 폭포에 어떻게 가야 할지 모른다는 거지.

YOUNG ELLIE
어린 엘리
That's it! You can take us there in a blimp! Swear you'll take us. **Cross your heart!** ❸ Cross it! Cross your heart.
바로 그거야! 네가 비행선으로 우리를 거기에 데려다주면 되겠다! 우리를 데려가겠다고 맹세해! 마음에 맹세해! 그으라고! 가슴에 십자 그어!

YOUNG ELLIE
어린 엘리
Good. You promised. **No backing out.** ❹
좋아. 약속한 거다. 나중에 딴소리하기 없어.

YOUNG ELLIE
어린 엘리
Well, see you tomorrow kid! Bye.
그럼, 내일 봐, 친구! 안녕.

YOUNG ELLIE
어린 엘리
"Adventure is out there!!"
"모험은 바로 저 너머에!!"

YOUNG ELLIE
어린 엘리
You know, you don't talk very much. I like you.
그런데 있잖아, 넌 말이 별로 없구나. 맘에 들어.

YOUNG CARL
어린 칼
Wow.
와우.

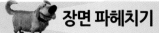
❶ I ripped this right out of a library book. 도서관 책에서 바로 뜯어서 가져온 거야.

어떤 책, 잡지, 신문 등에서 무엇을 뜯어/오려 왔다고 할 때 out of라는 표현을 써요. 근원이나 출처를 뜻하는 것으로 from과 같은 의미지요. out of 앞에 right를 붙이면 강조용법으로 '바로/직접 ~에서'라는 의미로 해석할 수 있겠네요.

* I took this **right out of** a magazine. 이건 잡지에서 바로 뜯어서 가져온 거야.
* I made this pie **right out of** my mom's recipe book. 이 파이는 우리 엄마 조리법 책에 나온 내용 그대로 만든 거야.

❷ Who knows what lives up there? 거기에 무엇이 살고 있을지 누가 알겠어?

Who knows? 는 정확하게 말할 수는 없지만 어쩌면 (경우에 따라서는) 그럴 수도 있고 아닐 수도 있다고 할 때 '그걸 누가 알겠어?'라는 의미로 쓰는 표현이에요. 문맥에 따라서는 '아무도 모른다'는 의미로 해석할 수도 있어요.

★ 영화 속 패턴 익히기

❸ Cross your heart! 가슴에 십자 그어!

서양에서는 주로 어린아이들이 맹세할 때 하는 행위로 가슴에 십자가를 긋는답니다. 우리말로 '가슴에 손을 얹고 맹세하다'와 비슷한 표현이에요. 명령형으로 쓰면 '꼭 그러겠다고 약속해/맹세해!'라는 의미이지요.

* **Cross your heart** and hope to die! 십자를 긋고 죽어도 좋다고 맹세해!
* **Cross your heart** that you won't tell anyone about this.
  이것에 대해서 절대 아무에게도 말하지 않겠다고 가슴에 십자 긋고 맹세해!

❹ No backing out. 나중에 딴소리하기 없어.

back out은 '하기로 했던 일에서 빠지다'라는 의미의 구어체적 표현이에요. 위의 표현은 '나중에 발뺌하기 없다' 또는 '나중에 딴소리하지 마라' 등으로 해석하면 자연스럽겠어요.

* Good, you promised. **No backing out.** 좋아, 약속한 거야. 나중에 발뺌하기 없어.
* You agreed to it. There's **no backing out.** 동의한 거다. 나중에 딴소리하지 마.

오늘 배운 장면에서 뽑은 핵심 패턴으로 다양한 표현을 만들어 보세요.

🎧 03-2.mp3

Who knows ~?

~을 누가 알겠어? / 아무도 모른다.

Step 1 기본 패턴 연습하기

1 **Who knows** where the time goes? 시간이 어디로 흘러가는지 누가 알겠어요?

2 **Who knows** what love is? 사랑이 뭔지 누가 알겠니?

3 **Who knows** what tomorrow brings? 내일 무슨 일이 생길지 누가 알겠냐고?

4 .... the world will end? 세상의 종말이 언제일지 누가 알아?

5 .... he wants? 그가 뭘 원하는지 누가 알겠니?

Step 2 패턴 응용하기   nobody knows

1 **Nobody knows** when she will be back. 그녀가 언제 돌아올지는 아무도 모른다.

2 **Nobody knows** how I feel. 내 기분이 어떤지 아무도 모른다.

3 **Nobody knows** what it means. 이것의 의미가 무엇인지 아무도 몰라.

4 .... he really is. 그가 정말 누구인지는 아무도 몰라.

5 .... that I'm a secret agent. 내가 비밀요원이란 것은 아무도 모른다.

Step 3 실생활에 적용하기

A I'm confused about what Dylan wants.

B 걔가 뭘 원하는지 아는 사람이 누가 있겠니?

A Exactly.

A 딜런이 뭘 원하는 건지 헷갈려.

B Who knows what he wants?

A 내 말이.

정답   Step 1 4 Who knows when 5 Who knows what   Step 2 4 Nobody knows who 5 Nobody knows

A | 영화 속 대화를 완성해 보세요.

YOUNG ELLIE "Paradise Falls, a land lost in time." I ripped this
❶ _____ a library book.
"파라다이스 폭포, 시간 속에 사라진 땅." 도서관 책에서 바로 뜯어서 가져온 거야.

YOUNG ELLIE I'm gonna move my clubhouse there, and
❷ _____ the falls. ❸ _____
what lives up there? And once I get there...
내 클럽하우스를 거기로 옮겨서, 폭포 바로 옆에 주차해 놓을 거야. 거기에 무엇이 살고 있을지
누가 알겠어? 그리고 일단 내가 거기에 가게 되면…

YOUNG ELLIE Well, ❹ _____ all the
adventures I'm gonna have. Only... I just don't know
❺ _____ to Paradise Falls.
흠, 이 뒤쪽 페이지들은 앞으로 펼쳐질 나의 모든 모험을 담기 위해서 남겨놨어. 그런데 문제는…
파라다이스 폭포에 어떻게 가야 할지 모른다는 거지.

YOUNG ELLIE That's it! You can ❻ _____ in a blimp!
Swear you'll take us. ❼ _____! Cross it!
Cross your heart. 바로 그거야! 네가 비행선으로 우리를 거기에 데려다주면
되겠다! 우리를 데려가겠다고 맹세해! 마음에 맹세해! 그러라고! 가슴에 십자 그어!

YOUNG ELLIE Good. You promised. ❽ _____.
좋아. 약속한 거다. 나중에 딴소리하기 없어.

YOUNG ELLIE Well, ❾ _____ kid! Bye. 그럼, 내일 봐, 친구! 안녕.

YOUNG ELLIE "Adventure is out there!!" "모험은 바로 저 너머에!!"

YOUNG ELLIE You know, ❿ _____. I like you.
그런데 있잖아, 넌 말이 별로 없구나. 맘에 들어.

YOUNG CARL Wow. 와우.

B | 다음 빈칸을 채워 문장을 완성해 보세요.

1 내일 무슨 일이 생길지 누가 알겠냐고?
_____ what tomorrow brings?

2 세상의 종말이 언제일지 누가 알아?
_____ the world will end?

3 그가 뭘 원하는지 누가 알겠니?
_____ he wants?

4 이것의 의미가 무엇인지 아무도 몰라.
_____ what it means.

5 그가 정말 누구인지는 아무도 몰라.
_____ he really is.

Life Without Ellie
엘리가 없는 삶

엘리와 어린 시절^{childhood} 만나 함께 뛰어놀며 같은 꿈을 꿨던 칼이 세월이 흘러 드디어 엘리와 결혼을 하네요.^{get married} 살다 보니 때론 힘든 순간들도 있었지만, 그들은 서로를 진심으로 사랑하며 참 예쁘게 살았답니다. 그런데, 엘리가 먼저 하늘나라로 떠나게 됩니다. 홀로 남겨진^{left alone} 칼은 엘리와의 추억을 그리워하며 세월을 보내고 있네요. 적적하고^{lonesome} 무미건조한 삶이에요. 그런데 그러한 칼에게 시련이 닥칩니다. 칼의 집이 부동산 재개발지역에 포함되는 바람에 엘리와의 추억이 고스란히 담긴 집을 부동산 업자에게^{real estate developer} 팔아야만 하는 상황이 되었어요. 그 집을 홀로 지키려고 고군분투하며 성격만 점점 괴팍해지는 것 같아요.

 **Warm Up!** 오늘 배울 표현   오늘 등장하는 표현들입니다. 어떤 표현이 들어가야 할지 생각해 보세요.

* Well, _____. 그냥 알아두시면 좋을 것 같아서 드리는 말씀인데요.

* _____? 어떻게 생각하세요?

* I _____, then. 싫다는 뜻으로 받아들일게요. 그럼.

* He's _____ get your house! 그는 어르신 집을 어떻게든 처분하려고 한다고요!

CONSTRUCTION FOREMAN TOM 공사 감독관 톰	Hey! 'Morning, Mr. Fredricksen! Need any help there? 어르신! 좋은 아침이에요, 프레드릭슨 씨! 좀 도와드릴까요?
CARL 칼	No. Yes. Tell your boss over there that you boys are ruining our house. 아니. 그래 도와줘. 너희들이 우리 집을 망가뜨리고 있다고 너네 대장한테 가서 말해라.
CONSTRUCTION FOREMAN TOM 공사 감독관 톰	Well **just to let you know**, my boss would be happy to take this old place off your hands, and for double his last offer.❶ **Whaddya say to that?**❷ 그냥 알아두시면 좋을 것 같아서 드리는 말씀인데요, 우리 대장이 어르신의 낡은 집을 기꺼이 처분해 주시겠다고 해요. 그것도 지난번 제안했던 액수의 두 배 가격으로 말이에요. 어떻게 생각하세요?
CONSTRUCTION FOREMAN TOM 공사 감독관 톰	Uh, I **take that as a no**, then.❸ 어, 이러시는 걸 보니 싫다는 뜻으로 받아들일게요. 그럼.
CARL 칼	I believe I made my position to your boss quite clear. 너네 대장한테 내 입장은 분명히 해 둔 걸로 아는데.
CONSTRUCTION FOREMAN TOM 공사 감독관 톰	You poured prune juice in his gas tank. 어르신이 그의 연료통에 자두 주스를 쏟아부으셨죠.
CARL 칼	Oh yeah, that was good. Here, let me talk to him. 오 그래. 그거 정말 재미 있었지. 그거 줘봐. 그에게 얘기 좀 하게.
CARL 칼	You in the suit. Yes, you. Take a bath, hippy! 너 거기 양복 입은 놈. 그래. 너. 망해라, 이 자식아!
CONSTRUCTION FOREMAN TOM 공사 감독관 톰	I am not with him! This is serious. He's **out to** get your house!❹ 전 이 할아버지 의견에 동의하지 않아요! 이건 심각한 문제예요. 그는 어르신 집을 어떻게든 처분하려고 한다고요!

23

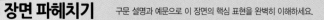

장면 파헤치기   구문 설명과 예문으로 이 장면의 핵심 표현을 완벽히 이해하세요.

❶ Well, just to let you know. 그냥 알아두시면 좋을 것 같아서 드리는 말씀인데요.

상대방에게 도움이 될 만한 정보를 제공해 주거나 넌지시 전하고 싶은 말이 있을 때, '(혹시라도 네가 모를 수도 있을 것 같아서) 그냥 말해주자면, 그냥 네가 알았으면 해서 말하는 건데'라는 뜻으로 쓰는 표현이에요. 비슷한 상황에서 Just so you know라고 하는 경우도 많습니다. 이 두 가지 표현으로 패턴 연습을 해 볼게요.

★ 영화 속 패턴 익히기

❷ Whaddya say to that? 어떻게 생각하세요?

어떤 조건을 제시한 후에 상대방에게 '좋으냐, 싫으냐'는 가부 의견을 물을 때 쓰는 표현이에요. Whaddya 부분은 원래 What do you인데 여기에서는 구어체에서 발음 나는 대로 표기했어요. 주로 What do you say? 혹은 What do you say to that?의 형식으로 묻는답니다.

* I'll pay you double the meter. **What do you say to that?** 미터기의 두 배로 드릴게요. 어때요?
* We'll buy everything you have. **Whaddya you say to that?** 거기 있는 거 다 살게요. 어때요?

❸ I take that as a no, then. 싫다는 뜻으로 받아들일게요. 그럼.

take something as a no는 '~을 거절하는 뜻으로 받아들이다'라는 의미예요. a no 대신에 a yes를 넣어서 take something as a yes라고 하면 '승낙/동의하는 뜻으로 받아들이다'라는 의미가 된답니다. 참고로, a maybe를 넣으면 '그럴 수도 있다, 생각해 보겠다'는 뜻이 되고요. take something as ~ 형식으로 뒤에 다른 단어들을 넣을 수도 있어요.

* I **take that as a** compliment. 칭찬으로 받아들일게요.
* Can I **take that as a** 'maybe'? '생각해 보겠다'라는 뜻으로 받아들여도 될까요?

❹ He's out to get your house! 그는 어르신 집을 어떻게든 처분하려고 한다고요!

〈be동사 + out to〉는 '적극적으로/열심히 ~을 하려고 하다'라는 의미로 쓰이는 숙어예요. 비슷한 뜻으로 쓰이는 표현으로 〈be동사 + eager to〉가 있으니 같이 알아두면 좋아요.

* They are **out to** get you! 그들이 너를 어떻게든 잡으려고 노리고 있어!
* That guy is **out to** destroy world order. 그 남자는 세계의 질서를 어떻게든 파괴하려고 하고 있다.

🎧 04-2.mp3

just to let you know   그냥 네가 알아두면 좋을 것 같아서

Step 1   기본 패턴 연습하기

1   I won't be coming tonight, **just to let you know.** 난 오늘 밤에 못 올 거야. 그냥 알아두라고.

2   **Just to let you know,** he'll be out of town for a week.
그냥 알아두라고 하는 말인데, 그는 일주일 동안 어디 다른 곳에 가 있을 거야.

3   They are counting on you, **just to let you know.** 그들이 널 의지하고 있어. 그냥 네가 알아뒀으면 해서.

4   --, you are not alone. 그냥 네가 알았으면 하는데, 넌 혼자가 아니야.

5   It won't be easy, --. 쉽진 않을 거야. 그냥 알아두라고.

Step 2   패턴 응용하기   just so you know

1   Justin is not trustworthy, **just so you know.** 저스틴은 믿을 만한 사람이 아니야. 그냥 알아두라고.

2   **Just so you know,** the meeting will start at 10:30, not 11.
그냥 네가 모를까 봐 그러는데, 회의가 10시 30분에 시작할 거야. 11시가 아니고.

3   We all love you, **just so you know.** 우린 모두 널 사랑한단다. 그냥 네가 알았으면 해서.

4   I've never liked you, --. 난 단 한순간도 널 좋아했던 적이 없어. 그냥 알아두라고.

5   --, I'm not like most girls.
그냥 네가 알았으면 해서 하는 말인데. 난 다른 여자들하고는 달라.

Step 3   실생활에 적용하기

A   I'm getting off the bus.   A   나 지금 버스에서 내려요.

B   Why would you tell me that?   B   그걸 왜 나한테 말해주는 거죠?

A   그냥 알아두라고 하는 얘기예요.   A   Just to let you know.

정답   Step 1   4 Just to let you know   5 just to let you know   Step 2   4 just so you know   5 Just so you know

A | 영화 속 대화를 완성해 보세요.

CONSTRUCTION FOREMAN TOM Hey! 'Morning, Mr. Fredricksen! Need
❶_____? 어르신! 좋은 아침이에요, 프레드릭슨 씨! 좀 도와드릴까요?

CARL No. Yes. Tell your boss over there that you boys ❷_____
_____. 아니. 그래 도와줘. 너희들이 우리 집을 망가뜨리고 있다고 너네 대장한테
가서 말해라.

CONSTRUCTION FOREMAN TOM Well, ❸_____, my
boss would be happy to take this old place off your
hands, and for double his last offer. ❹_____?
그냥 알아두시면 좋을 것 같아서 드리는 말씀인데요, 우리 대장이 어르신의 낡은 집을 기꺼이 처분해
주시겠다고 해요, 그것도 지난 번 제안했던 액수의 두 배 가격으로 말이에요. 어떻게 생각하세요?

CONSTRUCTION FOREMAN TOM Uh, ❺_____, then.
어, 이러시는 걸 보니 싫다는 뜻으로 받아들일게요, 그럼.

CARL I believe I ❻_____ to your boss quite
clear. 너네 대장한테 내 입장은 분명히 해 둔 걸로 아는데.

CONSTRUCTION FOREMAN TOM You poured prune juice ❼_____
_____. 어르신이 그의 연료통에 자두 주스를 쏟아부으셨죠.

CARL Oh yeah, that was good. Here, ❽_____.
오 그래, 그거 정말 재미있었지. 그거 줘봐, 그에게 얘기 좀 하게.

CARL You in the suit. Yes, you. ❾_____, hippy!
너 거기 양복 입은 놈. 그래, 너. 망해라, 이 자식아!

CONSTRUCTION FOREMAN TOM I am not with him! This is serious. He's
❿_____ get your house! 전 이분 의견에 동의하지 않아요! 이건
심각한 문제예요, 그는 어르신 집을 어떻게든 처분하려 하고 있다고요!

B | 다음 빈칸을 채워 문장을 완성해 보세요.

1 난 오늘 밤에 못 올 거야, 그냥 알아두라고.
I won't be coming tonight, _____.

2 그냥 네가 알았으면 하는데, 넌 혼자가 아니야.
_____, you are not alone.

3 쉽진 않을 거야, 그냥 알아두라고.
It won't be easy, _____.

4 우린 모두 널 사랑한단다, 그냥 네가 알았으면 해서.
We all love you, _____.

5 그냥 네가 알았으면 해서 하는 말인데, 난 다른 여자들과는 달라.
_____, I'm not like most girls.

Russell Going After a Snipe

도요새를 찾아 나선 러셀

손님이라고는 공사장 직원밖에 없던 칼의 집에 어느 날^{one day} 갑자기 꼬마 손님이 찾아왔어요. 러셀이라는 9살 아이인데, 이 꼬마 손님도 칼에게 뭘가 원하는 게 있는 눈치예요. 어르신을^{an elderly person} 돕고 훈장을^{badge} 얻을 목적이 있는 거죠. 칼은 도움을 받고 싶지도 않고^{don't need any help} 이 꼬마가 마냥 귀찮아서 거절하지만, 러셀의 고집도 만만치 않네요. 꼬마가 순순히 물러날 것 같지 않자 칼에게 좋은 묘책이 떠오릅니다. 도요새가 집에 자꾸 출몰해서 정원을 다 망쳐놓는다고, 그 새를 좀 찾아달라고 이야기를 꾸며대네요.^{make up a story} 순진한^{innocent} 러셀은 흔쾌히 도요새를 찾겠다고 나섭니다.

 **Warm Up!** 오늘 배울 표현   오늘 등장하는 표현들입니다. 어떤 표현이 들어가야 할지 생각해 보세요.

* _____ a snipe? 너 혹시 도요새라고 들어봤니?
* I'm _____ and infirm. 난 나이가 들어서 병약해.
* _____ someone could help me... 누구라도 나를 도울 수만 있다면….
* It's _____ crafty. 그놈이 워낙 교활해서.

CARL
칼
So you want to assist an old person?
그러니까 네가 노인을 돕고 싶다는 말이니?

RUSSELL
러셀
Yep! Then I will be a Senior Wilderness Explorer!
네! 그러면 제가 상급 야생 탐험가가 되는 거예요!

CARL
칼
You ever heard of a snipe?❶
너 혹시 도요새라고 들어봤니?

RUSSELL
러셀
Snipe?
도요새요?

CARL
칼
Bird. Beady eyes. Every night it sneaks in my yard and gobbles my poor azaleas. I'm **elderly** and infirm.❷ I can't catch it. **If only** someone could help me...❸
새야. 말똥말똥 빛나는 눈을 가지고 있지. 매일 밤 그 새가 우리 정원에 몰래 들어와서 가엾은 내 진달래들을 마구 먹어 치운단다. 난 나이가 들어서 병약해. 그놈을 잡을 수가 없단다. 누구라도 나를 도울 수만 있다면….

RUSSELL
러셀
Me! Me! I'll do it!
저요! 저요! 제가 할게요!

CARL
칼
Oh, I don't know, it's **awfully** crafty.❹ You'd have to clap your hands three times to lure it in.
오, 그런데 좀. 그놈이 워낙 교활해서. 그 녀석을 유인하려면 박수를 세 번 쳐야만 해.

RUSSELL
러셀
I'll find it, Mr. Fredricksen!
제가 찾을게요, 프레드릭슨 할아버지!

CARL
칼
I think its burrow is two blocks down. If you go past -
그 새가 사는 굴이 두 블록 내려가야 있는 것 같더라. 저기 지나가면 -

RUSSELL
러셀
Two blocks down! Got it!
두 블록 내려가면 있다고요! 알겠습니다!

RUSSELL
러셀
Sniiiipe! Here Snipey Snipey...
도요오오새야! 여기 나와라 도요요 도유유…

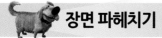
❶ You ever heard of a snipe? 너 혹시 도요새라고 들어봤니?

상대방에게 '혹시 ~라고 들어봤니?'라는 질문을 할 때, 〈Have you ever heard of + 명사〉 형식의 문장을 써요. 위에서와 같이 구어체에서는 Have를 생략하는 경우도 많답니다.

* Have **you ever heard of** Murphy's Law? 머피의 법칙이라고 들어봤니?
* **You ever heard of** this joke? 이 농담 들어본 적 있어?

❷ I'm elderly and infirm. 난 나이가 들어서 병약해.

elderly는 '나이가 많은, 노인의'라는 뜻인데, 우리가 잘 아는 old와 동의어예요. 그런데, old는 '늙은'이라는 부정적인 어감이 강해서 이 단어를 순화시켜 표현하고 싶을 때는 old 대신에 elderly라고 쓰지요.

* An **elderly** man is lost in the wilderness. 한 어르신이 야생에서 길을 잃었다.
* She's **elderly** and frail. 그녀는 나이가 들고 허약하다.

❸ If only someone could help me... 누구라도 나를 도울 수만 있다면….

if only는 기본적으로 '만약/혹시라도 ~했더라면'이라는 뜻이에요. 그런데, 주로 소망의 의미를 담아서 '~라면 좋을 텐데, ~였다면 좋았을 텐데'라고 의역하는 것이 더 자연스럽답니다. 많이 들어본 표현인데, 'If only'라는 제목의 영화 때문일 거예요. 참고로, 이 표현을 공부할 때 헷갈릴 수 있는 것이 only if인데, only if는 어떤 일이 가능한 유일한 상황을 말할 때 '~해야만, 꼭 ~할 경우에 한해'라는 의미랍니다.

★영화 속 패턴 읽기

❹ It's awfully crafty. 그놈이 워낙 교활해서.

awfully는 뒤에 나오는 형용사를 강조해 주는 부사로 '몹시, 정말, 되게, 굉장히, 지독하게, 엄청'과 같은 의미예요. 주로 부정적인 것에 대해서 묘사할 때 많이 쓰인답니다.

* I'm **awfully** sorry. 정말 너무 미안해.
* It takes an **awfully** long time. 정말 심각하게 오래 걸려.

🎧 05-2.mp3

If only ~

만약/혹시라도 ~수만 있다면, ~이면 좋을 텐데

Step 1 기본 패턴 연습하기

1 **If only** I could make you happy. 내가 너를 행복하게 할 수만 있다면.

2 **If only** I could have my own room. 내 방을 가질 수만 있다면.

3 **If only** she knew how much I love her. 그녀가 내가 그녀를 얼마나 사랑하는지 알 수만 있다면.

4 .... were here. 네가 여기에 있었더라면.

5 .... were taller. 내가 키가 더 컸더라면.

Step 2 패턴 응용하기 only if

1 I'll give it to you, **only if** you want it with all your heart. 너에게 줄게, 네가 정말 간절히 이걸 원한다면.

2 Children are admitted **only if** accompanied by an adult. 어린이는 어른이 동반해야만 입장이 가능합니다.

3 I'll come to the party, **only if** I can bring my dog with me. 내 강아지를 데리고 가도 된다면 파티에 갈게.

4 They will let her go, ... to sign the contract.
그녀가 계약서에 서명하기로 동의한다면 그들이 그녀를 풀어줄 것이다.

5 Can I have your phone number? But .... you don't mind sharing.
전화번호 받을 수 있을까요? 혹시라도 공유해도 된다면 말이에요.

Step 3 실생활에 적용하기

A 내가 시간을 되돌릴 수만 있다면.

B What would you do if you could?

A I would study a lot harder.

A If only I could turn back time.

B 그럴 수 있다면 뭘 하려고?

A 훨씬 더 열심히 공부할 거야.

정답 Step 1 4 If only you 5 If only I Step 2 4 only if she agrees 5 only if

A | 영화 속 대화를 완성해 보세요.

CARL   So you want to ❶_____?
그러니까 네가 노인을 돕고 싶다는 말이니?

RUSSELL   Yep! Then I will be a Senior Wilderness Explorer!
네! 그러면 제가 상급 야생 탐험가가 되는 거예요!

CARL   ❷_____ a snipe? 너 혹시 도요새라고 들어봤니?

RUSSELL   Snipe? 도요새요?

CARL   Bird. Beady eyes. Every night it ❸_____
and gobbles my poor azaleas. I'm ❹_____ and
infirm. I can't catch it. ❺_____ someone could help
me... 새야. 말똥말똥 빛나는 눈을 가지고 있지. 매일 밤 그 새가 우리 정원에 몰래 들어와서
가엾은 내 진달래들을 마구 먹어 치운다. 난 나이가 들어서 병약해. 그놈을 잡을 수가 없단다.
누구라도 나를 도울 수만 있다면….

RUSSELL   Me! Me! ❻_____! 저요! 저요! 제가 할게요!

CARL   Oh, I don't know, it's ❼_____ crafty. You'd have to
❽_____ to lure it in.
아, 그런데 좀, 그놈이 워낙 교활해서. 그 녀석을 유인하려면 박수를 세 번 쳐야만 해.

RUSSELL   I'll find it, Mr. Fredricksen! 제가 찾을게요, 프레드릭슨 할아버지!

CARL   I think its burrow is ❾_____. If you go
past - 그 새가 사는 굴이 두 블록 내려가야 있는 것 같더라. 저기 지나가면 –

RUSSELL   Two blocks down! ❿_____! 두 블록 내려가면 있다고요! 알겠습니다!

RUSSELL   Sniiiipe! Here Snipey Snipey... 도요오오새야! 여기 나와라 도요요 도유유…

B | 다음 빈칸을 채워 문장을 완성해 보세요.

1 내 방을 가질 수만 있다면.
_____ I could have my own room.

2 그녀가 내가 그녀를 얼마나 사랑하는지 알 수만 있다면.
_____ she knew how much I love her.

3 내가 키가 더 컸더라면.
_____ were taller.

4 너에게 줄게, 네가 정말 간절히 이걸 원한다면.
I'll give it to you, _____ you want it with all your heart.

5 전화번호 받을 수 있을까요? 혹시라도 공유해도 된다면 말이에요.
Can I have your phone number? But _____ you don't
mind sharing.

Ellie & Carl's Mailbox

엘리와 칼의 우체통

칼이 부동산 개발업자에게 집을 내주지 않으려고 버티는^{hold out} 중에 건축현장에서 일하는 인부들이^{construction workers} 실수로 칼이 너무나도 소중하게^{precious} 여기는 우체통을 망가뜨립니다. 그것은 칼과 엘리가 함께 만든 추억이 담긴 것이었죠. 그것을 목격한 칼이 놀라서^{shocked} 뛰쳐나오자 공사장 인부인 스티브가 잘 고쳐드릴 테니 염려 놓으라고 합니다. 그런데, 우체통을 고치려는 스티브와 실랑이를 벌이던 칼이 너무 흥분한 나머지 그의 지팡이로 스티브의 머리를 내리칩니다^{hits the worker with his cane}. 스티브는 머리에 상처를 입고, 결국 경찰이 이 일을 중재하면서^{mediate} 칼은 이제 자기 집을 떠나 노인요양시설에 가야 하는 신세가 되었어요.

 **Warm Up!** 오늘 배울 표현   오늘 등장하는 표현들입니다. 어떤 표현이 들어가야 할지 생각해 보세요.

* _____ ? 대체 뭐 하는 짓이야?

* Let me _____ that for you. 제가 고쳐드릴게요.

* _____ a public menace to me. 제가 보기에 어르신은 사회에 위험한 존재로 보이진 않아요.

* The guys from Shady Oaks will _____ to pick you up in the morning, okay?
  셰이디 오크 직원들이 내일 아침에 어르신을 모시러 올 거예요, 아시겠죠?

CARL
칼

What? Hey! Hey you! **What do you think you're doing?**❶

뭐야? 이봐! 이보라고! 대체 뭐 하는 짓이야?

CONSTRUCTION WORKER STEVE
공사장 인부 스티브

I am so sorry, sir...

정말 죄송해요. 어르신…

CARL
칼

Don't touch that!

손대지 마!

CONSTRUCTION WORKER STEVE
공사장 인부 스티브

No no, let me **take care of** that for you.❷

아녜요, 아녜요. 제가 고쳐드릴게요.

CARL
칼

Get away from our mailbox!

우리 우편함에서 떨어져!

CONSTRUCTION WORKER STEVE
공사장 인부 스티브

Hey sir, I...

이봐요 어르신, 저는…

CARL
칼

I don't want you to touch it!

자네가 이걸 만지는 걸 원하지 않아!

OFFICER EDITH
경찰관 이디쓰

Sorry Mr. Fredricksen. **You don't seem like** a public menace to me.❸ Take this.

죄송해요. 프레드릭슨 씨. 제가 보기에 어르신은 사회에 위험한 존재로 보이진 않아요. 이거 받으세요.

OFFICER EDITH
경찰관 이디쓰

The guys from Shady Oaks will **be by** to pick you up in the morning, okay?❹

셰이디 오크 직원들이 내일 아침에 어르신을 모시러 올 거예요. 아시겠죠?

CARL
칼

What do I do now, Ellie?

이제 난 어쩌지, 엘리?

❶ What do you think you're doing? 대체 뭐 하는 짓이야?

단순하게 '너 뭐 하고 있는 거니?'라고 물을 때는, What are you doing? 이라고 하지만, 위의 문장에서처럼 까칠하고 부정적인 느낌으로 '너 지금 대체 네가 뭘 하고 있다고 생각하니?', '너 대체 여기서 무슨 짓을 하는 거니?'라고 물을 때는 중간에 do you think를 넣어서 쓰기도 한답니다. 그런데, do you think를 넣으면 are you가 순서가 바뀌어서 you are 된다는 것 유의해 주세요.

* **What do you think you're doing?** Get off my car! 대체 뭐 하는 짓이야? 내 차에서 내려와!
* **What do you think you're looking at?** 너 지금 대체 뭘 보고 있는 거야?

❷ Let me take care of that for you. 제가 고쳐드릴게요.

take care of는 '~을 돌보다, 뒷바라지하다'라는 의미로 많이 알고 있는데, '~을 처리/수습하다'라는 의미로도 많이 쓰여요. 그래서, 범죄 영화에서는 이 표현이 '~을 처치하다/제거하다'라는 의미로 자주 쓰인답니다.

* I'll **take care of** him for you. 당신을 위해서 제가 그를 처치하겠습니다.
* Let me **take care of** your bills. 당신의 고지서들은 제가 알아서 처리할게요.

❸ You don't seem like a public menace to me. 제가 보기에 어르신은 사회에 위험한 존재로 보이진 않아요.

상대방의 모습, 신상에 대한 나의 의견을 말하면서 '내가 보기에 너는 ~해 보이지 않는다'라는 의미로 'You don't seem like ~'의 패턴으로 문장을 쓸 수 있어요. 주어를 바꿔가며 패턴 문장으로 연습을 해 볼게요.

★ 영화 속 패턴 익히기

❹ The guys from Shady Oaks will be by to pick you up in the morning, okay?
세이디 오크 직원들이 내일 아침에 어르신을 모시러 올 거예요, 아시겠죠?

be by, come by, stop by, drop by는 모두 누군가를 잠깐 방문하는 것을 나타낼 때 쓰는 표현이에요. 이 표현들은 어감의 차이가 있지만 대체로 동의 표현으로 생각하시면 됩니다.

* I'll **be by** to check it out. 점검하러 잠시 들를게.
* We'll stop **by** your house sometime next week. 다음 주에 너희 집에 들를게.

🎧 06-2.mp3

You don't seem like ~

넌 ~해 보이진 않는다. / ~처럼 보이진 않는다.

Step 1 기본 패턴 연습하기

1 **You don't seem like** yourself. 평소의 너 자신처럼 보이지 않아.

2 **You don't seem like** a shy person. 넌 수줍은 타는 성격처럼 보이진 않는데.

3 **You don't seem like** you care. 넌 관심 있어 보이지 않는구나.

4 _____ a guy who would be into sports.
당신은 스포츠를 좋아하는 남자처럼 보이진 않네요.

5 _____ the type who would do such a thing.
당신이 그런 짓을 할 만한 사람으로 보이지는 않네요.

Step 2 패턴 응용하기 주어 + don't/doesn't seem like ~

1 My dog **doesn't seem like** his usual self. 우리 강아지가 평상시의 모습 같지 않다.

2 Joanne **doesn't seem like** she wants to talk to me. 조앤이 나랑 얘기하고 싶어 하는 것 같지 않아 보여.

3 The interviewers **don't seem like** they even read my resume.
인터뷰하는 사람들이 내 이력서를 읽지도 않은 것 같아.

4 _____ there's anything left to do. 할 일이 남아있는 것으로 보이지 않네요.

5 Tyson _____ a man who likes music.
타이슨은 음악을 좋아하는 남자처럼 보이진 않아.

Step 3 실생활에 적용하기

A 내 눈엔 네가 화난 사람으로 보이지 않아.

B That's because I'm not.

A I don't know why some people would call you that, though.

A You don't seem like an angry man to me.

B 그거야 내가 화를 내지 않으니까.

A 그런데 왜 사람들이 너를 그렇게 부르는지 모르겠네.

정답 Step 1 4 You don't seem like 5 You don't seem like Step 2 4 It doesn't seem like 5 doesn't seem like

A | 영화 속 대화를 완성해 보세요.

CARL What? Hey! Hey you! ❶ _____
_____? 뭐야? 이봐! 이보라고! 대체 뭐 하는 짓이야?

CONSTRUCTION WORKER STEVE I am so sorry, sir... 정말 죄송해요, 어르신…

CARL ❷ _____! 손대지 마!

CONSTRUCTION WORKER STEVE No no, let me ❸ _____ that for you. 아녜요, 아녜요, 제가 고쳐드릴게요.

CARL ❹ _____ our mailbox! 우리 우편함에서 떨어져!

CONSTRUCTION WORKER STEVE Hey sir, I... 이봐요 어르신, 저는…

CARL ❺ _____ touch it! 자네가 이걸 만지는 걸 원하지 않아!

OFFICER EDITH Sorry Mr. Fredricksen. ❻ _____ a public menace to me. ❼ _____. 죄송해요, 프레드릭슨 씨. 제가 보기에 어르신은 사회에 위험한 존재로 보이진 않아요. 이거 받으세요.

OFFICER EDITH The guys from Shady Oaks will ❽ _____ to pick you up ❾ _____, okay? 세이디 오크 직원들이 내일 아침에 어르신을 모시러 올 거예요, 아시겠죠?

CARL ❿ _____, Ellie? 이제 난 어쩌지, 엘리?

B | 다음 빈칸을 채워 문장을 완성해 보세요.

1 넌 수줍은 타는 성격처럼 보이진 않는데.
_____ a shy person.

2 당신은 스포츠를 좋아하는 남자처럼 보이진 않네요.
_____ a guy who would be into sports.

3 당신이 그런 짓을 할 만한 사람으로 보이지는 않네요.
_____ the type who would do such a thing.

4 조앤이 나랑 얘기하고 싶어 하는 것 같지 않아 보여.
Joanne _____ she wants to talk to me.

5 할 일이 남아있는 것으로 보이지 않네요.
_____ there's anything left to do.

A Floating House

공중에 둥둥 떠다니는 집

은퇴자들을^{retirees} 위한 노인요양시설로 칼을 데리고 가려고 남성 간호사들이^{male nurses} 칼의 집에 찾아왔네요. 결국 꼼짝없이 집을 버리고 다른 곳으로 옮겨가야만 하는 운명인가^{fate} 봐요. 칼이 간호사들에게 집에게 마지막으로 작별 인사를^{last goodbye} 하고 싶다고 하며 양해를 구합니다. 간호사들도 충분히 이해한다면서 얼마든지 기다려줄 테니 여유 있게 인사 나누고 오라고 하는군요. 잠시 후, 이상한 일이 벌어집니다. 집 뒤에서 거대한 그림자가 드리우더니^{a shadow falls over} 수천 개의 풍선들이^{thousands of balloons} 한꺼번에^{all at once} 하늘로 떠오르고, 집까지 통째로 하늘로 솟구쳐^{soar} 오르네요. 세상에 이런 일이!

 **Warm Up!** 오늘 배출 표현   오늘 등장하는 표현들입니다. 어떤 표현이 들어가야 할지 생각해 보세요.

* _____. 준비됐고 말고요.

* **Would you** _____ **take this?** 부탁인데 이것 좀 받아주시겠소?

* _____, **sir.** 여유 있게 일 보시고 오세요, 어르신.

* _____, **boys!** 잘 있거라 얘들아!

CARL
칼

Morning, gentlemen.
좋은 아침이오, 신사분들.

NURSE GEORGE
간호사 조지

Good morning, Mr. Fredricksen. You ready to go?
좋은 아침이에요, 프레드릭슨 씨. 갈 준비 되셨나요?

CARL
칼

Ready as I'll ever be.❶ Would you **do me a favor and** take this?❷
됐고 말고요. 이것 좀 받아주시겠소?

CARL
칼

I'll meet you at the van in just a minute. I... want to say one last goodbye to the old place.
승합차로 곧 가겠소. 난…우리 집하고 마지막으로 작별 인사를 좀 하고 갈 테니.

NURSE GEORGE
간호사 조지

Sure. **Take all the time you need**, sir.❸
물론이죠. 여유 있게 일 보시고 오세요, 어르신.

NURSE A.J.
간호사 에이제이

Typical. He's probably going to the bathroom for the eightieth time.
다들 저러더라고. 어르신이 아마도 80번째 화장실을 가는 걸 거야.

NURSE GEORGE
간호사 조지

You'd think he'd take better care of his house.
어르신이 집을 좀 더 관리하셔야겠네.

CARL
칼

So long, boys!❹ I'll send you a postcard from Paradise Falls!
안녕 얘들아! 내가 파라다이스 폭포에 도착하면 엽서 보내줄게!

38

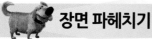 **장면 파헤치기** 구문 설명과 예문으로 이 장면의 핵심 표현을 완벽히 이해하세요.

---

❶ Ready as I'll ever be. 준비됐고 말고요.

이보다 더 잘 준비되었을 수가 없을 정도로 완전히 준비가 되었다고 강조할 때 쓰는 표현이에요. 완전한 문장으로 쓰면 I'm as ready as I'll ever be. 인데 구어체에서는 앞부분의 I'm as를 생략하고 쓰기도 한답니다. ready 대신에 다른 형용사를 넣어서 표현할 수도 있어요.

* **I'm as excited as I'll ever be.** 나 정말 흥분돼.
* **Happy as I'll ever be.** 이보다 더 행복할 수가 없네.

---

❷ Would you do me a favor and take this? 부탁인데 이것 좀 받아주시겠소?

do someone a favor는 '~의 부탁을 들어주다' 또는 '~에게 호의를 베풀다'라는 의미의 숙어예요. 특히 〈do me a favor and + 동사〉 형식으로 '(부탁인데) ~을 좀 해 줘'라는 의미로 쓰이는 경우가 많은데 해석을 할 때는 보통 '부탁인데' 부분은 빼는 것이 자연스러워요.

★ 영화 속 패턴 읽기

---

❸ Take all the time you need, sir. 여유 있게 일 보시고 오세요, 어르신.

필요한 만큼 시간을 줄 테니 전혀 걱정하지 말고 맘 편히 볼일을 보라고 할 때 쓰는 표현이에요. all the time 대신에 as much time 또는 as long as와 같은 문구를 넣어도 같은 의미로 사용할 수 있습니다.

* **Take all the time you need.** We can wait. 충분히 시간 가지세요. 기다릴 수 있으니까요.
* **Take as long as you need.** 얼마든지 여유 있게 일 보세요.

---

❹ So long, boys! 잘 있거라, 얘들아!

So long은 작별인사로 하는 구어체적 인사로 '잘 지내라, 안녕'이라는 의미의 표현이에요. 아예 헤어질 때 쓰기보다는 나중에 다시 만날 때까지 잘 지내고 있으라고 할 때 주로 쓰여요.

* **So long,** everyone! I'll miss you all! 모두들 잘 있어! 다들 보고 싶을 거야!
* **So long,** my friend! Keep in touch! 내 친구여, 안녕! 연락하며 지내자고!

🎧 07-2.mp3

do me a favor and + 동사 (부탁인데) ~ 좀 해 주겠니? / ~ 좀 부탁해도 될까?

Step 1 기본 패턴 연습하기

1 Would you **do me a favor and** call her for me? 나 대신 그녀에게 전화 좀 해 주겠니?

2 Could **do me a favor and** let me use your phone? 미안하지만 네 전화 좀 잠깐 써도 될까?

3 **Do me a favor and** open the door! 부탁인데 문 좀 열어 주겠니!

4 Would you _____ take this survey? 이 설문 조사 좀 해 주시겠어요?

5 Could you _____ me lift this luggage? 이 짐 좀 같이 들어주실 수 있겠어요?

Step 2 패턴 응용하기 | do someone a favor

1 Let me **do you a favor**. 내가 호의를 베풀어주지.

2 Tom **did me a favor** by breaking up with me. 톰이 나와 헤어져 줘서 난 오히려 잘 됐다.

3 I **did him a favor** and loaned him 10 dollars. 내가 그에게 10달러를 빌려주는 호의를 베풀었다.

4 I refuse to _____. 난 그녀에게 호의를 베풀지 않겠어.

5 Dan _____ and told them what they needed to know.
   댄은 그들에게 필요한 정보를 알려주는 호의를 베풀었다.

Step 3 실생활에 적용하기

A (부탁인데) 쓰레기 좀 밖에 버리고 와 줄래?

B No problem.

A Thanks a lot.

A Could you do me a favor and take
   out the garbage?

B 그럴게요.

A 고마워.

정답 Step 1 4 do me a favor and 5 do me a favor and help Step 2 4 do her a favor 5 did them a favor

40

A | 영화 속 대화를 완성해 보세요.

CARL Morning, gentlemen. 좋은 아침이오, 신사분들.

NURSE GEORGE Good morning, Mr. Fredricksen. ❶_____? 좋은 아침이에요, 프레드릭슨 씨. 갈 준비 되셨나요?

CARL ❷_____. Would you ❸_____ take this? 됐고 말고요. 이것 좀 받아주시겠소?

CARL I'll ❹_____ in just a minute. I... want to say ❺_____ to the old place. 승합차로 곧 가겠소. 난… 우리 집하고 마지막으로 작별 인사를 좀 하고 갈 테니.

NURSE GEORGE Sure. ❻_____, sir. 물론이죠. 여유 있게 일 보시고 오세요, 어르신.

NURSE A.J. Typical. He's ❼_____ the bathroom for the eightieth time. 다들 저러더라고. 어르신이 아마도 80번째 화장실을 가는 걸 거야.

NURSE GEORGE You'd think he'd ❽_____ his house. 어르신이 집을 좀 더 관리하셔야겠네.

CARL ❾_____, boys! I'll ❿_____ from Paradise Falls! 안녕 얘들아! 내가 파라다이스 폭포에 도착하면 엽서 보내줄게!

정답 A
❶ You ready to go
❷ Ready as I'll ever be
❸ do me a favor and
❹ meet you at the van
❺ one last goodbye
❻ Take all the time you need
❼ probably going to
❽ take better care of
❾ So long
❿ send you a postcard

B | 다음 빈칸을 채워 문장을 완성해 보세요.

1 나 대신 그녀에게 전화 좀 해 주겠니?
Would you _____ call her for me?

2 이 설문 조사 좀 해 주시겠어요?
Would you _____ take this survey?

3 이 짐 좀 같이 들어주실 수 있겠어요?
Could you _____ me lift this luggage?

4 내가 호의를 베풀어주지.
Let me _____.

5 내가 그에게 10달러를 빌려주는 호의를 베풀었다.
I _____ and loaned him 10 dollars.

정답 B
1 do me a favor and
2 do me a favor and
3 do me a favor and help
4 do you a favor
5 did him a favor

41

Going on a Trip With Russell?

러셀과 함께 떠나는 여행?

수천 개의 풍선이 달린 집을 타고 하늘을 날게 된 칼은 이제 그를 귀찮게 하는^{bothersome} 사람들에게서 벗어나 홀로 여행을 떠나게 되었어요. 안정적으로 비행하는 것을 확인한 후 행복한 마음으로 소파에 앉아 쉬는^{relaxes in his chair} 순간! 똑똑똑^{KNOCK KNOCK KNOCK}, 현관문을^{front door} 두드리는 소리! 어, 뭘 잘못 들었을까요? 여기는 분명 하늘인데… 혹시나 하고 문을 열어 살피니 베란다에 러셀이 두려움에 떨며^{terrified} 딱 붙어있지 뭐예요! 칼이 찾아달라고 했던 도요새를 쫓다 그의 베란다 밑으로^{under the porch} 들어오게 되었다네요. 마음 같아선 이 귀찮은 꼬마를 떨어 내고 싶지만, 허공으로 내쫓을 수도 없고 결국 그를 집 안에 들어오게^{let him in} 합니다. 넉살 좋고 호기심^{curious} 많은 러셀은 집안 곳곳을 둘러보며^{look around} 질문을 퍼붓네요.

 **Warm Up!** 오늘 배울 표현   오늘 등장하는 표현들입니다. 어떤 표현이 들어가야 할지 생각해 보세요.

* ⬚⬚⬚⬚⬚⬚⬚⬚⬚⬚ in a floating house before.   하늘 위를 떠다니는 집에 들어온 건 내 평생 처음이에요.

* You ⬚⬚⬚⬚⬚⬚⬚⬚⬚⬚ ?   할아버지 여행 가시는 거예요?

* Does it really ⬚⬚⬚⬚⬚⬚⬚⬚ ?   이거 진짜로 되는 거예요?

* ⬚⬚⬚⬚⬚⬚⬚ !   그만하라고!

RUSSELL
러셀

Huh. **I've never been** in a floating house before.❶

어, 하늘 위를 떠다니는 집에 들어온 건 내 평생 처음이에요.

RUSSELL
러셀

Goggles. Look at this stuff!

고글이네요. 이것 좀 보세요!

RUSSELL
러셀

Wow, you **going on a trip**?❷ "Paradise Falls: A Land Lost in Time."
You going to South America, Mr. Fredricksen?

우와, 할아버지 여행 가시는 거예요? "파라다이스 폭포: 시간 속에 사라진 땅." 남미로 가시는 거예요, 프레드릭슨 할아버지?

CARL
칼

Don't touch that. You'll soil it.

그거 만지지 마. 더러워지잖아.

RUSSELL
러셀

You know, most people take a plane, but you're smart because you'll
have all your TV and clocks and stuff.

근데요, 대부분의 사람은 비행기를 타고 가는데 할아버지는 똑똑하네요 왜냐하면 이렇게 하면 TV와 시계랑 이것저것 있으니까요.

RUSSELL
러셀

Whoah. Is this how you steer your house? Does it really **work**?❸

우와, 이걸로 이 집을 조종하는 거예요? 이거 진짜로 되는 거예요?

CARL
칼

Kid, would you stop with the –

꼬마야, 그것 좀 그만 –

RUSSELL
러셀

Oh, this makes it go right, and that way's left.

오, 이렇게 하면 오른쪽으로 가고, 저건 왼쪽으로 가게 하는 거네요.

CARL
칼

Let go of the – **knock it off**!❹

거기서 손 떼 – 그만하라고!

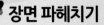

장면 파헤치기 구문 설명과 예문으로 이 장면의 핵심 표현을 완벽히 이해하세요.

❶ I've never been in a floating house before. 하늘 위를 떠다니는 집에 들어온 건 내 평생 처음이에요.

〈I've never + 과거분사〉 형식은 '태어나서 단 한 번도 ~해 본 적이 없다'라는 의미로 쓰는 패턴 문구예요. 무엇인가를 처음 경험할 때 감탄하며(놀라며) '이런 경험은 평생 처음이다'라는 뜻으로 많이 쓰이지요. 여기에서는 패턴으로 'I've never been ~' 형식을 먼저 연습하고 그다음에 주어와 동사를 바꿔가며 더 활용해 볼게요.

★영화 속 패턴 익히기

❷ You going on a trip? 할아버지 여행 가시는 거예요?

'여행을 가다'는 go on a trip이라고 해요. 많은 학습자가 go to a trip이라고 하는데, 여행으로 가는 것이 아니라 여행을 가는 것이기 때문에 전치사를 to가 아닌 on으로 써야 해요. 여행은 행위이지 장소가 아니니까요. 마찬가지로 출장을 가는 것은 go on a business trip. 휴가를 가는 것은 go on a vacation 이렇게 써야 한답니다.

* I'm **going on a business trip** tomorrow. 나 내일 출장 갈 거야.
* Sherry **went on a date** last night. 셰리가 어젯밤에 데이트 나갔었어.

❸ Does it really work? 이거 진짜로 되는 거예요?

work의 수많은 정의 중에 위의 문장에서는 work가 '(기계, 장치 등을) 작동시키다/사용하다, (원하는) 효과가 있다/나다'라는 의미로 쓰였어요. work가 이렇게 쓰일 때의 활용법을 연습 문장을 통해서 잘 익혀두세요.

* It doesn't **work**. 이거 안 되는데요.
* Your tactics don't **work** with me. 너의 방식들은 나에게는 잘 안 맞네.

❹ Knock it off! 그만하라고!

이 표현은 상대방이 자꾸 귀찮게 하거나 짜증 나게 굴 때 '그만해 / 집어치워!'라는 의미의 명령형으로 쓰는 관용표현이에요. 비슷한 상황에서 같은 의미로 Cut it out! 이라는 표현도 많이 써요. Stop it already! '이제 좀 그만해!'도 같이 알아두세요.

* **Knock it off!** I don't want to hear it. 그만하라고! 듣고 싶지 않아.
* **Cut it out!** You are embarrassing me. 이제 그만! 창피하게시리.

44

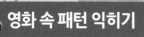
🎧 08-2.mp3

I've never been ~   난 이제껏 단 한 번도 ~해 본 적이 없다.

Step 1   기본 패턴 연습하기

1 **I've never been** to such a romantic place. 난 단 한 번도 이렇게 로맨틱한 곳엔 가 본 적이 없다.

2 **I've never been** here before. 여긴 전에 한 번도 와 본 적이 없어.

3 **I've never been** in a situation like this before. 난 단 한 번도 이런 상황에 처해본 적이 없어.

4 ----------------------------------- happy in my life. 평생 이렇게 행복해 본 적이 없구나.

5 ----------------------------------- love before. 난 단 한 번도 사랑에 빠져 본 적이 없어.

Step 2   패턴 응용하기   I've never + 과거분사

1 **I've never done** this before. 이건 한 번도 해 본 적이 없어.

2 **I've never known** a man like you before. 단 한 번도 너 같은 남자는 알고 지낸 적이 없어.

3 **I've never met** someone who has so much in common with me.
나하고 이렇게 공통점이 많은 사람은 단 한 번도 만난 적이 없다.

4 ----------------------------------- anything like it. 이런 건 한 번도 본 적이 없어.

5 ----------------------------------- this joke before. 이 농담은 한 번도 들어 본 적 없는 농담이네.

Step 3   실생활에 적용하기

A How do you like it here?

B It's gorgeous! 난 이렇게 화려한 레스토랑은
태어나서 처음 와 봤어.

A I'm glad you like it.

A 여기 어때?

B 정말 멋지다! I've never been to such a
luxurious restaurant before.

A 마음에 든다니 다행이다.

정답   Step 1 4 I've never been so 5 I've never been in   Step 2 4 I've never seen 5 I've never heard

45

A | 영화 속 대화를 완성해 보세요.

RUSSELL Huh. ❶_____ in a floating house before.
어. 하늘 위를 떠다니는 집에 들어온 건 내 평생 처음이에요.

RUSSELL Goggles. ❷_____! 고글이네요. 이것 좀 보세요!

RUSSELL Wow, you ❸_____? "Paradise Falls: A Land Lost in Time." You going to South America, Mr. Fredricksen? 우와, 할아버지 여행 가시는 거예요? "파라다이스 폭포: 시간 속에 사라진 땅." 남미로 가시는 거예요, 프레드릭슨 할아버지?

CARL Don't touch that. ❹_____.
그거 만지지 마. 더러워지잖아.

RUSSELL You know, ❺_____, but you're smart because you'll ❻_____ and clocks and stuff. 근데요, 대부분의 사람은 비행기를 타고 가는데 할아버지는 똑똑하네요 왜냐하면 이렇게 하면 TV와 시계랑 이것저것 있으니까요.

RUSSELL Whoah. Is this how you steer your house? Does it really ❼_____? 우와. 이걸로 이 집을 조종하는 거예요? 이거 진짜로 되는 거예요?

CARL Kid, ❽_____ with the – 꼬마야. 그것 좀 그만 –

RUSSELL Oh, this ❾_____, and that way's left.
오, 이렇게 하면 오른쪽으로 가고, 저건 왼쪽으로 가게 하는 거네요.

CARL Let go of the – ❿_____! 거기서 손 떼 – 그만하라고!

B | 다음 빈칸을 채워 문장을 완성해 보세요.

1 여긴 전에 한 번도 와 본 적이 없어.

_____ here before.

2 난 단 한 번도 사랑에 빠져 본 적이 없어.

_____ love before.

3 이건 한 번도 해 본 적이 없어.

_____ this before.

4 이런 건 한 번도 본 적이 없어.

_____ anything like it.

5 이 농담은 한 번도 들어 본 적 없는 농담이네.

_____ this joke before.

Caught in a Storm

폭풍우에 휘말리다

러셀과 함께 파라다이스 폭포로 찾아가는 여정에 오른^{on a journey} 칼. 두둥실 순풍에 돛 단 듯 평화롭게^{peacefully} 나아가던 그의 집 앞으로 갑자기 어두운 구름이 보이네요. 자세히 보니 폭풍우를 품고 있는 적란운이에요.^{cumulonimbus} 이걸 어쩌죠? 이 풍선에 매달린 집이 결코 폭풍우를 이겨낼 만큼 견고해^{sturdy} 보이지는 않는데요. 폭풍우에 휘말려 가구들이 쓰러지고 흩어져 엉망이 되고, 칼도 쓰러져 정신을 잃고 맙니다^{lose his consciousness}. 그 와중에 정말 용하게도 러셀이 조종해서^{steered} 무사히 어떤 곳에 안착했어요. 그들이 도착한 곳은 러셀이 갖고 있는 GPS에 따르면 남미^{South America} 라는 군요. 이곳이 칼이 그리도 그리던 남미가 과연 맞을까요?

 **Warm Up!** 오늘 배울 표현   오늘 등장하는 표현들입니다. 어떤 표현이 들어가야 할지 생각해 보세요.

* _____. 난 할아버지가 죽은 줄 알았다고요.

* _____ where we are. 우리가 어디에 있는 건지 모르겠네.

* We're in South America _____. 우린 분명히 남미에 와 있는 거라고요.

* It was a cinch, with my Wilderness Explorer _____. 내 야생 탐험 GPS가 있어서 식은 죽 먹기였어요.

RUSSELL
러셀

Whew! **I thought you were dead.**❶
휴우! 난 할아버지가 죽은 줄 알았다고요.

CARL
칼

Wha... what happened?
어… 어떻게 된 거야?

RUSSELL
러셀

I steered us. I did! I steered the house!
내가 우리를 조종했어요. 내가 했다고요! 내가 집을 조종했다고요!

CARL
칼

Steered us?
우리를 조종했다고?

RUSSELL
러셀

After you tied your stuff down you took a nap, so I went ahead and steered us down here.
할아버지가 물건들을 묶어서 고정시킨 후에 낮잠을 주무시더라고요. 그래서 제가 나서서 조종해서 우리를 여기에 내려오게 했지요.

CARL
칼

Huh?
엥?

CARL
칼

Can't tell where we are.❷
우리가 어디에 있는 건지 모르겠네.

RUSSELL
러셀

Oh we're in South America **all right**.❸ It was a cinch, with my Wilderness Explorer **GPS**.❹
아하 우린 남미에 와 있는 거라고요. 내 야생 탐험 GPS가 있어서 식은 죽 먹기였어요.

CARL
칼

GP-what?
GP–뭐라고?

RUSSELL
러셀

My dad gave it to me. It shows exactly where we are on the planet. With this baby, we'll never be lost!
우리 아빠가 준 거예요. 이게 우리가 지구의 어디에 있는지 정확하게 알려준다고요. 요놈만 있으면 우린 절대 길 잃을 일이 없다고요!

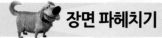

장면 파헤치기 구문 설명과 예문으로 이 장면의 핵심 표현을 완벽히 이해하세요.

❶ I thought you were dead. 난 할아버지가 죽은 줄 알았다고요.

'I thought you were ~'라고 하면 think라는 단어 때문에 '생각했다'라고 해석하기 딱 좋은데, 사실은 이 표현은 해석할 때 '난 ~라고 생각했어'도 좋지만, 그보다는 '난 네가 ~한/인 줄 알았어'라고 해석하는 것이 더 자연스러울 때가 많답니다. 패턴 문장으로 활용 연습 해 볼게요.

★ 영화 속 패턴 익히기

❷ Can't tell where we are. 우리가 어디에 있는 건지 모르겠네.

tell은 기본적으로 '말하다, 알리다, 전하다'라는 의미로 쓰이지만, 많은 경우에 '알다/판단하다, 구별/식별하다'라는 의미로도 쓰인답니다.

* I **can't tell** who he is. 그가 누군지 알 수가 없다.
* She **couldn't tell** what that thing was. 그것이 무엇인지 그녀는 알 수 없었다.

❸ We're in South America all right. 우린 분명히 남미에 와 있는 거라고요.

all right는 주로 '좋아/그래/괜찮아'라는 뜻으로 쓰이지만, 위 문장의 경우에는 확신을 강조하며 '틀림없는, 분명히'라는 의미로 해석해야 해요. certainly와 같은 의미지요. 그런데, 이러한 문맥에서 쓰이는 all right는 문장의 맨 뒤에 나온다는 것 기억하세요.

* Yes, I'm sure. It was David **all right**. 네 확실해요. 분명히 데이비드였다고요.
* You didn't see me? I was there **all right**. 날 못 봤어? 난 분명히 거기 있었다고.

❹ It was a cinch, with my Wilderness Explorer GPS. 내 야생 탐험 GPS가 있어서 식은 죽 먹기였어요.

GPS는 문자 그대로 해석을 하자면 '위성항법장치'인데, Global Positioning System의 약어예요. 그런데, 사실 이것은 우리가 운전할 때 길을 알려주는 '내비게이션'과 같은 것이에요. 내비게이션을 영어권에서는 보통 GPS라고 부른답니다.

* This **GPS** will get you to where you're trying to go. 이 내비게이션은 당신이 가고자 하는 곳에 모셔다드릴 겁니다.
* Use the **GPS** on your phone. 네 전화기에 있는 내비게이션을 사용해.

🎧 09-2.mp3

I thought you were ~ 난 네가 ~인 줄 알았다. / 난 네가 ~라고 생각했다.

Step 1 기본 패턴 연습하기

1 **I thought you were** taller than me. 난 네가 나보다 큰 줄 알았어.

2 **I thought you were** a singer. 난 네가 가수인 줄 알았어.

3 **I thought you were** better than that. 난 네가 그것보다는 더 잘할 줄 알았어.

4 _____ home. 난 네가 집에 있는 줄 알았어.

5 _____. 난 네가 가버린 줄 알았어.

Step 2 패턴 응용하기 | I thought + 주어 + be동사

1 **I thought he was** strong. 난 그가 힘이 센 줄 알았어.

2 **I thought she was** smart. 난 그녀가 똑똑한 줄 알았어.

3 **I thought I was** the worst. 난 내가 최악인 줄 알았어.

4 _____ friends. 나 우리가 친구라고 생각했어.

5 _____ a married couple. 난 그들이 부부인 줄 알았어.

Step 3 실생활에 적용하기

A Hey, long time no see.

B Excuse me but do I know you?

A I'm sorry. 당신이 다른 사람인 줄 알았어요.

A 야, 진짜 오랜만이다.

B 실례지만 절 아세요?

A 죄송해요. I thought you were someone else.

정답 Step 1 4 I thought you were 5 I thought you were gone Step 2 4 I thought we were 5 I thought they were

A | 영화 속 대화를 완성해 보세요.

RUSSELL   Whew! ❶_____.
휴위! 난 할아버지가 죽은 줄 알았다고요.

CARL   Wha... ❷_____? 어… 어떻게 된 거야?

RUSSELL   I steered us. I did! I ❸_____!
내가 우리를 조종했어요. 내가 했다고요! 내가 집을 조종했다고요!

CARL   Steered us? 우리를 조종했다고?

RUSSELL   After you tied your stuff down ❹_____, so I
❺_____ and steered us down here.
할아버지가 물건들을 묶어서 고정시킨 후에 낮잠을 주무시더라고요. 그래서 제가 나서서 조종해서 우리를 여기에 내려오게 했어요.

CARL   Huh? 엥?

CARL   ❻_____ where we are. 우리가 어디에 있는 건지 모르겠네.

RUSSELL   Oh we're in South America ❼_____. It was a cinch, with my Wilderness Explorer ❽_____.
아하 우린 남미에 와 있는 거라고요. 내 야생 탐험 GPS가 있어서 식은 죽 먹기였어요.

CARL   GP-what? GP-뭐라고?

RUSSELL   My dad ❾_____. It shows exactly where we are on the planet. With this baby, we'll ❿_____! 우리 아빠가 준 거예요. 이게 우리가 지구의 어디에 있는지 정확하게 알려준다고요. 요놈만 있으면 우린 절대 길 잃을 일이 없다고요!

B | 다음 빈칸을 채워 문장을 완성해 보세요.

1   난 네가 나보다 큰 줄 알았어.
_____ taller than me.

2   난 네가 집에 있는 줄 알았어.
_____ home.

3   난 네가 가버린 줄 알았어.
_____.

4   난 그녀가 똑똑한 줄 알았어.
_____ smart.

5   나 우리가 친구라고 생각했어.
_____ friends.

Getting Stuck at the Wrong End

반대편에서 오도 가도 못하는 신세

칼과 러셀이 도착한 곳은 도시도 아니고 밀림도 아닌 바위가 많은 바위산^{rocky mountain} 이에요. 고생 끝에 집이 착륙한 곳은 벼랑^{cliff} 끝이고요. 그때, 저 멀리 안개가 걷히고 그들이 서 있는 절벽 반대편에^{on the other side} 칼과 엘리가 평생 꿈꿔왔던 바로 그 파라다이스 폭포가 보이네요. 눈앞의 광경이 너무나도 황홀해서^{fascinating} 당장 거기로 날아가고 싶지만, 상황이 여의치 않습니다. 길고 험난한^{rough} 여행으로 풍선이 많이 남지 않아 폭포까지 날아서 가기는 무리인 거죠. 그런데 러셀이 좋은 제안을 합니다^{make an offer}. 폭포까지 걸어서 집을 옮기자고요^{walk your house to the falls}. 과연 칼 할아버지는 이 제안에 동의할까요?

 **Warm Up!** 오늘 배울 표현   오늘 등장하는 표현들입니다. 어떤 표현이 들어가야 할지 생각해 보세요.

* ＿＿＿＿＿. 우리가 해냈구나.

* ＿＿＿＿＿ assist you? 할아버지 말씀은 할아버지를 도와달라는 뜻인가요?

* ＿＿＿＿＿?! 알겠니?!

* I came ＿＿＿＿＿ just to get stuck at the wrong end of this rock pile?
  내가 이 먼 곳까지 날아와서 목적지의 반대편 바위 더미 위에 꼼짝도 못하고 갇히는 신세가 된 거야?

CARL
칼
We made it.[1] We made it! Russell, we could float right over there. Climb up. Climb up!
우리가 해냈구나. 해냈다고! 러셀, 바로 저쪽으로 둥둥 떠서 날아가면 돼. 올라가. 올라가라고!

RUSSELL
러셀
You mean assist you?[2]
할아버지 말씀은 할아버지를 도와달라는 뜻인가요?

CARL
칼
Yeah, yeah. Whatever.
그래. 그래. 뭐가 됐건.

RUSSELL
러셀
Okay, I'll climb up!
좋아요. 올라갈게요!

CARL
칼
Watch it.
조심해.

RUSSELL
러셀
Sorry.
죄송해요.

CARL
칼
Now, when you get up there, go ahead and hoist me up! **Got it?!**[3]
자 이제, 네가 거기에 올라가거든, 나를 끌어올리거라! 알겠니?!

CARL
칼
You on the porch yet?!
아직 베란다에 올라가지 못했니?!

CARL
칼
What? That's it?! I came **all this way** just to get stuck at the wrong end of this rock pile?[4] Aw, great!
뭐니? 그게 다야?! 내가 이 먼 곳까지 날아와서 목적지의 반대편 바위 더미 위에 꼼짝도 못 하고 갇히는 신세가 된 거야? 아, 정말 대단하구나!

53

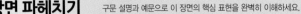

장면 파헤치기 구문 설명과 예문으로 이 장면의 핵심 표현을 완벽히 이해하세요.

❶ We made it. 우리가 해냈구나.

뭔가 어려운 일을 해내거나 역경을 딛고 어딘가에 도달했을 때 많이 쓰는 패턴이 〈주어 + made it!〉이에요. 상대방이 오기 어려운 상황이라고 생각했는데 와주었을 때 I'm so glad you made it! '(못 올 줄 알았는데) 네가 와주어서 정말 기뻐!' 이렇게 쓰기도 한답니다.

* It certainly wasn't easy but **I made it!** 정말 쉽진 않았지만 내가 해냈어!
* **They** finally **made it!** 그들이 마침내 해냈다!

❷ You mean assist you? 할아버지 말씀은 할아버지를 도와달라는 뜻인가요?

상대방이 한 말의 뜻에 대해 되물을 때 많이 쓰는 표현이 'Do you mean ~?'이에요. 구어체에서는 Do를 생략하고 쓰는 경우가 많아요.

* **You mean** you don't want it? 이걸 원하지 않는다는 얘기니?
* **You mean** he doesn't work here anymore? 그가 더 이상 여기서 근무하지 않는다는 얘긴가요?

❸ Got it?! 알겠니?!

구어체에서는 '알아듣다, 이해하다'의 뜻으로 understand 대신에 get it을 쓰는 경우가 많답니다. 위에서처럼 Did you get it? 을 축약해서 Got it? '이해했니? / 알겠니?'라고 쓰기도 하고, Did you get it? 이라고 할 수도 있어요. 물론, Do you understand? 이라고 할 수도 있고요.

* Push it harder! **Got it?** 더 세게 밀어라! 알겠니?
* You have to put all your effort into it. **Got it?** 모든 노력을 총동원해서 해야 해. 알겠니?

❹ I came all this way just to get stuck at the wrong end of this rock pile?
내가 이 먼 곳까지 날아와서 목적지의 반대편 바위 더미 위에 꼼짝도 못 하고 갇히는 신세가 된 거야?

all this way는 아주 먼 길을 이동했을 때 '이렇게 먼 곳까지/여기까지'라는 의미를 강조할 때 쓰는 표현이에요. 주로 앞에 동사가 come일 경우가 많지요. 비슷하게 all the way도 많이 쓰이는데 all the way는 많은 경우에 '내내/끝까지/완전히'와 같은 의미로 해석하는 게 자연스럽답니다.

★ 영화 속 패턴 입미

🎧 10-2.mp3

all this way 이렇게 먼 곳까지 / 정말 먼 길을

Step 1 기본 패턴 연습하기

1 We made it **all this way**! 우리가 이렇게 먼 곳까지 왔구나!

2 Why did we come **all this way**? 우리 왜 이렇게 먼 곳까지 온 거죠?

3 I didn't come **all this way** to listen to your complaints.
네 불평이나 들으려고 내가 이렇게 먼 곳까지 온 건 아니잖니.

4 You came _____ see me? 날 보려고 이렇게 먼 곳까지 온 거예요?

5 You have brought me _____ nothing? 아무것도 없는데 날 이렇게 먼 곳까지 데리고 왔어요?

Step 2 패턴 응용하기 | all the way

1 I'm with you **all the way**. 난 끝까지 너와 함께야.

2 Let's go **all the way**! 끝까지 가보자고!

3 This ladder goes **all the way** to the top of the building. 이 사다리는 건물의 꼭대기 끝까지 다다른다.

4 Zip it _____! 맨 위까지 지퍼를 채워라!

5 Greg ran _____ home. 그렉은 그 먼 집까지 달려서 갔다.

Step 3 실생활에 적용하기

A You are a good person.

B 겨우 그 말을 하려고 이렇게 먼 길을 온 거야?

A I had to because I really wanted to tell you that.

A 넌 좋은 사람이야.

B You came all this way just to tell me that?

A 와야만 했어, 왜냐하면 정말 너에게 그 얘길 해주고 싶었거든.

정답 Step 1 4 all this way just to 5 all this way for Step 2 4 all the way up 5 all the way

55

문제를 풀며 오늘 배운 표현을 완벽히 내 것으로 만드세요.

A | 영화 속 대화를 완성해 보세요.

CARL　❶_____. We made it! Russell, we could float ❷_____. Climb up. Climb up!

우리가 해냈구나. 해냈다고! 러셀, 바로 저쪽으로 둥둥 떠서 날아가면 돼. 올라가, 올라가라고!

RUSSELL　❸_____ assist you?

할아버지 말씀은 할아버지를 도와달라는 뜻인가요?

CARL　Yeah, yeah. ❹_____. 그래, 그래. 뭐가 됐건.

RUSSELL　Okay, I'll climb up! 좋아요. 올라갈게요!

CARL　❺_____. 조심해.

RUSSELL　Sorry. 죄송해요.

CARL　Now, ❻_____, go ahead and hoist me up! ❼_____?!

자 이제, 네가 거기에 올라가거든, 나를 끌어올리거라! 알겠니?!

CARL　You ❽_____?! 아직 베란다에 올라가지 못했니?!

CARL　What? That's it?! I came ❾_____ just to get stuck ❿_____ of this rock pile? Aw, great!

뭐니? 그게 다야?! 내가 이 먼 곳까지 날아와서 목적지의 반대편 바위 더미 위에 꼼짝도 못 하고 갇히는 신세가 된 거야? 아, 정말 대단하구나!

B | 다음 빈칸을 채워 문장을 완성해 보세요.

1　네 불평이나 들으려고 내가 이렇게 먼 곳까지 온 건 아니잖니.

I didn't come _____ to listen to your complaints.

2　날 보려고 이렇게 먼 곳까지 온 거예요?

You came _____ see me?

3　난 끝까지 너와 함께야.

I'm with you _____.

4　끝까지 가보자고!

Let's go _____!

5　맨 위까지 지퍼를 채워라!

Zip it _____!

Can Russell Ever Be Quiet?

러셀에게 침묵이 과연 가능한 일일까?

러셀의 제안대로 파라다이스 폭포까지 걸어가기로 한 칼은 러셀과 함께 집을 어깨에 메고 걷기 시작합니다. 칼은 시끄러운^{noisy} 것은 질색인데, 러셀의 입이 쉬질 않네요^{wouldn't stop talking}. 호기심도 많고 성격도 쾌활한^{active} 러셀은 대화를 굉장히 좋아해요. 참다못한 칼이 러셀에게 재미있는 게임이 있는데 그 게임을 하면서^{play a game} 가자고 제안합니다. 그것은 '누가 가장 오랫동안 조용히 있나' 게임이에요. 러셀이 그러는데 러셀의 엄마도 그 게임을 참 좋아했다고^{fond of} 하네요. 아마도^{perhaps} 러셀 주변에 있는 어른들은 모두 이 게임을 좋아할 것 같아요.

 **Warm Up!** 오늘 배울 표현   오늘 등장하는 표현들입니다. 어떤 표현이 들어가야 할지 생각해 보세요.

* We have three days,   . 우리에게 3일이 남았어, 최대로 많이 잡아도.

*   , Ellie. 절대 걱정 마, 엘리.

*   already, isn't it? 벌써 재미있네요. 안 그래요?

* If we   get separated, use the Wilderness Explorer call.
혹시라도 우리가 서로 떨어지게 되는 상황이 생기면 야생 탐험가의 구조요청을 사용하세요.

CARL
칼

Now, we're gonna walk to the falls quickly and quietly, with no rap music or flash-dancing.

자 이제, 우리가 빠르게 그리고 조용히 폭포 쪽으로 걸을 텐데, 랩 음악이나 현란한 춤 추는 건 자제해라.

RUSSELL
러셀

Uh-huh.

아 네.

CARL
칼

We have three days, **at best**, before the helium leaks out of those balloons.❶ And if we're not at the falls when that happens...

우리에게 3일이 남았어, 최대로 많이 잡아도, 풍선에서 헬륨가스가 새서 다 빠져나가 버리기 전까지 말이야. 그리고 그렇게 되었을 때 우리가 폭포에 도착하지 못하면…

RUSSELL
러셀

Sand!

모래예요!

CARL
칼

...we're not getting to the falls!

…우린 폭포에 도착을 못하는 거야!

RUSSELL
러셀

I found sand!

모래를 찾았어요!

CARL
칼

Don't you worry, Ellie.❷ We'll get our house over there.

절대 걱정 마, 엘리. 우리가 우리의 집을 저쪽으로 옮겨 놓을 테니까.

RUSSELL
러셀

Huh. **This is fun** already, isn't it?❸ By the time we get there, you're gonna feel so assisted... Oh, Mr. Fredricksen, if we **happen to** get separated, use the Wilderness Explorer call.❹ Caw caw, raaar!!

허, 벌써 재미있네요, 안 그래요? 우리가 저기에 도착하게 되면, 할아버지는 정말 많이 도움을 받았다는 기분이 들 거예요… 아, 프레드릭슨 할아버지, 혹시라도 우리가 서로 떨어지게 되는 상황이 생기면 야생 탐험가의 구조요청을 사용하세요. 깍깍, 으르렁!!

RUSSELL
러셀

Wait. Why are we going to Paradise Falls again?

잠시만요. 그런데 우리가 왜 파라다이스 폭포로 가는 거라고 했죠?

CARL
칼

Hey, let's play a game. It's called: "See who can be quiet the longest."

얘야, 우리 게임 할까. 게임 이름은 "누가 제일 오랫동안 조용히 있나."

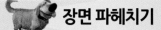
❶ We have three days, at best. 우리에게 3일이 남았어. 최대로 많이 잡아도.

at best는 '아무리 좋게 평가해도, 최대로 많이 잡아도, 기껏, 잘해야'라는 의미로 쓰이는 숙어예요. 참고로, at one's best로 쓰면 '~가 가장 좋은 상태에 있을 때, 한창때에'라는 의미로 전혀 다른 뜻이기 때문에 이 표현과 헷갈리면 안되니 잘 구별해 주세요.

* You have one more opportunity, **at best**. 너 최대로 많이 잡아도 딱 한 번의 기회가 더 있다.
* The food was edible, **at best**. 아무리 좋게 쳐줘도 그 음식은 그냥 먹을 수 있을 정도였다.

❷ Don't you worry, Ellie. 절대 걱정 마, 엘리.

Don't worry! 는 '걱정하지 마!'라는 의미잖아요? 그런데, 그 가운데에 you를 넣으면 문장의 어감이 더 강해진답니다. '절대 걱정하지 마, 넌 걱정 안 해도 돼!' 이 정도로 해석하면 자연스럽겠어요.

* **Don't you** say a word! 절대 한마디도 하지 마라!
* **Don't you** move! 절대 움직일 생각도 하지 마라!

❸ This is fun already, isn't it? 벌써 재미있네요, 안 그래요?

많은 학습자가 fun과 funny의 구별을 어려워하는데, fun은 '즐거운, 재미있는'이라는 뜻이고, funny는 '웃기는'이라는 뜻이에요. 그래서 어떤 사람이 농담도 잘하고 다른 사람들을 잘 웃겨준다면 그 사람은 funny한 사람이에요. fun이라고 하면 웃긴다기보다는 같이 있으면 즐겁고 유쾌한 성격이라는 뜻이에요. 또 어떤 경험이 재미있고 즐거웠다고 할 때 역시 fun을 쓰지요.

* **It's fun** to be with him. 그와 함께 있으면 재미있어요.
* **He's funny**. 그는 웃겨요.

❹ If we happen to get separated, use the Wilderness Explorer call.
혹시라도 우리가 서로 떨어지게 되는 상황이 생기면 야생 탐험가의 구조요청을 사용하세요.

〈happen to + 동사〉 형식은 '우연히/언뜻/어쩌다 보니 ~하다'라는 의미의 표현이에요. 그냥 happen '일어나다/발생하다'와는 다른 의미이니 뒤에 to가 나오는 것에 유념해 주세요. 여기에서는 If와 happen to가 같이 쓰인 경우를 패턴으로 연습해 볼게요.

★ 영화 속 패턴 익히기

🎧 11-2.mp3

If + 주어 + happen to ~
혹시라도/만약 ~가 우연히 ~하면

Step 1 기본 패턴 연습하기

1 **If we happen to** meet again, don't say hi to me. 우리가 혹시 다시 만나게 된다면, 나한테 인사하지 마라.

2 **If I happen to** be there, I'll try to get those cookies again. 혹시 거기 가게 되면, 그 과자들 또 사 올게.

3 **If you happen to** be free, let me know right away. 혹시 시간에 여유가 생기시면, 바로 알려 주세요.

4 Ask the kids _____ what happened to my room.
내 방이 어떻게 된 건지 혹시 아이들이 알고 있는지 좀 물어봐요.

5 _____ get sick, it's all because of you.
그녀가 혹시라도 아프게 된다면, 그건 다 너 때문이야.

Step 2 패턴 응용하기 | 주어 + happen(s) to ~

1 Do you **happen to** know this guy? 혹시 이 남자를 아나요?

2 I just **happen to** be here. 난 어쩌다 보니 우연히 여기에 있을 뿐이야.

3 He **happens to** be the richest guy in the world. 어쩌다 보니 그가 세상에서 제일 부자더라고요.

4 She just _____. 그녀는 어쩌다 보니 그냥 운이 좋을 뿐이야.

5 _____ have known each other for a long time.
우리가 어쩌다 보니 오래 알고 지낸 사이로군요.

Step 3 실생활에 적용하기

A 혹시라도 널 거기서 보게 되면, 꼭 인사할게.

B You promise?

A Promise.

A If I happen to see you there, I'll definitely say hi.

B 약속해요?

A 약속해.

정답 Step 1 4 if they happen to know 5 If she happens to Step 2 4 happens to be lucky 5 We happen to

문제를 풀며 오늘 배운 표현을 완벽히 내 것으로 만드세요.

A | 영화 속 대화를 완성해 보세요.

CARL Now, we're gonna walk to the falls ❶_____, with no rap music or flash-dancing. 자 이제, 우리가 빠르게 그리고 조용히 폭포 쪽으로 걸을 텐데, 랩 음악이나 현란한 춤 추는 건 자제해라.

RUSSELL Uh-huh. 아 네.

CARL We have three days, ❷_____, before the helium ❸_____ those balloons. And if we're not at the falls when that happens... 우리에게 3일이 남았어. 최대로 많이 잡아도, 풍선에서 헬륨가스가 새서 다 빠져나가 버리기 전까지 말이야. 그리고 그렇게 되었을 때 우리가 폭포에 도착하지 못하면...

RUSSELL Sand! 모래예요!

CARL ...we're ❹_____! ...우린 폭포에 도착을 못하는 거야!

RUSSELL I found sand! 모래를 찾았어요!

CARL ❺_____, Ellie. We'll ❻_____. 절대 걱정 마, 엘리. 우리가 우리의 집을 저쪽으로 옮겨 놓을 테니까.

RUSSELL Huh. ❼_____ already, isn't it? ❽_____, you're gonna feel so assisted... Oh, Mr. Fredricksen, if we ❾_____ get separated, use the Wilderness Explorer call. Caw caw, raaar!! 허, 벌써 재미있네요, 안 그래요? 우리가 저기에 도착하게 되면, 할아버지는 정말 많이 도움을 받았다는 기분이 들 거예요... 아, 프레드릭슨 할아버지, 혹시라도 우리가 서로 떨어지게 되는 상황이 생기면 야생 탐험가의 외침을 사용하세요. 깍깍, 으르렁!!

RUSSELL Wait. ❿_____ Paradise Falls again? 잠시만요. 그런데 우리가 왜 파라다이스 폭포로 가는 거라고 했죠?

CARL Hey, let's play a game. It's called: "See who can be quiet the longest." 얘야, 우리 게임 할까. 게임 이름은 "누가 제일 오랫동안 조용히 있나."

B | 다음 빈칸을 채워 문장을 완성해 보세요.

1 우리가 혹시 다시 만나게 된다면, 나한테 인사하지 마라.

_____ meet again, don't say hi to me.

2 혹시 시간에 여유가 생기면, 바로 알려 주세요.

_____ be free, let me know right away.

3 그녀가 혹시라도 아프게 된다면, 그건 다 너 때문이야.

_____ get sick, it's all because of you.

4 혹시 이 남자를 아나요?

Do you _____ know this guy?

5 그녀는 어쩌다 보니 그냥 운이 좋을 뿐이야.

She just _____.

A Real Colorful Snipe

진짜 총천연색 도요새

파라다이스 폭포를 향해 가던 러셀과 칼, 러셀이 갑자기 용변이 마려워서 숲속에서 해결하네요. 용변을 본 후, 러셀의 눈에 짐승의 발자국이^{footprint} 보여요. 혹시 그 발자국이 도요새의 것이 아닐까 하고 그 자취를^{trail} 따라가며 박수를 칩니다. '도요새, 도요새' 부르면서 말이에요. 그러다가 입이 심심해서 초콜릿을 꺼내 먹는데 수풀 속에서^{in the bush} 누군가가 그의 초콜릿을 조금씩 훔쳐 먹습니다^{take a nibble}. 그 짐승이 혹시 도요새인가 모습을 확인하려고 러셀이 초콜릿을 꺼내 유인합니다^{lure}. 마침내, 짐승이 모습을 드러내는데 그것은 작은 도요새가 아닌 거대한^{massive} 총천연색^{multicolored} 도요새네요.

 **Warm Up!** 오늘 배울 표현   오늘 등장하는 표현들입니다. 어떤 표현이 들어가야 할지 생각해 보세요.

* ＿＿＿＿＿＿＿＿＿? 오, 그랬니?
* They do ＿＿＿＿＿. 그렇고말고.
* ＿＿＿＿＿＿＿＿＿?! 그게 대체 뭐니?!
* ＿＿＿＿＿＿＿＿＿ a snipe! 도요새라는 건 세상에 없어!

RUSSELL
러셀

I found the snipe!

제가 도요새를 찾았어요!

CARL
칼

Oh, did you?[1]

오, 그랬니?

RUSSELL
러셀

Are they tall?

도요새가 원래 키가 큰가요?

CARL
칼

Oh yes, they're very tall.

오 그럼, 걔들은 키가 아주 크지.

RUSSELL
러셀

Do they have a lot of colors?

색깔도 울긋불긋 많나요?

CARL
칼

They do **indeed.**[2]

그렇고말고.

RUSSELL
러셀

Do they like chocolate?

걔들이 초콜릿을 좋아하나요?

CARL
칼

Oh ye- Chocolate?

오 그럼- 초콜릿?

CARL
칼

What is that thing?![3]

그게 대체 뭐니?!

RUSSELL
러셀

It's a snipe!

도요새예요!

CARL
칼

There's no such thing as a snipe![4]

도요새라는 건 세상에 없어!

❶ **Oh, did you?** 오, 그랬니?

상대방의 말이 뻔한 거짓으로 여겨질 때 조롱하듯 되물을 때 '아, 그래요? / 어련하셨겠어요'라는 의미로 하는 말이에요. 상대방이 말한 문장에 따라 대답이 꼭 did you? 가 아니라 do you?, are you?, were you? 등이 될 수도 있지요. 예를 들어, 뻔히 돈이 없는 것을 아는데 상대방이 I have a lot of money.라고 한다면, oh, do you? 라고 받아치는 거죠.

* A: I told you everything I know. 내가 아는 모든 것을 얘기했소.
* B: **Oh, did you?** 아, 그러셨어요?

❷ **They do indeed.** 그렇고말고.

indeed는 긍정적인 진술을 하거나 대답을 할 때 그것을 강조하고자 쓰는 표현이에요. 예를 들어, 상대방이 Do you agree? '동의하세요?'라고 물을 때, I do indeed. '동의하고 말고요 / 네, 정말 동의해요' 이렇게 쓰지요.

* Yes, **indeed**. 네 그렇고 말고요.
* He is **indeed** the best. 그는 정말 최고다.

❸ **What is that thing?!** 그게 대체 뭐니?!

thing은 지칭하는 대상의 명칭이 무엇인지 정확히 모를 때 '것'이라는 뜻으로 주로 쓰입니다. this thing은 '이것'이고 that thing은 '저것'이지요. 특히 뭔가 괴이한 것, 낯선 것, 모호한 것 등에 대해 이야기할 때 thing이라고 하는 경우가 많아요.

* **What is that thing** in the sky? 하늘 위에 저거 대체 뭐죠?
* **What is this thing?** It feels weird. 이게 대체 뭐니? 느낌이 이상한데.

❹ **There's no such thing as a snipe!** 도요새라는 건 세상에 없어!

'세상에 그런 것은 없어'라고 표현할 때 가장 흔히 쓰는 패턴이 〈There's no such thing as + 명사〉 형식이에요. thing을 다른 단어로 바꾸어서 활용할 수도 있어요. 예를 들어, There is no such city as California. California is a State. '세상에 캘리포니아라는 도시는 없어. 캘리포니아는 주 이름이야' 이런 식으로 말이에요. ★영화 속 패턴 익히기

🎧 12-2.mp3

There's no such thing as + (동)명사   ~라는 건 세상에 없다.

Step 1   기본 패턴 연습하기

1 **There's no such thing as** a free lunch. 세상에 공짜란 없는 거야.

2 **There's no such thing as** a bad idea. 세상에 나쁜 아이디어란 건 없어.

3 **There's no such thing as** luck. 세상에 운이란 건 없다.

4 _____ fate. 세상에 운명이란 건 없어.

5 _____. 세상에 유령이란 건 없어.

Step 2   패턴 응용하기   There's no such + 명사 + as + (동)명사

1 **There's no such place as** paradise. 세상에 천국이란 곳은 없어.

2 **There's no such thing as** a perfect man. 세상에 완벽한 남자는 없어.

3 **There's no such person** at this address. 이 주소를 가진 사람은 없어.

4 _____ an inventor. 세상에 발명가라는 직업은 없는 거야.

5 _____ Dracula. 세상에 드라큘라라는 존재는 없어.

Step 3   실생활에 적용하기

A It may be a little stupid, but can I ask you something?

A 좀 어리석은 질문일 수도 있는데, 뭣 좀 물어봐도 될까요?

B 세상에 어리석은 질문이란 건 없단다.

B There's no such thing as a stupid question.

A Thank you for saying that.

A 그렇게 말해주셔서 감사해요.

정답   Step 1 4 There's no such thing as 5 There's no such thing as ghost   Step 2 4 There's no such job as 5 There's no such creature as

65

A | 영화 속 대화를 완성해 보세요.

RUSSELL I ❶_____! 제가 도요새를 찾았어요!

CARL ❷_____? 오, 그랬니?

RUSSELL ❸_____? 도요새가 원래 키가 큰가요?

CARL Oh yes, ❹_____. 오 그럼, 걔들은 키가 아주 크지.

RUSSELL Do they ❺_____? 색깔도 울긋불긋 많나요?

CARL They do ❻_____. 그렇고말고.

RUSSELL Do ❼_____? 걔들이 초콜릿을 좋아하나요?

CARL Oh ye- Chocolate? 오 그럼– 초콜릿?

CARL ❽_____?! 그게 대체 뭐니?!

RUSSELL ❾_____! 도요새예요!

CARL ❿_____ a snipe! 도요새라는 건 세상에 없어!

B | 다음 빈칸을 채워 문장을 완성해 보세요.

1 세상에 공짜란 없는 거야.
_____ a free lunch.

2 세상에 운명이란 건 없어.
_____ fate.

3 세상에 유령이란 건 없어.
_____.

4 세상에 완벽한 남자는 없어.
_____ a perfect man.

5 세상에 발명가라는 직업은 없는 거야.
_____ an inventor.

Being With Kevin
케빈과 함께

도요새가 러셀을 좋아하는지 러셀과 칼을 계속 따라오네요.^{keep following} 칼이 귀찮아서 쫓아 보내려고^{try to let her go} 하지만 계속 따라와요. 아마도 러셀이 초콜릿을 더 줄 것 같아서 그런 것은 아닐까요? 러셀은 새의 이름을 즉석에서^{right on the spot} 지어주었는데, 케빈이라고 말이에요. 케빈과 금방 정이 든 러셀이 칼에게 케빈을 같이 데려가자고 조르네요.^{nag} 자기가 먹이도 주고, 산책도 같이하고^{walk him}, 화장실 훈련도 시킬 테니 데리고 있자고^{keep him} 말이죠. 하지만 갈 길이 먼 칼은 이 덩치 큰 새가 그저 부담스러울 뿐입니다.

 **Warm Up!** 오늘 배울 표현   오늘 등장하는 표현들입니다. 어떤 표현이 들어가야 할지 생각해 보세요.

* _____. 꺼져.

* I'll _____. 내가 산책도 시킬게요.

* An Explorer is a friend to all, _____ plants or fish or tiny mole.
  탐험가는 모두의 친구이다. 식물이건 물고기건 작은 두더지건.

* _____ up there! 넌 거기 올라가면 안 돼!

CARL
칼

Aaah! Shoo, shoo! Get out of here.
아아! 훠이, 훠이! 저리가.

CARL
칼

Go on, **beat it.** ❶
가라고, 꺼져.

RUSSELL
러셀

Can we keep him? Please?? I'll get the food for him, I'll **walk him**, I'll change his newspapers... ❷
우리가 얘 데리고 있으면 안 될까요? 제발요?? 내가 먹이도 먹이고, 산책도 시키고 똥오줌도 갈아주고…

CARL
칼

No.
안 돼.

RUSSELL
러셀

"An Explorer is a friend to all, **be it** plants or fish or tiny mole." ❸
"탐험가는 모두의 친구이다, 식물이건 물고기건 작은 두더지건."

CARL
칼

That doesn't even rhyme.
그건 라임이 맞지도 않잖아.

RUSSELL
러셀

Yeah it does.
맞거든요.

RUSSELL
러셀

Hey, look! Kevin!
저기 봐요! 케빈이에요!

CARL
칼

What? Get down! **You're not allowed** up there! ❹
뭐야? 내려와! 넌 거기 올라가면 안 돼!

CARL
칼

You come down here right now!
지금 당장 이리로 내려오라고!

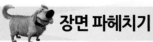
❶ Beat it. 꺼져.

상대방에게 짜증 또는 화를 내며 '꺼져!'라고 할 때 아주 자주 쓰는 표현이에요. 모두가 알만한 더 쉽고 익숙한 표현 Get out of here! '여기에서 나가!'와 같은 의미예요. 극 중에서 칼이 꺼지라는 의미의 표현으로 vamoose, scram과 같은 단어들을 쓰는데, 이 단어들은 오래전에 썼던 것이랍니다.

* What are you doing in my chair? **Beat it!** 내 의자에서 뭐 하는 거야? 썩 꺼져!
* We need to **beat it** before mom gets here. 엄마가 오기 전에 빨리 도망가야 해.

❷ I'll walk him. 내가 산책도 시킬게요.

walk하면 기본적으로 '걷다'는 의미지만, '~와 같이 걷다 / 산책시키다'라는 의미로 쓸 수도 있어요. 특히 동물을 산책시키는 것을 묘사할 때 자주 쓰이지요. 친구나 연인에게 ~까지 걸어서 바래다준다고 할 때도 쓸 수 있으니 잘 활용해서 써 보세요.

* I **walk my dog** twice a day. 난 내 강아지를 하루에 두 번씩 산책시킨다.
* Let me **walk you** home. 집까지 같이 걸어서 줄게.

❸ An Explorer is a friend to all, be it plants or fish or tiny mole.
탐험가는 모두의 친구이다. 식물이건 물고기건 작은 두더지건.

종류에 상관없이 뭐든 다 포함한다는 의미로 '~이건 ~이건 상관없이'라는 말을 할 때 'be it A or B' 형식으로 표현해요. Whether it is/be와 같은 표현인데, 더 짧고 간단하죠. 두 가지가 아닌 여러 가지를 열거할 경우엔 A or B or C or D 하는 식으로 단어의 중간에 모두 or를 넣어주셔야 해요.

* She always puts on a great performance, **be it** singing or dancing.
  그녀는 항상 멋진 공연을 한다. 노래가 됐건, 춤이 됐건.
* He can teach any subjects, **be it** math or science or English.
  그는 어떤 과목이라도 가르칠 수 있어. 수학이건 과학이건 영어이건 상관없이.

❹ You're not allowed up there! 넌 거기 올라가면 안 돼!

'You're not allowed ~'는 '~는 하면 안 돼 / ~하는 것은 허락(허용)되지 않아'라는 의미로 쓸 수 있는 패턴식 표현이에요. allowed 뒤에 장소가 따라오면 '~에 들어오면 안 돼'라는 뜻이 되는데, 주로 allowed 뒤에는 'to + 동사'가 따라오면서 '~하는 것은 안 돼/허락(허용)되지 않아'라는 의미로 쓰인답니다. ★영화 속 패턴 익히기

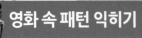

🎧 13-2.mp3

You're not allowed ~

~하면 안 돼. / ~하는 것은 허락(허용)되지 않아.

Step 1 기본 패턴 연습하기

1 **You're not allowed** in here. 넌 여기에 들어오면 안 돼.

2 **You're not allowed** down there. 넌 그 아래에 있으면 안 돼.

3 **You're not allowed** to camp here. 여기에서는 야영하면 안 됩니다.

4 .... this program. 넌 이 프로그램을 사용하면 안 된다.

5 .... that film. 넌 그 영화를 보면 안 돼.

Step 2 패턴 응용하기 | 주어 + be동사 + allowed ~

1 **I'm not allowed** to talk to them. 난 그들과 얘기하면 안 돼.

2 **We're not allowed** to have feelings. 우린 감정을 가지면 안 된다.

3 **He's not allowed** to cry. 그는 우는 것이 허락되지 않는다.

4 .... have an opinion. 그녀는 의견을 가지면 안 된다.

5 .... at night. 그 아이들은 밤에는 나가면 안 된다.

Step 3 실생활에 적용하기

A What do you think you are doing here?	A 너 여기서 대체 뭐 하고 있는 거니?
B Nothing. I was just waiting for Paul.	B 아무것도 안 하는데요. 그냥 폴 기다리고 있었어요.
A 여긴 들어오면 안 되는 곳이야!	A You are not allowed to be here!

정답 Step 1 4 You're not allowed to use 5 You're not allowed to watch Step 2 4 She's not allowed to 5 The kids are not allowed to go out

A | 영화 속 대화를 완성해 보세요.

CARL Aaah! Shoo, shoo! ❶_____. 아아! 훠이, 훠이! 저리가.

CARL Go on, ❷_____. 가라고, 꺼져.

RUSSELL ❸_____? Please?? I'll get the food for him, I'll ❹_____, I'll change his newspapers... 우리가 얘 데리고 있으면 안 될까요? 제발요?? 내가 먹이도 먹이고, 산책도 시키고 똥오줌도 갈아주고…

CARL No. 안 돼.

RUSSELL "An Explorer is a friend to all, ❺_____ plants or fish or tiny mole." "탐험가는 모두의 친구이다. 식물이건 물고기건 작은 두더지건."

CARL ❻_____ rhyme. 그건 라임이 맞지도 않잖아.

RUSSELL Yeah ❼_____. 맞거든요.

RUSSELL Hey, look! Kevin! 저기 봐요! 케빈이에요!

CARL What? ❽_____! ❾_____ up there! 뭐야? 내려와! 넌 거기 올라가면 안 돼!

CARL You ❿_____! 지금 당장 이리로 내려오라고!

B | 다음 빈칸을 채워 문장을 완성해 보세요.

1 넌 여기에 들어오면 안 돼.
_____ in here.

2 여기에서는 야영하면 안 됩니다.
_____ to camp here.

3 넌 그 영화를 보면 안 돼.
_____ that film.

4 그녀는 의견을 가지면 안 된다.
_____ have an opinion.

5 그 아이들은 밤에는 나가면 안 된다.
_____ at night.

A Speaking Dog, Dug

말하는 강아지, 더그

칼과 러셀, 그리고 그들을 따르는 케빈은 파라다이스 폭포를 향해 가고 있어요. 가는 도중^{on the way} 갑자기 사람 목소리가 들리고 저 멀리 흐릿하게 사람 형상이^{figure of a man} 보이네요. 이곳에도 사람이 있다니! 반가운 마음에 다가가니^{walk toward} 그냥 사람 형상의 바위였네요. 분명 소리가 들렸는데 어디서 나는 소리일까요? 여러 동물 형상의 바위 중 강아지 모양이 있는데 이번엔 진짜 강아지예요. 러셀이 강아지한테 앉으라고 하니 앉기도 하고 훈련을 잘 받은^{trained} 강아지인 듯해요. 심지어^{furthermore} 말까지 하네요. 강아지가 말을 하다니, 칼과 러셀은 깜짝 놀라 얼어버릴^{freeze} 정도예요. 이름이 더그라고 하는데, 주인이 만들어준 특수 개목걸이를^{collar} 통해서 말을 할 수 있다고 하네요.

Warm Up! 오늘 배울 표현

오늘 등장하는 표현들입니다. 어떤 표현이 들어가야 할지 생각해 보세요.

* **Wonder who he**   **?** 얘가 누구네 강아지일까?
* **Hey look,**   **!** 이거 봐요, 훈련받은 강아지예요!
*   **"Hi there?"** 저 강아지가 지금 방금 "안녕"이라고 했니?
* **He made me this collar**   **I may talk.** 그는 내가 말을 할 수 있도록 나에게 이것을 만들어주셨어요.

RUSSELL
러셀

Hey, I like dogs!

이야, 난 강아지가 좋아요!

CARL
칼

We have your dog! Wonder who he **belongs to?**❶

당신네 강아지가 여기에 있어요! 얘가 누구네 강아지일까?

RUSSELL
러셀

Sit boy.

앉아.

RUSSELL
러셀

Hey look, **he's trained!**❷ Shake!

이거 봐요, 훈련받은 강아지예요! 악수!

RUSSELL
러셀

Uh-huh. Speak.

어허. 말해봐.

DUG
더그

Hi there.

안녕.

CARL
칼

Did that dog just say "Hi there?"❸

저 강아지가 지금 방금 "안녕"이라고 했니?

DUG
더그

Oh yes.

네 그랬어요.

DUG
더그

My name is Dug. I have just met you and I love you.

제 이름은 더그예요. 전 당신을 지금 방금 만났고 당신을 사랑해요.

CARL
칼

Uh... wha?

어… 뭐라?

DUG
더그

My master made me this collar. He is a good and smart master and he made me this collar **so that** I may talk❹ – SQUIRREL!!

저의 주인님께서 이 개목걸이를 만드셨죠. 그는 착하고 똑똑한 주인님이고 그는 내가 말을 할 수 있도록 나에게 이것을 만들어주셨어요 – 다람쥐!!

73

장면 파헤치기   구문 설명과 예문으로 이 장면의 핵심 표현을 완벽히 이해하세요.

---

❶ Wonder who he belongs to? 얘가 누구네 강아지일까?

belong to는 '~의 소유/것이다, ~에 속하다'는 의미의 숙어예요. 집, 차, 시계, 가방 등등 그것이 무엇이 되었든, 누구의 소유인지에 대해 표현할 때 쓰죠. 예를 들어, This car belongs to my dad. '이 차는 우리 아빠 것이에요' 이렇게 말이죠. 또한 클럽이나 조직 등의 소속됐음을 표현할 때도 쓸 수 있어요. 예를 들어, I don't belong to that group. '난 저 모임에 일원이 아니야' 이렇게요.

* Who does this wallet **belong to?** 이 지갑은 누구 것이니?
* This building **belongs to** my family. 이 건물은 우리 가족 소유야.

---

❷ Hey look, he's trained! 이거 봐요, 훈련받은 강아지예요!

동물이 훈련받았다고 할 때 He/she is trained. 라고 말해요. 문맥에 따라서는 특수한 훈련을 받았다는 뜻으로 쓰일 수도 있겠지만 일반적으로 특수한 훈련보다는 단순히 배변 훈련을 받았다고 표현할 때 많이 쓰여요.

* My dog **is trained**. 내 강아지는 (배변) 훈련을 받았어요.
* She is the most well-**trained** cat ever. 이 고양이는 역대 가장 잘 훈련받은 고양이야.

---

❸ Did that dog just say "Hi there?" 저 강아지가 지금 방금 "안녕"이라고 했니?

누군가가 한 말에 깜짝 놀라거나 발끈하며 '지금 방금 ~가 ~라고 했니?'라고 물을 때 위와 같은 형식의 문장을 써요. 〈Did + 주어 + just say ~?〉 형식이 되겠습니다. 주어와 뒤에 나오는 내용을 바꿔가면서 패턴 연습을 해 볼게요.

★영화 속 패턴 익히기

---

❹ He made me this collar so that I may talk. 그는 내가 말을 할 수 있도록 나에게 이것을 만들어주셨어요.

앞의 절과 뒤의 절을 so that으로 이어주는 문장이에요. 여기에서 so that은 '~할 수 있도록 / ~하도록'의 의미로 쓰이는데, 문장의 뒷부분이 먼저 해석되고 그다음에 앞부분을 해석하게 됩니다. 예를 들어, I lied so that I wouldn't get fired. '해고당하지 않으려고 난 거짓말을 했다' 이런 식으로 말이에요.

* He died **so that** we could live. 우리가 살 수 있도록 그가 죽은 거야.
* I'm working hard **so that** I can buy a car. 난 차를 장만하려고 열심히 일하는 거야.

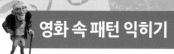

🎧 14-2.mp3

Did + 주어 + just say ~?

~가 지금 방금 ~라고 했니?

Step 1   기본 패턴 연습하기

1 **Did you just say** you hate me? 너 지금 방금 날 싫어한다고 했니?

2 **Did he just say** we won? 그가 지금 우리가 이겼다고 한 건가요?

3 **Did you just say** 'Yes'? 너 지금 방금 '네'라고 했니?

4 _____ she loves me? 그녀가 지금 날 사랑한다고 한 거니?

5 _____ we cannot get in? 저 남자가 지금 우리 못 들어간다고 그런 거니?

Step 2   패턴 응용하기   That's what + 주어 + just said

1 You heard me right. **That's what I just said.** 제대로 들었군. 내가 방금 그렇게 말했어.

2 **That's what he just said.** He doesn't want you here.
그가 방금 그렇게 말했어. 그는 네가 여기 있는 걸 원하지 않아.

3 **That's what she just said.** Do you want me to ask her again?
그녀가 방금 그렇게 말했어. 다시 한 번 물어볼까?

4 _____. He said he would marry me.
그가 지금 방금 그렇게 말했어. 그가 나하고 결혼하겠다고.

5 _____. She is quitting. 제인이 지금 방금 그렇게 말했어. 그만두겠다고.

Step 3   실생활에 적용하기

A I can't do that.	A 그건 못 하겠네요.
B 너 지금 방금 못 하겠다고 한 거니?	B Did you just say you can't do it?
A Yeah, that's what I said.	A 네, 그렇게 말했어요.

정답   **Step 1** 4 Did she just say 5 Did that guy just say   **Step 2** 4 That's what he just said 5 That's what Jane just said

75

A | 영화 속 대화를 완성해 보세요.

RUSSELL Hey, ❶ _____! 이야, 난 강아지가 좋아요!

CARL We have your dog! Wonder who he ❷ _____? 당신네 강아지가 여기에 있어요! 얘가 누구네 강아지일까?

RUSSELL ❸ _____. 앉아.

RUSSELL Hey look, ❹ _____! ❺ _____! 이거 봐요, 훈련받은 강아지예요! 악수!

RUSSELL Uh-huh. Speak. 어허. 말해봐.

DUG Hi there. 안녕.

CARL ❻ _____ "Hi there?" 저 강아지가 지금 방금 "안녕"이라고 했니?

DUG Oh yes. 네 그랬어요.

DUG My name is Dug. I have ❼ _____ and I love you. 제 이름은 더그예요. 전 당신을 지금 방금 만났고 당신을 사랑해요.

CARL Uh... wha? 어… 뭐라?

DUG My master ❽ _____. He is a ❾ _____ and he made me this collar ❿ _____ I may talk – SQUIRREL!! 저의 주인님께서 이 개목걸이를 만드셨죠. 그는 착하고 똑똑한 주인님이고 그는 내가 말을 할 수 있도록 나에게 이것을 만들어주셨어요 – 다람쥐!!

B | 다음 빈칸을 채워 문장을 완성해 보세요.

1 그가 지금 우리가 이겼다고 한 건가요?

_____ we won?

2 그녀가 지금 날 사랑한다고 한 거니?

_____ she loves me?

3 저 남자가 지금 우리 못 들어간다고 그런 거니?

_____ we cannot get in?

4 제대로 들었군. 내가 방금 그렇게 말했어.

You heard me right. _____.

5 그가 지금 방금 그렇게 말했어. 그가 나하고 결혼하겠다고.

_____. He said he would marry me.

Alpha with a Funny Voice

웃긴 목소리의 알파

풍선 달린 집을 끌고 파라다이스 폭포를 향해 걷고 있는 칼과 러셀, 그리고 그들 일행을 따라오고 있는 케빈과 더그. 다른 곳에서는 누군가의 지령을^{command} 받고 어떤 새를 찾고 있는 개들이 특수 개목걸이를 통해 대화를 나누고 있네요. 그들이 통신장치를^{communication device} 통해 더그에게 연락을 취하는데^{get in touch} 화면으로^{a video screen} 그가 그들이 찾고 있는 새와 함께 있는 것을 알게 됩니다. 그리고, 배낭을^{backpack} 메고 있는 소년도 흘깃 보게^{glimpse} 되죠. 그들이 위치추적장치로^{GPS} 더그가 있는 곳을 알아내고 그가 있는 곳으로 당장 출발합니다.

 **Warm Up!** 오늘 배울 표현 　오늘 등장하는 표현들입니다. 어떤 표현이 들어가야 할지 생각해 보세요.

* I ＿＿＿＿＿＿＿ the bird's scent!　새의 냄새가 나는군!

* ＿＿＿＿＿＿＿ the bird will be ours yet again.　곧 그 새는 다시 우리의 차지가 될 것이다.

* I think ＿＿＿＿＿＿＿＿＿＿＿ your collar.　아무래도 네 목걸이에 뭔가 문제가 있는 것 같아.

* ＿＿＿＿＿＿＿ bumped it.　어디에 부딪혔나 봐.

GAMMA
감마

Oh, here it is. I **picked up** the bird's scent!❶

오, 여기 있네. 새의 냄새가 나는군!

BETA
베타

Wait a minute, wait a minute! What is this? Chocolate. I smell chocolate.

잠시만, 잠시만! 이게 뭐지? 초콜릿. 초콜릿 냄새가 나는데.

GAMMA
감마

I'm getting prunes and denture cream! Who are they?

말린 자두와 틀니에 바르는 크림 냄새도 나는군! 얘네들 누구지?

BETA
베타

Ah man, Master will not be pleased. We'd better tell him someone took the bird, right, Alpha?

아 이런. 주인님이 안 좋아하실 텐데. 누군가가 새를 데려갔다고 보고하는 게 좋겠어, 그렇지, 알파?

ALPHA
알파

No. **Soon enough** the bird will be ours yet again.❷

아니. 곧 그 새는 다시 우리의 차지가 될 것이다.

ALPHA
알파

Find the scent, my compadres, and you two shall have much rewardings from Master for the toil factor you wage.

냄새를 찾아라, 나의 친구들이여, 그러면 자네들의 고생에 대해 주인님이 큰 상을 주실 거야.

BETA
베타

Hey Alpha, I think **there's something wrong with** your collar.❸ **You must have** bumped it.❹

이봐 알파, 그런데 아무래도 네 목걸이에 뭔가 문제가 있는 것 같아. 어디에 부딪혔나 봐.

GAMMA
감마

Yeah, your voice sounds funny!

어, 네 목소리가 좀 웃겨!

 **장면 파헤치기** 구문 설명과 예문으로 이 장면의 핵심 표현을 완벽히 이해하세요.

---

❶ I picked up the bird's scent! 새의 냄새가 나는군!

pick up의 수많은 의미 중에 위의 문장에서 쓰인 pick up은 찾고 있던 무엇인가를 발견하거나 감지했을 때 '(냄새/소리 등을) 맡다/듣다/알아채다'라는 의미로 쓰인 것입니다.

* I **picked up** the sound of footsteps. 내가 발걸음 소리를 들었다.
* Henry **picked up** the smell of rotten fish. 헨리가 썩은 생선의 냄새를 맡았다.

---

❷ Soon enough the bird will be ours yet again. 곧 그 새는 다시 우리의 차지가 될 것이다.

Soon enough는 '오래지 않아 / 머지않아 / 곧'이라는 의미의 숙어예요. 그냥 soon이라고 해도 되겠지만 너무 '곧'이라고 단정적으로 말하는 것을 피하기 위해, enough를 넣어서 표현한 것으로 보여요. Soon enough와 비슷한 상황에서 많이 쓰일 수 있는 표현, Sooner or later도 같이 알아 두세요.

* You'll find out the truth **soon enough**. 곧 진실을 알게 될 거야.
* **Soon enough**, they'll all be here. 이제 곧, 그들이 모두 올 거야.

---

❸ I think there's something wrong with your collar. 아무래도 네 목걸이에 뭔가 문제가 있는 것 같아.

어떤 대상이 뭔가 좀 문제가 있거나 이상하거나 잘못된 것이 있어 보일 때 'There's something wrong with ~' 형식으로 문장을 써요. 여기서 나오는 wrong을 '틀린/잘못된'이라고 해석하는 것보다는 뭔가 '이상한/평상시와 다른' 정도의 어감으로 해석하는 것이 좋아요.　　　　　　　　★영화 속 패턴 익히기

---

❹ You must have bumped it. 어디에 부딪혔나 봐.

〈You must have + 과거분사〉는 상대방의 모습, 상태를 보고 어떤 상황이었을지 추측을 하며 '~했나 봐'라고 하거나, 상대방의 경험에 대한 이야기를 듣고 '~했겠어요'라고 공감하면서 말할 때 쓰는 패턴이에요.

* **You must have** been scared. 무서웠겠어요.
* **You must have** had a broken heart. 억장이 무너졌겠어요.

🎧 15-2.mp3

There's something wrong with ~ ~에 뭔가 좀 문제가 있다. / (상태가 좀) 이상하다.

Step 1 　기본 패턴 연습하기

1 **There's something wrong with** this car. 이 차가 뭔가 좀 이상하네.

2 **There's something wrong with** the world today. 오늘날의 세계는 뭔가 좀 잘못됐다.

3 **There's something wrong with** Aunt Mary. 메리 이모가 좀 이상해.

4 _____ my brain. 내 뇌 상태가 좀 이상해.

5 _____ your suit. 네 양복이 뭔가 좀 이상한데.

Step 2 　패턴 응용하기 　Is there something wrong with ~

1 **Is there something wrong with** you? 너 뭐 잘못 먹었니?

2 **Is there something wrong with** me mentally? 난 정신적으로 문제가 있는 걸까?

3 **Is there something wrong with** my shoes? 내 신발이 좀 이상하니?

4 _____? 내 머리가 뭐 좀 이상하니?

5 _____ eyes? 너 눈에 무슨 문제가 있니?

Step 3 　실생활에 적용하기

A 이 컴퓨터가 뭐가 좀 잘못됐나 봐. Can you help me with this?

B What's wrong?

A I don't know. That's why I'm asking for your help.

A There's something wrong with this computer. 네가 좀 도와줄래?

B 뭐가 잘못된 건데?

A 나도 몰라. 그러니까 너한테 도와달라고 하는 거지.

정답 　Step 1　4 There's something wrong with　5 There's something wrong with　Step 2　4 Is there something wrong with my hair　5 Is there something wrong with your

확인학습

문제를 풀며 오늘 배운 표현을 완벽히 내 것으로 만드세요.

A | 영화 속 대화를 완성해 보세요.

GAMMA Oh, here it is. I ❶_____ the bird's scent!
오, 여기 있네. 새의 냄새가 나는군!

BETA Wait a minute, wait a minute! What is this? Chocolate.
❷_____. 잠시만, 잠시만! 이게 뭐지? 초콜릿. 초콜릿 냄새가 나는데.

GAMMA I'm getting prunes and ❸_____! Who are
they? 말린 자두와 틀니에 바르는 크림 냄새도 나는군! 얘네는 누구지?

BETA Ah man, Master will ❹_____. We'd
❺_____ someone took the bird, right,
Alpha? 아 이런, 주인님이 안 좋아하실 텐데. 누군가가 새를 데려갔다고 보고하는 게 좋겠어,
그렇지, 알파?

ALPHA No. ❻_____ the bird will be ours yet again.
아니. 곧 그 새는 다시 우리의 차지가 될 것이다.

ALPHA ❼_____, my compadres, and you two shall
have much rewardings from Master for the toil factor
you wage. 냄새를 찾아라, 나의 친구들이여. 그러면 자네들의 고생에 대해 주인님이 큰 상을
주실 거야.

BETA Hey Alpha, I think ❽_____
your collar. ❾_____ bumped it.
이봐 알파. 그런데 아무래도 네 목걸이에 뭔가 문제가 있는 것 같아. 어디에 부딪혔나 봐.

GAMMA Yeah, your ❿_____! 어, 네 목소리가 좀 웃겨!

정답 A
❶ picked up
❷ I smell chocolate
❸ denture cream
❹ not be pleased
❺ better tell him
❻ Soon enough
❼ Find the scent
❽ there's something wrong with
❾ You must have
❿ voice sounds funny

B | 다음 빈칸을 채워 문장을 완성해 보세요.

1 이 차가 뭔가 좀 이상하네.
_____ this car.

2 내 뇌 상태가 좀 이상해.
_____ my brain.

3 네 양복이 뭔가 좀 이상한데.
_____ your suit.

4 난 정신적으로 문제가 있는 걸까?
_____ me mentally?

5 너 눈에 무슨 문제가 있니?
_____ eyes?

정답 B
1 There's something wrong with
2 There's something wrong with
3 There's something wrong with
4 Is there something wrong with
5 Is there something wrong with your

81

Please Be My Prisoner!
제발 내 포로가 돼줘!

더그는 케빈에게 계속 자기 포로가 돼달라며^{be my prisoner} 케빈을 귀찮게^{bothering} 하네요. 칼은
러셀만 있어도 시끄러워서 힘든데, 더그와 케빈까지 옆에서 티격태격하고 있으니 정말 정신이
산란해서^{distracted} 못 견딜 지경입니다. 그러던 중 칼은 그의 지팡이에 달린 테니스공을 보고 더그가
흥분하는 것을^{getting excited} 봅니다. 그래서 공을 저 멀리 던지며^{throw} 더그에게 가져오라고 하죠^{go get it}.
케빈에게는 저 멀리 초콜릿을 던지고요. 물론 이것은 그들을 저 멀리 따돌릴^{leave them out} 칼의
계획이었죠. 칼의 바람처럼 그들은 이제 돌아오지 않게 될까요?

 **Warm Up!** 오늘 배울 표현   오늘 등장하는 표현들입니다. 어떤 표현이 들어가야 할지 생각해 보세요.

* _____, once again. 다시 한 번 경고한다.

* _____ we'll never get to the falls! 이 속도로 가면 평생 가도 폭포에 못 갈 거야!

* I'm _____ you. 난 어쩔 수 없이 너와 꼼짝없이 함께 있어야 해.

* And if you two don't clear out of here _____ I count to three.
  셋 셀 때까지 너희 둘이 여기에서 떠나지 않으면 알아서 해.

DUG
더그
Oh please oh please oh PLEASE be my prisoner!
오 제발 오 제발 오 제발 내 포로가 돼줘!

RUSSELL
러셀
Dug, stop bothering Kevin!
더그, 케빈 좀 그만 괴롭혀!

DUG

더그
That man there says I can take the bird and I love that man there like he is my master.
저기에 있는 저분이 내가 새를 가져가도 좋다고 하셨어요 그리고 난 그를 나의 주인님과 같이 사랑해요.

CARL
칼
I am not your master!
난 너의 주인이 아니야!

DUG
더그
I am warning you, once again, bird!❶
다시 한 번, 경고한다, 새야!

RUSSELL
러셀
Hey! Quit it!
야! 그만해!

DUG
더그
I am jumping on you now, bird.
난 이제 너에게 올라탈 거야, 새야.

CARL
칼
Russell! **At this rate** we'll never get to the falls!❷
러셀! 이 속도로 가면 평생 가도 폭포에 못 갈 거야!

CARL

칼
I am nobody's master, got it? I don't want you here ... and I don't want you here. I'm **stuck with** you.❸ And if you two don't clear out of here **by the time** I count to three.❹
난 그 누구의 주인도 아냐, 알겠니? 난 네가 여기에 있는 걸 원하지 않아, …그리고 난 너도 여기에 있는 걸 원하지 않아. 난 어쩔 수 없이 너와 꼼짝없이 함께 있어야 해. 그러니까 셋 셀 때까지 너희 둘이 여기에서 떠나지 않으면 알아서 해.

❶ I'm warning you, once again. 다시 한 번 경고한다.

상대방에게 '경고한다'고 할 때는 진행형으로 I'm warning you라고 표현해요. 주로 이 말을 한 다음에는 뒤에 조심하라는 경고 메시지를 덧붙이지요.

* **I'm warning you.** Don't ever do that again! 경고한다. 다시는 그런 짓 하지 마!
* **I'm warning you.** Don't mess with me! 경고한다. 나한테 까불지 마!

❷ At this rate we'll never get to the falls! 이 속도로 가면 평생 가도 폭포에 못 갈 거야!

rate는 '비율, ~율'이라는 의미의 명사인데, '속도'라는 뜻으로 쓰이기도 해요. 그래서, at this rate는 at this speed와 마찬가지로 '이 속도로 가면, 이런 식으로 가다가는, 이래서는'이라는 의미로 쓸 수 있답니다.

* **At this rate**, I will never lose weight. 이런 식으로는 난 절대 살 못 뺄 거야.
* **At this rate**, you won't be able to get there in time. 이래서는 시간 안에 못 간다.

❸ I'm stuck with you. 난 어쩔 수 없이 너와 꼼짝없이 함께 있어야 해.

stuck with는 '~을 억지로 떠맡아, 꼼짝없이 ~해야 하는, 꼼짝없이 ~와 함께 있어야 하는'이라는 의미의 숙어예요. 'be동사 + stuck with'나 'got stuck with'의 형식으로 주로 쓰이지요.

* We are **stuck with** each other. 우린 꼼짝없이 둘이 같이 있어야만 한다.
* It looks like I'm **stuck with** this project. 이 프로젝트에 꼼짝없이 붙잡혀 있어야 할 것 같네.

❹ And if you two don't clear out of here by the time I count to three.
셋 셀 때까지 너희 둘이 여기에서 떠나지 않으면 알아서 해.

by the time은 '~할 때까지 / ~했을 때쯤에(는)'이라는 의미로 쓸 수 있는 접속사적 표현이에요. 학습자들이 주로 '~(때)까지'라고 하면 무조건 until을 쓰는 경향이 있는데, 기한이나 마감 시한 등에 대해서 말하며 '(늦어도) ~(때)까지는/쯤에는'이라고 표현할 때는 until이 아닌 by를 써야 한답니다. by the time과 by가 문장 안에서 어떻게 쓰이는지 패턴 문장으로 익히도록 할게요.

★ 영화 속 패턴 익히기

영화 속 패턴 익히기 오늘 배운 장면에서 뽑은 핵심 패턴으로 다양한 표현을 만들어 보세요.

🎧 16-2.mp3

by the time ~할 때까지 / ~때쯤이면 / ~했을 때쯤에

Step 1 기본 패턴 연습하기

1 **By the time** I arrived, everyone one else was already there. 내가 도착했을 땐, 이미 모두 다 와있었다.

2 **By the time** he got home, I was finished eating. 그가 집에 도착했을 땐, 내가 식사를 마친 상태였다.

3 **By the time** you turn 30, you'll probably have had more experiences than me.
네 나이가 서른이 될 때쯤이면, 넌 아마 나보다 더 많은 경험을 했을 거야.

4 _____ I got there, it was too late. 내가 거기에 갔을 땐, 이미 너무 늦어버렸다.

5 _____ this, I won't be in this country anymore.
네가 이것을 읽은 때쯤이면, 난 이 나라에 없을 거야.

Step 2 패턴 응용하기 by + 시간

1 You have to be back **by 10 o'clock**. 10시까지 돌아와야만 해.

2 Hand it in **by Friday**. 금요일까지 제출해라.

3 You'd better pay me back **by tomorrow**. 내일까지는 갚는 게 좋을 거야.

4 Bring it back _____. 12시까지 돌려줘.

5 _____ what time do we have to finish this? 이거 몇 시까지 끝내야 하는 거죠?

Step 3 실생활에 적용하기

A 내가 돌아올 때까지 일을 끝내놔야 해.

B When are you coming back?

A I'll be back when I'm back.

A Finish your work by the time I get back.

B 언제 돌아오실 건데요?

A (그건 나도 모르니) 그냥 오면 오는 줄 알아.

정답 Step 1 4 By the time 5 By the time you read   Step 2 4 by noon 5 By

A | 영화 속 대화를 완성해 보세요.

DUG Oh please oh please oh PLEASE ❶................................!
오 제발 오 제발 오 제발 내 포로가 돼줘!

RUSSELL Dug, ❷........................... Kevin! 더그, 케빈 좀 그만 괴롭혀!

DUG That man there says ❸........................... and I love that man there like he is my master. 저기에 있는 저분이 내가 새를 가져가도 좋다고 하셨어요 그리고 난 그를 나의 주인님과 같이 사랑해요.

CARL I am not your master! 난 너의 주인이 아니야!

DUG ❹..........................., once again, bird! 다시 한 번, 경고한다, 새야!

RUSSELL Hey! ❺...........................! 야! 그만해!

DUG I am ❻..........................., bird. 난 이제 너에게 올라탈 거야, 새야.

CARL Russell! ❼........................... we'll never get to the falls! 러셀 이 속도로 가면 평생 가도 폭포에 못 갈 거야!

CARL I am nobody's master, got it? ❽........................... ...and I don't want you here. I'm ❾........................... you. And if you two don't clear out of here ❿........................... I count to three. 난 그 누구의 주인도 아냐, 알겠니? 난 네가 여기에 있는 걸 원하지 않아, …그리고 난 너도 여기에 있는 걸 원하지 않아. 난 어쩔 수 없이 너와 꼼짝없이 함께 있어야 해. 그러니까 셋 셀 때까지 너희 둘이 여기에서 떠나지 않으면 알아서 해.

정답 A
❶ be my prisoner
❷ stop bothering
❸ I can take the bird
❹ I am warning you
❺ Quit it
❻ jumping on you now
❼ At this rate
❽ I don't want you here
❾ stuck with
❿ by the time

B | 다음 빈칸을 채워 문장을 완성해 보세요.

1 내가 도착했을 땐 이미 모두 다 와있었다.
.... I arrived, everyone one else was already there.

2 네 나이가 서른이 될 때쯤이면 넌 아마 나보다 더 많은 경험을 했을 거야.
.... you turn 30, you'll probably have had more experiences than me.

3 네가 이것을 읽은 때쯤이면 난 이 나라에 없을 거야.
.... this, I won't be in this country anymore.

4 10시까지 돌아와야만 해.
You have to be back ....

5 12시까지 돌려줘.
Bring it back ....

정답 B
1 By the time
2 By the time
3 By the time you read
4 by 10 o'clock
5 by noon

Camping for the First Time

처음으로 하는 캠핑

밤이 다가왔어요. 칼의 일행은 이제 산속에서 잠을 자야만 해요. 잠을 자려면 텐트가 있어야 하는데 자칭 '야생 탐험가'인^{Wilderness Explorer} 러셀이 텐트를 치겠다며 나서네요. 텐트를 치는데 처음부터 뭔가 어설퍼^{clumsy} 보이더니만 결국 자기 얼굴에 상처만^{welt} 내고 텐트는 스프링처럼 피용 날아가^{catapulting} 버렸어요. 사실은^{in fact} 러셀은 단 한 번도 텐트를 쳐 본 적이 없다고 고백합니다. 바깥에서 하는 캠핑도 이번이 처음이래요^{first time ever}. 러셀과 대화를 나누던 칼은 러셀이 아버지의 관심과 사랑을 그리워하는, 겉보기와는 달리 마음의 상처가^{sorrowful heart} 있는 소년이라는 사실을 알게 됩니다. 러셀을 귀찮게만 생각했던 칼은 왠지 애석한 마음이 생기네요.

 **Warm Up!** 오늘 배울 표현   오늘 등장하는 표현들입니다. 어떤 표현이 들어가야 할지 생각해 보세요.

* _____ . 자, 다 말했어요.

* _____ talk about this stuff.   아빠는 그런 얘기 하는 걸 좋아할 것 같지 않아서요.

* Why don't you _____ sometime?   언제 한번 아빠에게 그런 대화를 시도해 보지 그래?

* Well, _____ a lot.   근데, 아빠가 집에 잘 안 계셔요.

RUSSELL
러셀

Aww. Tents are hard.

아우. 텐트 치는 건 어려워요.

CARL
칼

Wait, aren't you "Super Wilderness Guy?" With the GPM's and the badges?

잠깐. 너 "슈퍼 탐험가님?" 아니었니? 그 GPM인지 뭔지 하는 뭐시깽이하고 훈장들하고 뽐내던?

RUSSELL
러셀

Yeah, but... can I tell you a secret?

네, 그렇지만… 비밀 얘기 하나 해드려도 될까요?

CARL
칼

No.

아니.

RUSSELL
러셀

Alright, here goes. I never actually built a tent before. **There. I said it.**①

좋아요, 말할게요. 전 한 번도 텐트를 쳐 본 적이 없어요. 자, 다 말했어요.

CARL
칼

You've been camping before, haven't you?

캠핑은 가 본 적 있지, 그지?

RUSSELL
러셀

Well, never outside.

어, 밖에서는 한 번도 안 해 봤어요.

CARL
칼

Well, why didn't you ask your Dad how to build a tent?

너희 아빠한테 텐트 치는 방법을 물어보지 그랬니?

RUSSELL
러셀

I don't think he wants to talk about this stuff.②

아빠는 그런 얘기 하는 걸 좋아할 것 같지 않아서요.

CARL
칼

Why don't you **try him** sometime?③ Maybe he'll surprise you.

언제 한번 아빠에게 그런 대화를 시도해 보지 그래? 어쩌면 아빠가 널 놀라게 할지도 몰라.

RUSSELL
러셀

Well, **he's away** a lot.④ I don't see him much.

근데, 아빠가 집에 잘 안 계셔요. 만나기가 어려워요.

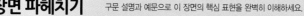

장면 파헤치기 구문 설명과 예문으로 이 장면의 핵심 표현을 완벽히 이해하세요.

❶ There. I said it. 자, 다 말했어요.

쉽게 말하지 못하고 마음속에 숨겨왔던 말을 내뱉은 후에 하는 표현이에요. 속으로 꿍하고 있던 것을 말하고 나니 마음이 후련해졌다는 것을 밝히듯 '자, 이제 난 솔직히 다 말했다'라고 하는 뉘앙스예요.

* No, I don't like it here. **There. I said it.** 아뇨, 전 여기가 싫어요. 자, 다 말했어요.
* I've always had feelings for you. **There. I said it.** 난 항상 널 좋아했었어. 자, 다 말했다.

❷ I don't think he wants to talk about this stuff. 아빠는 그런 얘기 하는 걸 좋아할 것 같지 않아요.

자신이 아닌 다른 사람이 무엇을 원하는지에 대해 표현할 때는 단정 지어서 말하기가 어렵기 때문에 I think 또는 I don't think와 같은 문구를 넣어 '~인 것 같아요/같지 않아요'라고 에둘러 표현하는 것이 좋지요. 여기에서는 'I don't think he wants to ~' 형식을 패턴으로 연습해 볼게요.

★영화 속 패턴 익히기

❸ Why don't you try him sometime? 언제 한번 아빠에게 그런 대화를 시도해 보지 그래?

try someone은 '~를 시험해보다, ~에게 기회를 주다'라는 의미로 쓸 수 있는 표현이에요. give someone a try/chance와 같은 의미라고 볼 수 있겠어요.

* Why don't you **try yourself**? 너 스스로에게 기회를 주는 게 어때?
* **Try me** and see how good I am. 내가 얼마나 잘하는지 볼 수 있도록 나에게 기회를 줘 봐.

❹ Well, he's away a lot. 근데, 아빠가 집에 잘 안 계셔요.

away는 시간적, 공간적으로 먼 것/상황 또는 떨어진 것/상황에 대해 표현할 때 쓰는 단어예요. 평상시에 있는 곳, 즉 집 혹은 직장 주변에 있지 않고 어딘가 멀리 떠나 있는 상황에 대해 묘사할 때 주로 쓰인답니다.

* **My mom's away** for the weekend. 우리 엄마는 이번 주말에 집에 안 계세요.
* I've been **away** for a while. 내가 한동안 다른 곳에 있었어.

🎧 17-2.mp3

I don't think he wants to ~

그는 ~하고 싶어 하는 것 같지 않아.

Step 1 기본 패턴 연습하기

1 **I don't think he wants to** be here. 그가 여기에 있고 싶어 하는 것 같지 않아.

2 **I don't think he wants to** see us. 그가 우리를 보고 싶어 하는 것 같지 않아.

3 **I don't think he wants to** be your friend. 그는 나랑 친구가 되고 싶어 하는 것 같지 않아.

4 _____ anything to do with you.
그는 너와 어떠한 관계도 맺고 싶어 하는 것 같지 않아.

5 _____ to the movies with us.
그는 우리와 같이 영화 보러 가고 싶어 하는 것 같지 않아.

Step 2 패턴 응용하기 | I don't think + 주어 + want(s) to ~

1 **I don't think you want to** be involved in this. 네가 이 일에 참여하고 싶어 하는 것 같지 않구나.

2 **I don't think she wants to** hang out with me. 그녀가 나와 어울리고 싶어 하는 것 같지 않네.

3 **I don't think they want to** cause any trouble. 그들이 말썽을 일으키고 싶어 하는 것 같지 않아.

4 _____ with other girls.
네 여자친구는 네가 다른 여자들과 있는 걸 보고 싶어 하는 것 같지 않구나.

5 _____ on our team. 루크가 우리 팀에 합류하고 싶어 하는 것 같지 않네.

Step 3 실생활에 적용하기

A My son won't answer my call.

B 그가 지금은 당신과 대화 나누고 싶어 하는 것 같지 않아요.

A I guess so.

A 우리 아들이 내 전화를 안 받네.

B I don't think he wants to talk to you now.

A 그런가 봐.

정답 Step 1 4 I don't think he wants to have 5 I don't think he wants to go Step 2 4 I don't think your girlfriend wants to see you 5 I don't think Luke wants to be

A | 영화 속 대화를 완성해 보세요.

RUSSELL Aww. ❶ _____. 아우. 텐트 치는 건 어려워요.

CARL Wait, aren't you "Super Wilderness Guy?" With the GPM's and the badges?
잠깐, 너 "슈퍼 탐험가님?" 아니었니? 그 GPM인지 뭔지 하는 뭐시깽이하고 훈장들하고 뽐내던?

RUSSELL Yeah, but... ❷ _____?
네, 그렇지만… 비밀 얘기 하나 해드려도 될까요?

CARL No. 아니.

RUSSELL Alright, ❸ _____. I never actually built a tent before. ❹ _____.
좋아요, 말할게요. 전 한 번도 텐트를 쳐 본 적이 없어요. 자. 다 말했어요.

CARL ❺ _____, haven't you?
캠핑은 가 본 적 있지, 그지?

RUSSELL Well, ❻ _____. 어, 밖에서는 한 번도 안 해 봤어요.

CARL Well, ❼ _____ how to build a tent? 너희 아빠한테 텐트 치는 방법을 물어보지 그랬니?

RUSSELL ❽ _____ talk about this stuff.
아빠는 그런 얘기 하는 걸 좋아할 것 같지 않아서요.

CARL Why don't you ❾ _____ sometime? Maybe he'll surprise you.
언제 한번 아빠에게 그런 대화를 시도해 보지 그래? 어쩌면 아빠가 널 놀라게 할지도 몰라.

RUSSELL Well, ❿ _____ a lot. I don't see him much.
근데, 아빠가 집에 잘 안 계셔요. 만나기가 어려워요.

B | 다음 빈칸을 채워 문장을 완성해 보세요.

1 그는 너랑 친구가 되고 싶어 하는 것 같지 않아.

_____ be your friend.

2 그는 너와 어떠한 관계도 맺고 싶어 하는 것 같지 않아.

_____ anything to do with you.

3 그는 우리와 같이 영화 보러 가고 싶어 하는 것 같지 않아.

_____ to the movies with us.

4 네가 이 일에 참여하고 싶어 하는 것 같지 않구나.

_____ be involved in this.

5 그녀가 나와 어울리고 싶어 하는 것 같지 않네.

_____ hang out with me.

Kevin Is a Girl?!

케빈이 암컷이라고?!

러셀이 도요새에게 케빈이라고 이름 지었던^{named} 것은 당연히^{without a doubt} 그가 수컷일 거라고 생각했기 때문이죠. 그런데, 알고 보니 케빈은 암컷이었네요. 케빈이 지붕 위에 올라 자신의 새끼 새들에게 먹이를 구해주려고 구슬프게^{plaintively} 그들을 부르고 있는 모습을 보고 알게 되었어요. 러셀은 케빈이 새끼들을 만날 때까지 지켜주고^{protect} 싶지만 갈 길이 먼 칼은 케빈을 보내 주기로^{let her go} 합니다. 케빈이 떠나고 알파와 그의 개 무리가 쫓아^{chased} 왔어요. 더그에게 새는 어디 갔느냐고 다그치며 러셀과 칼을 인질로^{hostage} 잡아가려고 하네요.

 **Warm Up!** 오늘 배울 표현   오늘 등장하는 표현들입니다. 어떤 표현이 들어가야 할지 생각해 보세요.

* _____. 우리 이제 어서 또 움직여야 해.

* He's _____! 그가 길을 잃었어요!

* _____. 그가 저기 있어요.

* _____! 내 지붕에서 내려와!

CARL
칼
Morning Sweetheart.
좋은 아침이야 여보.

CARL
칼
We better get moving. ❶
이제 어서 또 움직여야 해.

CARL
칼
Huh. Bird's gone. Maybe Russell won't notice. Alright, everybody up!
어. 새가 갔군. 어쩌면 러셀이 알아차리지 못할 거야. 자 애들아, 모두들 기상!

RUSSELL
러셀
Where's Kevin? He's **wandered off!** ❷ Kevin! Dug, find Kevin!
케빈은 어디 갔어요? 그가 길을 잃었어요! 케빈! 더그, 케빈을 찾아!

DUG
더그
Find the bird. Find the bird... POINT!
새를 찾아라. 새를 찾아라… 저쪽!

RUSSELL
러셀
Oh, look! **There he is.** ❸
오, 봐요! 그가 저기 있어요.

DUG
더그
POINT!
저쪽!

CARL
칼
Hey, that's my food! **Get off my roof!** ❹
야, 그건 내 식량이야! 내 지붕에서 내려와!

DUG
더그
Yeah, get off of his <<roof>>!
그래, 내려와, 그의 '루프'에서!

CARL
칼
What is it doing?
쟤가 뭐 하는 거지?

DUG
더그
The bird is calling to her babies.
새가 그녀의 새끼들을 부르는 거예요.

RUSSELL
러셀
Her babies! Kevin's a girl?
그녀의 새끼들! 케빈이 암컷이었어?

93

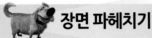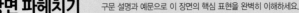

장면 파헤치기 구문 설명과 예문으로 이 장면의 핵심 표현을 완벽히 이해하세요.

---

❶ We better get moving. 우리 이제 어서 또 움직여야 해.

서두르지 않으면 늦을 수도 있으니 이제 그만 가 보는 게 좋겠다고 말할 때 쓰는 표현이에요. We better 부분은 원래 중간에 had를 넣어서 We had better 또는 We'd better라고 해야 맞는데, 구어체에서는 편하게 had 부분을 생략하고 발음하기도 한답니다. 문장의 끝에 있는 moving 대신에 going을 넣어서 We better get going. 이라고 할 수 있어요.

* Hurry up. **We better get moving.** 서둘러. 우린 이제 가봐야 해.
* **We better get going** if we want to catch the train. 기차 놓치지 않으려면 이제 가봐야 한다.

---

❷ He's wandered off! 그가 길을 잃었어요!

wander는 '이리저리 거닐다, 돌아다니다, 헤매다'라는 의미로 쓰이는 동사예요. 이 단어 뒤에 off를 더해서 wander off라고 숙어로 쓰기도 하는데 이것은 '일행들로부터 떨어져 나가다, (있어야 할 곳에 머물지 않고) 다른 데로 가다'라는 의미랍니다.

* Tina **wandered off** and got lost. 티나가 일행들로부터 떨어져 나가서 길을 잃었다.
* Don't **wander off** from the group! 무리에서 벗어나지 말아라!

---

❸ There he is. 그가 저기 있어요.

찾던 대상이 눈에 보이는 곳에 나타났을 때 '아 ~가 저기에 있네'라고 하잖아요? 그럴 때 쓰는 표현이에요. 찾고 있던 대상이 남자일 때는 'There he is'라고 하고, 여자일 때는 'There she is'라고 하죠. 상대방에게 직접 '너 거기 있구나'라고 말할 때는 'There you are'라고 하면 되고요.

* **There she is.** I knew she would be here. 그녀가 저기 보이네. 그녀가 여기 있을 줄 알았어.
* **There you are.** We've been looking for you. 너 거기 있구나. 우리가 너 찾고 있었어.

---

❹ Get off my roof! 내 지붕에서 내려와!

Get off는 '떠나다, 출발하다'라는 의미로도 쓰이지만, '손/발을 떼다' 또는 '타고 있던 것에서 내리다'라는 의미로도 쓰여요. 여기에서는 누군가가 내가 원하지 않는 곳에 올라가 있거나 들어가 있을 때, 또는 내 주변에서 나를 귀찮게 할 때 '내려가/나가/떨어져'라고 말하는 상황에서 Get off ~의 형식으로 이 표현이 쓰였어요. Get off 뒤에 of를 넣어서 쓸 수도 있답니다. ★영화 속 패턴 익히기

🎧 18-2.mp3

Get off ~   ~에서 떨어져/내려와

Step 1 **기본 패턴 연습하기**

1 **Get off** my car! 내 차에서 내려와!

2 **Get off** my lawn! 우리 집 잔디에서 나가!

3 **Get off** my property! 내 소유의 건물/부지에서 나가!

4 .... the couch! 소파에서 내려와!

5 .... the window sill! 창문틀에서 내려와!

Step 2 **패턴 응용하기** | Get off of ~

1 **Get off of** me! 내게서 떨어져!

2 **Get off of** my life! 내 인생에 참견하지 좀 마!

3 **Get off of** my head! 내 머리에서 떠나 줘!

4 .... my back! 나 좀 그만 괴롭혀!

5 .... my shoulder! 내 어깨에서 내려와!

Step 3 **실생활에 적용하기**

A 내 책상에서 내려와!

B It looks like the cat doesn't understand what you are saying.

A Of course she does. She just won't listen to me.

A Get off my desk!

B 저 고양이가 네가 하는 말을 못 알아듣는 것 같은데.

A 다 알아들어. 그냥 내 말을 안 들으려고 하는 거지.

정답 Step 1 4 Get off 5 Get off   Step 2 4 Get off of 5 Get off of

95

A | 영화 속 대화를 완성해 보세요.

CARL   Morning Sweetheart.   좋은 아침이야 여보.

CARL   ❶ _____. 이제 어서 또 움직여야 해.

CARL   Huh. Bird's ❷ _____. Maybe Russell ❸ _____
_____. Alright, ❹ _____!
어. 새가 갔군. 어쩌면 러셀이 알아차리지 못할 거야. 자 얘들아, 모두들 기상!

RUSSELL   Where's Kevin? He's ❺ _____! Kevin! Dug, find Kevin!   케빈은 어디 갔어요? 그가 길을 잃었어요! 케빈! 더그, 케빈을 찾아!

DUG   Find the bird. Find the bird... POINT!   새를 찾아라. 새를 찾아라… 저쪽!

RUSSELL   Oh, look! ❻ _____. 오, 봐요! 그가 저기 있어요.

DUG   POINT!   저쪽!

CARL   Hey, that's my food! ❼ _____! 야, 그건 내 식량이야! 내 지붕에서 내려와!

DUG   Yeah, get off of his <<roof>>!   그래, 내려와, 그의 '루프'에서!

CARL   ❽ _____? 쟤가 뭐 하는 거지?

DUG   The bird is ❾ _____.
새가 그녀의 새끼들을 부르는 거예요.

RUSSELL   Her babies! ❿ _____? 그녀의 새끼들! 케빈이 암컷이었어?

B | 다음 빈칸을 채워 문장을 완성해 보세요.

1   내 차에서 내려와!

_____ my car!

2   창문틀에서 내려와!

_____ the window sill!

3   내게서 떨어져!

_____ me!

4   내 인생에 참견하지 좀 매

_____ my life!

5   내 어깨에서 내려와!

_____ my shoulder!

Meeting With Charles Muntz

찰스 먼츠와의 만남

험악한 개 무리에게 인질로 잡혀 험준한 협곡을^{canyon} 가로지르며 그들의 본부로^{headquarters} 보이는 동굴 입구에 다다른 칼과 러셀. 더 많은 무리의 개들이^{packs of dogs} 나타나 분위기가 더 위협적으로^{threatening} 변합니다. 그때, 어두운 동굴^{a dark cave} 속에서 어떤 목소리가 들립니다. 칼의 풍선 달린 집을 보며 저걸 타고 여기까지 온 거냐고 묻네요. 그렇다고 대답하니 되게 희한한^{peculiar} 사람들이라고 웃으며 목소리의 주인공이 동굴에서 모습을 드러내는군요^{reveal}. 왠지 어디서 많이 본 듯한^{look familiar} 사람인데… 그는 다름 아닌 칼의 어린 시절 영웅이었던 찰스 먼츠예요!

 **Warm Up!** 오늘 배울 표현 　　오늘 등장하는 표현들입니다. 어떤 표현이 들어가야 할지 생각해 보세요.

* ＿＿＿＿＿＿＿＿＿＿＿＿＿＿＿＿＿＿＿＿＿＿＿＿！ 내 평생 본 것 중에 제일 희한한 것이로구먼!

* ＿＿＿＿＿＿＿＿＿＿＿＿＿＿＿＿＿！ 내 얼마든지 도와드리지!

* Well, ＿＿＿＿＿＿＿＿＿＿＿＿＿＿＿＿＿. 흠, 이건 다 오해에서 비롯된 거요.

* My dogs ＿＿＿＿＿＿＿＿＿＿＿＿＿＿. 우리 개들이 실수했구먼.

VOICE
목소리
You came here in that?
저걸 타고 여길 왔다고?

CARL
칼
Uh... yeah.
어…그렇소.

VOICE
목소리
In a house? A floating house?
집을 타고? 둥둥 떠다니는 집을?

VOICE
목소리
That is the darndest thing I've ever seen!❶ You're not after my bird, are you? But if you need to borrow a cup of sugar, **I'd be happy to oblige!❷**
내 평생 본 것 중에 제일 희한한 것이로구먼! 당신들 혹시 내 새를 노리는 건 아니겠지, 그렇나? 하지만 설탕 한 컵을 빌리러 온 것이라면, 내 얼마든지 빌려드리지!

VOICE
목소리
Well, **this is all a misunderstanding.❸** My dogs **made a mistake.❹**
흠, 이건 다 오해에서 비롯된 거요. 우리 개들이 실수했구먼.

CARL
칼
Wait, are you Charles Muntz?!
잠깐, 찰스 먼츠 씨 아닌가요?!

MUNTZ
먼츠
Well... Yes.
엄… 그렇소만.

CARL
칼
The Charles Muntz?
바로 그 찰스 먼츠 씨?

MUNTZ
먼츠
"Adventure is out there!"
"모험은 바로 저 너머에!"

CARL
칼
It's really him! That's Charles Muntz!
정말 그분이야! 저분은 찰스 먼츠 씨란다!

RUSSELL
러셀
It is?!? Who's Charles Muntz?
그래요?!? 근데 찰스 먼츠가 누구예요?

❶ **That is the darndest thing I've ever seen!** 내 평생 본 것 중에 제일 희한한 것이로구먼!

damn은 실망이나 짜증을 나타내는 욕설로 '빌어먹을, 제기랄'과 같은 의미인데, 저속한 표현이기 때문에 많은 사람이 이 단어 대신 조금은 순화시킨 darn이라는 단어를 대체해서 쓴답니다. 그래서, 이 단어의 최상급인 darndest는 '몹시 놀라운, 터무니없는, 정말 멋진'이라는 뜻으로 damnedest를 순화한 표현이에요. 여기에서는 위의 문장 〈That is the + 최상급 + thing I've ever seen!〉 '그것은 내가 평생 본 것 중에 제일 ~한 것이다'라는 형식으로 패턴 연습을 할 거예요. 맨 뒤의 동사를 바꿔가며 패턴 활용까지 같이 해 보아요. ★영화 속 패턴 읽기

❷ **I'd be happy to oblige!** 내 얼마든지 도와드리지!

oblige는 '의무적으로 ~하게 하다' 또는 '돕다, (도움 등을) 베풀다'라는 두 가지 의미가 있는데, 여기에서는 '돕다'의 의미로 쓰였어요. 위의 문장은 I'd be happy to help를 더 격조 있게 표현한 것이랍니다.

* **I'd be happy to oblige.** How can I help you? 얼마든지 도와드리지요. 어떻게 도와드리면 될까요?
* **I'd be happy to help.** Just say the word. 내 기꺼이 도와드릴게요. 말씀만 하세요.

❸ **Well, this is all a misunderstanding.** 흠, 이건 다 오해에서 비롯된 거요.

오해를 misunderstanding이라고 해요. 어떤 상황이 모두 다 오해해서 비롯되었다고 할 때는 all a misunderstanding이라고 강조하며 표현할 수 있지요. 정말 완전히 오해였다고 더 강조하고 싶다면 중간에 big을 넣어서 all a big misunderstanding이라고 표현할 수도 있겠네요.

* **It was all a big misunderstanding.** 아주 큰 오해가 있었네요.
* **There was a misunderstanding** on my part. 내가 오해를 했었군요.

❹ **My dogs made a mistake.** 우리 개들이 실수했구먼.

실수를 mistake이라고 하는 것은 다 아시죠? '실수하다'라고 표현할 때 동사 make를 넣어 make a mistake이라고 합니다. 숙어라고 생각하고 꼭 한 묶음으로 외워주세요.

* Everybody **makes a mistake**. 사람들은 누구나 다 실수를 하지.
* I **made a huge mistake**. 내가 아주 큰 실수를 했어요.

🎧 19-2.mp3

That is + the 최상급 형용사 + thing I've ever seen!

그것은 내 평생 본 것 중에 제일 ~한 것이다!

Step 1   기본 패턴 연습하기

1 **That is the cutest thing I've ever seen.** 그건 내가 평생 살면서 본 것 중에 제일 귀엽구나.

2 **That is the most amazing thing I've ever seen.** 그건 내 평생 본 것 중에 제일 놀라운 것이로구나.

3 **That is the most wonderful thing I've ever seen.** 그건 내 평생 본 것 중에 가장 멋진 것이다.

4 _____. 그건 내 평생 본 것 중에 가장 예쁘다.

5 _____. 그건 내 평생 본 것 중에 가장 이상한 것이야.

Step 2   패턴 응용하기 | That is + the 최상급 형용사 + 명사 + I've ever + 과거분사!

1 **That is the most** bizarre story **I've ever heard.** 그건 내 평생 들어 본 이야기 중에 가장 희한한 이야기다.

2 **That is the most** beautiful place **I've ever known.** 거긴 내 평생 알던 곳 중에 가장 아름다운 곳이야.

3 **That is the worst** job **I've ever had.** 그 일은 내 평생에 최악의 직업이야.

4 _____ thing _____. 그건 내 평생에 제일 바보 같은 짓이야.

5 _____. 제가 평생 경험했던 것 중에 가장 훌륭한 서비스예요.

Step 3   실생활에 적용하기

A What is that thing?

B You may not believe it, but this is actually a frog.

A 내가 지금껏 살아오면서 본 것 중에 제일 이상하게 생겼다.

A 그게 뭐니?

B 믿기진 않겠지만, 이게 실제로 개구리야.

A That is the weirdest thing I've ever seen.

정답   Step 1   4 That is the prettiest thing I've ever seen   5 That is the strangest thing I've ever seen   Step 2   4 That is the stupidest / I've ever done   5 That is the best service I've ever experienced

A | 영화 속 대화를 완성해 보세요.

VOICE You ❶_____? 저걸 타고 여길 왔다고?

CARL Uh... yeah. 어…그렇소.

VOICE In a house? ❷_____? 집을 타고? 둥둥 떠다니는 집을?

VOICE ❸_____! You're not ❹_____, are you? But if you ❺_____ a cup of sugar, ❻_____!
내 평생 본 것 중에 제일 희한한 것이로구먼! 당신들 혹시 내 새를 노리는 건 아니겠지, 그렇나? 하지만 설탕 한 컵을 빌리러 온 것이라면, 내 얼마든지 빌려드리지!

VOICE Well, ❼_____. My dogs ❽_____. 흠, 이건 다 오해에서 비롯된 거요. 우리 개들이 실수했구먼.

CARL Wait, are you Charles Muntz?! 잠깐, 찰스 먼츠 씨 아닌가요?!

MUNTZ Well... Yes. 엄… 그렇소만.

CARL The Charles Muntz? 바로 그 찰스 먼츠 씨?

MUNTZ "Adventure is out there!" "모험은 바로 저 너머에!"

CARL ❾_____! That's Charles Muntz!
정말 그분이야! 저분은 찰스 먼츠 씨란다!

RUSSELL It is?!? ❿_____ Charles Muntz?
그래요?!? 근데 찰스 먼츠가 누구예요?

B | 다음 빈칸을 채워 문장을 완성해 보세요.

1 그건 내가 평생 살면서 본 것 중에 제일 귀엽구나.

_____ I've ever seen.

2 그건 내 평생 본 것 중에 가장 예쁘다.

_____ I've ever seen.

3 그건 내 평생 본 것 중에 가장 이상한 것이야.

That is the strangest thing _____.

4 그 일은 내 평생에 최악의 직업이야.

That is _____ job _____.

5 제가 평생 경험했던 것 중에 가장 훌륭한 서비스예요.

_____.

A Real Treat

정말 즐거운 일

칼과 러셀이 자기 소유물을 훔치러 온 사람들이 아니라고 확신한 찰스 먼츠는 그들에게 극진한 대접을 합니다. 귀중한 소장품을^{collection} 보여주기도 하고, 이런저런 무용담을^{a heroic episode} 늘어놓으며, 요리사 개 엡실론의 훌륭한 요리도 맛보게 해주지요. 개들도 그들의 주인님 지시에 따라 칼과 러셀에게 친절히 대접합니다^{treat them kindly}. 칼은 엘리도 살아있는 동안 이곳에 왔으면 정말 좋아했을 텐데 하며 아쉬워하네요^{feel regretful}. 칼이 이렇게 파라다이스 폭포가 있는 곳에 와서 찰스 먼츠를 만나는 모습을 엘리가 하늘나라에서 흐뭇한 미소를 짓고^{smile delightedly} 바라보고 있을 것 같네요.

 **Warm Up!** 오늘 배울 표현   오늘 등장하는 표현들입니다. 어떤 표현이 들어가야 할지 생각해 보세요.

* My Ellie   **all this.** 우리 엘리가 여기에 왔으면 정말 좋아했을 거예요.

*   **.** 폐를 끼치고 싶지는 않거든요.

*   **have guests.** 손님을 맞는 것은 정말 즐거운 일이에요.

*   **that word.** 그 단어를 사용하지 말았어야 했어요.

CARL
칼

Oh my Ellie **would have loved** all this.[1] You know, it's because of you she had this dream to come down here and live by Paradise Falls.

오 우리 엘리가 여기에 왔으면 정말 좋아했을 거예요. 그녀가 여기에 와서 파라다이스 폭포 옆에 살고 싶어 했던 건 다 당신 때문이었거든요.

MUNTZ
먼츠

I'm honored. And now you've made it!

영광이군요. 그리고 마침내 당신이 해냈어요!

CARL
칼

You're sure we're not a bother? **I'd hate to impose.**[2]

그런데 저희가 괜히 귀찮게 해드리는 것 아닌가요? 폐를 끼치고 싶지는 않거든요.

MUNTZ
먼츠

No no! **It's a pleasure to** have guests[3] – a real treat.

아니에요 아니에요! 손님을 맞는 것은 정말 즐거운 일이에요 – 정말 기뻐요.

DOG WALLA
개떼

Treat?! Treat! I want a treat!

맛있는 거?! 맛있는 게 난 맛있는 걸 원해요!

MUNTZ
먼츠

No no, quiet! Calm down. Calm down...

아니 아니, 조용히 해! 진정하라고. 진정해…

RUSSELL
러셀

Hey!

야!

MUNTZ
먼츠

Shouldn't've used that word...[4] Having guests is a delight. More often I get thieves, come to steal what's rightfully mine.

그 단어를 사용하지 말아야 했는데… 손님을 맞는 건 기쁨이에요. 보통은 손님보다는 도둑들이 오거든요. 합법적으로 나의 소유물을 훔치러 온 도둑들이요.

CARL
칼

No!

그럴 수가!

103

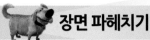

장면 파헤치기   <small>구문 설명과 예문으로 이 장면의 핵심 표현을 완벽히 이해하세요.</small>

❶ My Ellie would have loved all this. 우리 엘리가 여기에 왔으면 정말 좋아했을 거예요.

누군가가 여기에 있지는 않지만 만약에 있었더라면 '~는 아마도 ~했을 것이다'라고 말할 때 〈would have + 과거분사〉 형식으로 표현해요. 특히, 돌아가신 분에 대해 이야기할 때 이 형식이 많이 쓰인답니다.

* Your grandma **would have been** so proud. (살아계셨다면) 할머니께서 정말 뿌듯해 하셨을 거야.
* My grandpa **would have been** 90 today. (살아계셨다면) 오늘이 할아버지 90세 생신이었을 거예요.

❷ I'd hate to impose. 폐를 끼치고 싶지는 않거든요.

impose는 '(힘들거나 불쾌한 것을) 부과하다', '(의견 등을) 강요하다'는 의미로 쓰이는 동사예요. 상대방이 호의를 베풀려고 할 때 폐를 끼치고 싶지 않다고 하며 거절하며 위의 문장처럼 표현해도 좋고, 더 쉽게 I don't want to impose. 라고 해도 좋답니다.

* **I'd hate to impose** on you but could I come in? 폐를 끼치고 싶지는 않지만, 혹시 들어가도 될까요?
* I would love to stay to another day, but **I don't want to impose**.
  하루 더 있다가 가고 싶긴 한데, 폐를 끼치고 싶지 않아서요.

❸ It's a pleasure to have guests. 손님을 맞는 것은 정말 즐거운 일이에요.

pleasure는 '기쁨, 즐거움'이라는 의미의 명사예요. 그 단어를 넣어서 'It's a pleasure to ~' 형식으로 쓰면 '~해서/하니 기쁘네요/즐겁군요/반가워요'와 같은 의미의 표현이 된답니다. 참고로, '~해서/하니 영광이네요'라고 할 때 쓰는 'It's an honor to ~'도 같이 기억하면 좋겠네요.

* **It's a pleasure to** be here. 여기에 오니 즐겁네요.
* **It's a pleasure to** get in touch with you. 연락이 되어 정말 반갑군요.

❹ Shouldn't've used that word. 그 단어를 사용하지 말았어야 했어요.

〈should not have + 과거분사〉는 후회, 유감을 나타내며 '~하지 말았어야만 했다'라는 의미로 쓰는 표현이에요. 그런데, 이것을 구어체에서는 짧고 간단하게 말하려고 should have not을 붙여서 shouldn't've라고 쓰고 '슈르너ㅂ'와 같이 발음한답니다. 여기에서는 패턴 문장을 통해 shouldn't've 에 익숙해지도록 같이 훈련할게요.

★영화 속 패턴 읽기

🎧 20-2.mp3

I shouldn't've + 과거분사   난 ~하지 말았어야만 했다. / ~하지 않았어야 했다.

Step 1 기본 패턴 연습하기

1 **I shouldn't've** lied. 난 거짓말하지 말았어야 했다.

2 **I shouldn't've** been there in the first place. 애초에 내가 거길 가지 말았어야 했어.

3 **I shouldn't've** called you a loser. 널 패배자라고 부르는 게 아니었어.

4 _____ there ever. 거기에서 일하는 게 아니었는데.

5 _____ about my past. 너에게 내 과거에 대해 말해 주는 게 아니었는데.

Step 2 패턴 응용하기   주어 + shouldn't've + 과거분사

1 **You shouldn't've** done that. 그런 짓은 하지 말았어야지.

2 **He shouldn't've** eaten so much. 그는 너무 과하게 먹지 말았어야 했다.

3 **She shouldn't've** married that guy. 그녀는 그 남자와 결혼하지 말았어야 했어.

4 _____ fired you. 당신을 해고하는 게 아니었는데.

5 _____ behind my back. 그들은 내 뒷담화를 하지 말았어야 했다.

Step 3 실생활에 적용하기

A Why did you call me?   A 왜 전화했어?

B 너와 헤어지는 게 아니었어.   B I shouldn't've broken up with you.

A Don't tell me that now. It's too late.   A 이제 와서 그런 말 하지 마. 너무 늦었어.

정답   Step 1 4 I shouldn't've worked   5 I shouldn't've told you   Step 2 4 We shouldn't've   5 They shouldn't've talked

105

A | 영화 속 대화를 완성해 보세요.

CARL   Oh my Ellie ❶_____ all this. You know, ❷_____ she had this dream to come down here and live by Paradise Falls. 오 우리 엘리가 여기에 왔으면 정말 좋아했을 거예요. 그녀가 여기에 와서 파라다이스 폭포 옆에 살고 싶어 했던 건 다 당신 때문이었거든요.

MUNTZ   I'm honored. And now ❸_____!
영광이군요. 그리고 마침내 당신이 해냈어요!

CARL   You're sure ❹_____? ❺_____.
그런데 저희가 괜히 귀찮게 해드리는 것 아닌가요? 폐를 끼치고 싶지는 않거든요.

MUNTZ   No no! ❻_____ have guests – a real treat.
아니에요 아니에요! 손님을 맞는 것은 정말 즐거운 일이에요 – 정말 기뻐요.

DOG WALLA   Treat?! Treat! ❼_____!
맛있는 거?! 맛있는 게! 난 맛있는 걸 원해요!

MUNTZ   No no, quiet! Calm down. Calm down...
아니 아니, 조용히 해! 진정하라고. 진정해…

RUSSELL   Hey! 얘!

MUNTZ   ❽_____ that word... ❾_____ is a delight. More often I get thieves, come to steal ❿_____.
그 단어를 사용하지 말았어야 했는데… 손님을 맞는 건 기쁨이에요. 보통은 손님보다는 도둑들이 오거든요. 합법적으로 나의 소유물을 훔치러 온 도둑들이요.

CARL   No! 그럴 수가!

B | 다음 빈칸을 채워 문장을 완성해 보세요.

1 난 거짓말하지 말았어야 했다.
_____ lied.

2 애초에 내가 거길 가지 말았어야 했어.
_____ been there in the first place.

3 너에게 내 과거에 대해 말해 주는 게 아니었는데.
_____ about my past.

4 당신을 해고하는 게 아니었는데.
_____ fired you.

5 그들은 내 뒷담화를 하지 말았어야 했다.
_____ behind my back.

The Best Story Yet

지금껏 들어본 이야기 중에 최고

찰스 먼츠가 칼과 러셀을 비밀의^{secretive} 공간으로 데리고 가서 자기가 본토로^{the mainland} 돌아가지 못하고 이곳에 남아있는 이유를 보여줍니다. 그가 지난 수십 년간 집착하며^{obsessed} 어떻게든 잡으려고 찾아 헤매던 어떤 동물이^{creature} 있었는데, 먼츠는 많은 사진과 깃털, 해골 모형을^{skeleton} 보여주며 자신의 노력과 정당성을 입증하려 애쓰네요. 가만히 보니 그것은 케빈과 정말 닮았어요. 먼츠는 바로 케빈을 찾고 있었던 거죠. 칼은 케빈이 위험에 처했다는^{in danger} 것을 직감합니다. 그런데 러셀이 눈치 없이 툭 내뱉고 맙니다, '어 이 새는 케빈하고 비슷한데요.'^{that looks like Kevin} 라고. 뭔가 이상하다는 것을 눈치챈 먼츠가 칼과 러셀을 의심하며 추궁하기^{interrogate} 시작합니다.

Warm Up! 오늘 배울 표현   오늘 등장하는 표현들입니다. 어떤 표현이 들어가야 할지 생각해 보세요.

* She _____ it. 그녀는 그것에 환장하거든요.

* These people who _____ here, they all tell pretty good stories.
이곳을 거쳐 가던 사람들은 모두가 다 꽤 그럴듯한 이야기를 꾸며댔어요.

* That's _____. 그게 지금까지 들어본 이야기 중 최고네요.

* _____ hear how it ends. 그 이야기가 어떻게 끝나는지 정말 궁금하군요.

RUSSELL
러셀
Hey, that looks like Kevin!
어, 저거 케빈하고 비슷하게 생겼네요!

MUNTZ
먼츠
"Kevin?"
"케빈?"

RUSSELL
러셀
Yeah! That's my new giant bird pet. I trained it to follow us.
네! 새로 생긴 나의 커다란 애완용 새예요. 우리를 따라오도록 내가 훈련시켰어요.

MUNTZ
먼츠
Follow you? Impossible. How?
너를 따라온다고? 그럴 리가 없어. 어떻게?

RUSSELL
러셀
She likes chocolate.
그녀는 초콜릿을 좋아해요.

MUNTZ
먼츠
Chocolate?
초콜릿?

RUSSELL
러셀
Yeah, I gave her some of my chocolate. She **goes ga-ga for** it.❶
네, 그 새에게 제 초콜릿을 좀 줬어요. 그녀는 초콜릿에 환장하거든요.

CARL
칼
But it ran off! It's gone now.
하지만 걔는 도망갔어요! 이젠 사라졌다고요.

MUNTZ
먼츠
You know, Carl. These people who **pass through** here, they all tell pretty good stories.❷ A "Surveyor" making a map.
저기, 칼. 이곳을 거쳐 갔던 사람들은 모두가 다 꽤 그럴듯한 이야기를 꾸며댔어요. 지도를 만든다던 "측량사".

MUNTZ
먼츠
A "Botanist" cataloguing plants.
식물 도록을 만든다던 "식물학자".

MUNTZ
먼츠
An old man taking his house to Paradise Falls.
자신의 집을 파라다이스 폭포로 가지고 간다는 노인네.

MUNTZ
먼츠
That's **the best one yet**.❸ **I can't wait to** hear how it ends.❹
그게 지금까지 들어본 이야기 중 최고네요. 그 이야기가 어떻게 끝나는지 정말 궁금하군요.

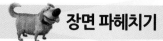

장면 파헤치기　구문 설명과 예문으로 이 장면의 핵심 표현을 완벽히 이해하세요.

❶ **She goes ga-ga for it.** 그녀는 그것에 환장하거든요.

'go gaga for ~'는 '~에 대해 미치는, 너무 좋아서 제정신이 아닌 상태가 되는'이라는 의미로 우리말로 더 적절하게 해석하면 '~에 환장하는'이라는 뜻이에요. 구어체에서만 쓰는 표현이에요. 같은 상황에서 'go nuts for ~'라는 표현도 많이 쓴답니다.

* My little brother always **goes gaga for** toy robots. 내 남동생은 항상 장난감 로봇만 보면 환장해.
* Teenage girls **go gaga for** this boy band. 이 남자 아이돌 그룹에 십대 여자아이들이 열광한다.

❷ **These people who pass through here, they all tell pretty good stories.**
이곳을 거쳐 갔던 사람들은 모두가 다 꽤 그럴듯한 이야기를 꾸며댔어요.

'pass through ~'는 '~을 빠져나가다, (어떤 도시/마을 등을) 거쳐/지나가다'라는 의미예요. 오래 머물지 않고 잠깐 있다가 나가는 것을 나타낼 때 쓰는 표현이지요.

* Are you **passing** through or staying? 그냥 거쳐 가는 건가요 아니면 여기에서 살 건가요?
* This train **passes** through Chun-Ahn. 이 기차는 천안을 지나갑니다.

❸ **That's the best one yet.** 그게 지금까지 들어본 이야기 중 최고네요.

yet은 주로 '아직'이라는 뜻으로 쓰이지만, 최상급이 들어간 문장에서 yet을 쓰면 '지금까지 있던 것 중 가장 ~한'이라는 의미의 문장이 된답니다. 예를 들어, This is the biggest building yet. '이 건물이 역대 가장 큰 건물이야' 이렇게 쓰지요.

* This song is **the best one yet**. 이 노래가 역대 최고다.
* That is **the tallest tower yet**. 그 타워가 지금까지 세상에 있던 타워 중에 제일 높다.

❹ **I can't wait to hear how it ends.** 그 이야기가 어떻게 끝나는지 정말 궁금하군요.

can't wait은 무엇인가를 너무 하고 싶어서 기다릴 수 없을 정도라고 할 때 쓰는 표현이에요. can't wait 뒤에 'to + 동사'를 넣은 형식으로 표현하는 경우가 많지요. 패턴으로 어떻게 활용할지 같이 연습해 볼게요. ★영화속패턴익히기

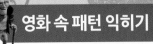
🎧 21-2.mp3

I can't wait to ~

난 ~가 너무 기대된다. / ~하고 싶어 죽겠다.

Step 1 기본 패턴 연습하기

1 **I can't wait to** see you. 널 만난다니 너무 기대된다.

2 **I can't wait to** go home. 집에 가고 싶어 죽겠다.

3 **I can't wait to** finally be back to school. 드디어 학교에 다시 간다니 너무 기대된다.

4 _____ it on. 이거 빨리 입어보고 싶어 죽겠다.

5 _____ you my present. 내 선물 빨리 보여주고 싶어 죽겠다.

Step 2 패턴 응용하기 | 주어 + can't wait to ~

1 **She can't wait to** get her braces off. 그녀는 치아교정기 빼고 싶어 안달이 났다.

2 Hank says **he can't wait to** see me again. 행크가 날 보고 싶어 죽겠다고 그러더라.

3 **My kids can't wait to** go to college. 우리 애들은 대학 가고 싶어 죽겠다는군.

4 _____ have a baby. 웬디는 아기 낳는 게 너무 기대된다네.

5 _____ started. 아이린은 어서 빨리 시작하고 싶어 한다.

Step 3 실생활에 적용하기

A 그를 직접 만나본다니 너무 기대된다.

B You'll be surprised when you see him.

A Oh, I'm so nervous.

A I can't wait to see him in person.

B 그를 보면 너 놀랄 거야.

A 아, 너무 긴장된다.

정답 Step 1 4 I can't wait to try 5 I can't wait to show Step 2 4 Wendy can't wait to 5 Irene can't wait to get

110

A | 영화 속 대화를 완성해 보세요.

RUSSELL Hey, ❶_____ Kevin! 어, 저거 케빈하고 비슷하게 생겼네요!

MUNTZ "Kevin?" "케빈?"

RUSSELL Yeah! ❷_____ pet. I trained it ❸_____.
네! 새로 생긴 나의 커다란 애완용 새예요. 우리를 따라오도록 내가 훈련시켰어요.

MUNTZ Follow you? ❹_____. How?
너를 따라온다고? 그럴 리가 없어. 어떻게?

RUSSELL She likes chocolate. 그녀는 초콜릿을 좋아해요.

MUNTZ Chocolate? 초콜릿?

RUSSELL Yeah, I ❺_____. She ❻_____ it.
네, 그 새에게 제 초콜릿을 좀 줬어요. 그녀는 초콜릿에 환장하거든요.

CARL But it ran off! It's gone now. 하지만 걔는 도망갔어요! 이젠 사라졌다고요.

MUNTZ You know, Carl. These people who ❼_____ here, they all tell pretty good stories. A "Surveyor" ❽_____. 저기, 칼. 이곳을 거쳐 갔던 사람들은 모두가 다 꽤 그럴듯한 이야기를 꾸며댔어요. 지도를 만든다던 "측량사".

MUNTZ A "Botanist" cataloguing plants. 식물 도록을 만든다던 "식물학자".

MUNTZ An old man taking his house to Paradise Falls.
자신의 집을 파라다이스 폭포로 가지고 간다는 노인네.

MUNTZ That's ❾_____. ❿_____ hear how it ends.
그게 지금까지 들어본 이야기 중 최고네요. 그 이야기가 어떻게 끝나는지 정말 궁금하군요.

정답 A

❶ that looks like
❷ That's my new giant bird
❸ to follow us
❹ Impossible
❺ gave her some of my chocolate
❻ goes ga-ga for
❼ pass through
❽ making a map
❾ the best one yet
❿ I can't wait to

B | 다음 빈칸을 채워 문장을 완성해 보세요.

1 널 만나다니 너무 기대된다.
_____ see you.

2 집에 가고 싶어 죽겠다.
_____ go home.

3 내 선물 빨리 보여주고 싶어 죽겠다.
_____ you my present.

4 우리 애들은 대학 가고 싶어 죽겠다는군.
_____ go to college.

5 아이린은 어서 빨리 시작하고 싶어 한다.
_____ started.

정답 B

1 I can't wait to
2 I can't wait to
3 I can't wait to show
4 My kids can't wait to
5 Irene can't wait to get

Dug, the Ultimate Helper

더그, 도우미 끝판왕

케빈이 그가 찾던 새라는 것을 알게 된 찰스 먼츠는 칼과 러셀을 그가 찾으려던 새를 훔쳐 가려고 온 도둑들이라고[thieves] 여기고 그들을 잡으려고 하네요. 칼과 러셀은 의심받는 것은[be suspected of] 억울하지만 어찌 됐건 먼츠에게서 케빈을 보호하기 위해 그의 손아귀에서 벗어나려고[escape from] 합니다. 사면초가에[have enemies on every side] 몰린 그들에게 더그가 위험을 무릅쓰고 특급 도우미로 나섭니다. 그들에게 탈출할 수 있는 루트를 알려주고, 또 그들이 개들에게 포위당하기[be surrounded by] 직전에 산사태를[landslide] 일으켜 개들을 무력화시키네요. 더그가 갑자기 멋있어지는 장면이에요.

 **Warm Up!** 오늘 배울 표현   오늘 등장하는 표현들입니다. 어떤 표현이 들어가야 할지 생각해 보세요.

* _____ your hand! 손을 내밀어!

* She's hurt _____. 케빈이 정말 심하게 다쳤어요.

* But _____ hurry. 하지만 서둘러야만 해.

* He _____! 그가 그들이 탈출하도록 도왔다고요!

DUG
더그

Go on Master! I will stop the dogs!

어서 가세요 주인님! 제가 개들을 멈출게요!

DUG
더그

Stop you dogs!!

이 개들아 멈춰!!

RUSSELL
러셀

Help! Help!

도와줘요! 도와줘요!

CARL
칼

Gimme your hand!❶

손을 내밀어!

RUSSELL
러셀

Hang on to Kevin!

케빈을 꽉 잡아요!

RUSSELL
러셀

Kevin!

케빈!

RUSSELL
러셀

No no no! Kevin! Stay down. She's hurt **real bad**.❷ Can't we help her get home?

안 돼 안 돼 안 돼! 케빈! 그냥 누워있어. 케빈이 정말 심하게 다쳤어요. 그녀가 집으로 돌아갈 수 있도록 우리가 도울 수는 없을까요?

CARL
칼

Alright. But **we've got to** hurry.❸

좋아. 하지만 서둘러야만 해.

MUNTZ
먼츠

You lost them?

너희들이 그들을 놓쳤다고?

BETA
베타

Uh, it was Dug.

어, 더그 때문이에요.

GAMMA
감마

Yeah, he's with them. He **helped them escape**!❹

네, 그가 그들과 한패예요. 그가 그들이 탈출하도록 도왔다고요!

MUNTZ
먼츠

Wait. Wait a minute. Dug...

잠깐. 잠깐 있어봐. 더그…

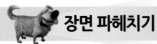

장면 파헤치기 구문 설명과 예문으로 이 장면의 핵심 표현을 완벽히 이해하세요.

❶ **Gimme your hand!** 손을 내밀어!

'~을 나에게 줘라'라고 할 때 'Give me ~'의 형식으로 표현하는데, Give me를 구어체에서 발음 나는 대로 표기하면 Gimme가 된답니다. 발음은 '김미'라고 하고요.

* **Gimme** your bag! 네 가방을 나한테 줘!
* **Gimme** that phone! 그 전화기 줘 봐!

❷ **She's hurt real bad.** 케빈이 정말 심하게 다쳤어요.

bad가 '나쁜'의 뜻으로만 알고 있다면 위의 문장과 같은 문맥에서 쓰이는 bad는 해석하기가 난감할 거예요. bad는 '심한, 심각한'이라는 의미로도 쓰인다는 것을 알아두세요. 구어체에서는 '심하게'라고 부사로 써야 할 때도 badly 대신 그냥 bad라고 표현하기도 한답니다.

* I want it **real bad**. 난 정말 심하게 그것을 원해요.
* It hurts **real bad**. 정말 심하게 아파요.

❸ **But we've got to hurry.** 하지만 서둘러야만 해.

〈have got to + 동사〉는 의미상으로는 〈have to + 동사〉와 마찬가지로 '~해야만 한다'라는 뜻이에요. 그런데, 이 표현이 have to보다 어감이 더 강하답니다. '~을 꼭 해야만 한다'는 의미로 알고 있으면 더 적절하게 활용할 수 있을 거예요.

* **We've got to** get out of this place. 우린 이곳을 벗어나야만 해.
* **I've got to** make more money. 난 돈을 더 벌어야만 해.

❹ **He helped them escape!** 그가 그들이 탈출하도록 도왔다고요!

이 문장은 〈help someone + 동사원형〉 형식으로 쓰였는데, '~가 ~을 할 수 있게 돕다'라는 의미예요. 혹시 동사 앞에 to를 넣어서 〈help someone to + 동사〉 형식으로 써야 맞는 것 아니냐는 지적을 한다면 참 좋은 지적이에요. to를 넣어서 쓸 수도 있습니다. 둘 다 똑같은 표현이에요. 그런데, 구어체에서는 기왕이면 to를 빼고 쓰지요. 한 단어라도 더 넣으면 귀찮으니까요. 여기에서는 〈help someone + 동사원형〉 형식으로 패턴 연습을 해 볼게요.

★영화 속 패턴 익히기

🎧 22-2.mp3

He helped them + 동사 그가 그들이 ~하도록 도왔다.

Step 1 기본 패턴 연습하기

1 **He helped them solve** the problem. 그가 그들이 문제를 풀 수 있도록 도왔다.

2 **He helped them do** their homework assignments. 그가 그들의 숙제를 도와주었다.

3 **He helped them win.** 그가 그들이 이길 수 있도록 도왔다.

4 ----------------------------------- better. 그가 그들이 더 잘할 수 있도록 도왔다.

5 ----------------------------------- goals. 그가 그들이 목표를 달성할 수 있도록 도왔다.

Step 2 패턴 응용하기 | 주어 + help someone + 동사

1 Roy **helped me realize** reality. 로이는 내가 현실을 깨달을 수 있도록 도왔어.

2 I'll **help you become** a healthier you. 당신이 더 건강해지도록 제가 도울게요.

3 Mr. Samson **helped me overcome** anxiety. 샘슨 씨는 내가 불안장애를 이길 수 있도록 도와주었어요.

4 ----------------------------------- more successful. 우리는 우리 학생들이 더 성공할 수 있도록 도왔어요.

5 ----------------------------------- stress. 그들은 다른 사람들이 스트레스를 해소할 수 있도록 도왔다.

Step 3 실생활에 적용하기

A Owen is their hero.

B What did he do?

A 그가 그들이 월드컵 우승할 수 있도록 도왔거든.

A 오웬의 그들의 영웅이야.

B 그가 뭘 했는데?

A He helped them win the World Cup.

정답 Step 1 4 He helped them get 5 He helped them accomplish Step 2 4 We helped our students be 5 They helped others relieve

115

문제를 풀며 오늘 배운 표현을 완벽히 내 것으로 만드세요.

A | 영화 속 대화를 완성해 보세요.

DUG Go on Master! ❶ _____!
어서 가세요 주인님! 제가 개들을 멈출게요!

DUG ❷ _____!! 이 개들아 멈춰!!

RUSSELL Help! Help! 도와줘요! 도와줘요!

CARL ❸ _____ your hand! 손을 내밀어!

RUSSELL ❹ _____ Kevin! 케빈을 꽉 잡아요!

RUSSELL Kevin! 케빈!

RUSSELL No no no! Kevin! ❺ _____. She's hurt ❻ _____.
Can't we ❼ _____? 안 돼 안 돼 안 돼! 케빈! 그냥 누워있어.
케빈이 정말 심하게 다쳤어요. 그녀가 집으로 돌아갈 수 있도록 우리가 도울 수는 없을까요?

CARL Alright. But ❽ _____ hurry.
좋아. 하지만 서둘러야만 해.

MUNTZ ❾ _____? 너희들이 그들을 놓쳤다고?

BETA Uh, it was Dug. 어. 더그 때문이에요.

GAMMA Yeah, he's with them. He ❿ _____!
네, 그가 그들과 한패예요. 그가 그들이 탈출하도록 도왔다고요!

MUNTZ Wait. Wait a minute. Dug… 잠깐. 잠깐 있어봐. 더그…

정답 A

❶ I will stop the dogs
❷ Stop you dogs
❸ Gimme
❹ Hang on to
❺ Stay down
❻ real bad
❼ help her get home
❽ we've got to
❾ You lost them
❿ helped them escape

B | 다음 빈칸을 채워 문장을 완성해 보세요.

1 그가 그들이 이길 수 있도록 도왔다.

_____.

2 그가 그들이 목표를 달성할 수 있도록 도왔다.

_____ goals.

3 로이는 내가 현실을 깨달을 수 있도록 도왔어.
Roy _____ reality.

4 당신이 더 건강해지도록 제가 도울게요.
I'll _____ a healthier you.

5 우리는 우리 학생들이 더 성공할 수 있도록 도왔어요.
_____ more successful.

정답 B

1 He helped them win
2 He helped them accomplish
3 helped me realize
4 help you become
5 We helped our students be

Boring but Wonderful Memories

따분하지만 아름다운 추억들

더그의 도움으로 찰스 먼츠와 그의 부하 개들의 추격을 따돌린 칼과 러셀. 러셀이 칼에게 야생은^{wilderness} 자기 생각과는 달리 너무 험한 곳이라고^{wild} 말하네요. 그러다가 예전에 아빠와 행복했던 시절의^{the time of his life} 이야기를 꺼내는데, 아이스크림 가게 앞에 앉아서 아빠와 했던 별 것 아닌 게임이 정말 기억에 남는다고^{remember} 하는군요. 두런두런 이야기하며 케빈을 그녀의 집으로 바래다주러^{walk her home} 가는데 하늘 위에서 갑자기 거대한^{gigantic} 물체가 나타나며 환한 조명을^{spotlight} 쏩니다. 찰스 먼츠의 비행선이 다가오며 케빈을 잡으려고 그물을^{net} 던지네요. 이걸 어쩌죠? 케빈이 그물에 잡혀버렸어요.

Warm Up! 오늘 배울 표현   오늘 등장하는 표현들입니다. 어떤 표현이 들어가야 할지 생각해 보세요.

* **The wilderness** _____. 야생은 제가 생각했던 것과는 좀 많이 다르네요.

* _____? 어떻게 그런데?

* **Hmm,** _____, **kid.** 흠, 그런 것에 익숙해져야 한단다, 꼬마야.

* _____. 제일 많이 세는 사람이 이기는 거예요.

RUSSELL
러셀

You know what, Mr. Fredricksen? The wilderness **isn't quite what I expected**.❶

있잖아요, 프레드릭슨 할아버지? 야생은 제가 생각했던 것과는 좀 많이 다르네요.

CARL
칼

Yeah? **How so?**❷

그러니? 어떻게 다른데?

RUSSELL
러셀

It's kinda... wild. I mean, it's not how they made it sound in my book.

야생은 좀… 사납네요. 그러니까 내 말은, 책에서 읽었던 내용하고는 많이 다른 것 같아요.

CARL
칼

Hmm, **get used to that**, kid. ❸

흠, 그런 것에 익숙해져야 한단다. 꼬마야.

RUSSELL
러셀

My dad made it sound so easy. He's really good at camping, and how to make fire from rocks and stuff. He used to come to all my Sweatlodge meetings.

우리 아빠는 야생이 정말 쉬운 것처럼 얘기하셨거든요. 아빠는 캠핑을 정말 잘하시거든요. 돌로 가지고 불을 만든다든지 그런 것들 말이에요. 예전에는 우리 조 모임에 늘 오셨었는데.

RUSSELL
러셀

And afterwards we'd go get ice cream at Fentons. I always get chocolate and he gets butterbrickle. Then we'd sit on this one curb, right outside, and I'll count all the blue cars and he counts all the red ones, and **whoever gets the most, wins.**❹ I like that curb.

모임이 끝나면 팬톤스 아이스크림 가게에 가서 아이스크림을 사 먹었어요. 난 항상 초콜릿향을 먹고 아빠는 버터브릭클을 드셨죠. 그러고 나서 우린 가게 바로 밖에 있는 도롯가에 앉았어요. 난 파란색 차들을 세고 아빠는 빨간색 차들을 셌는데, 제일 많이 세는 사람이 이기는 게임이거든요. 난 그 도롯가가 좋아요.

RUSSELL
러셀

That might sound boring, but I think the boring stuff is the stuff I remember the most.

심심한 얘기처럼 들릴지는 모르겠지만 난 심심한 일들이 제일 기억에 남는 것 같더라고요.

❶ The wilderness isn't quite what I expected. 야생은 제가 생각했던 것과는 좀 많이 다르네요.

expect는 '예상하다/기대하다'라는 뜻으로 쓰이는 동사인데, 이 단어를 넣어 〈주어 + isn't what I expected〉이라고 하면 무엇인가에 대해 자신이 예상/기대/생각했던 것과는 다르다는 표현이에요. 예상/기대/생각과는 많이 다르다는 것을 강조하기 위해 중간에 quite를 넣었는데, 이 단어 대신에 really나 very 등을 넣어서 쓸 수도 있답니다.

* This job **isn't quite what I expected.** 이 직업은 내가 기대했던 것과는 많이 다르네.
* This perfume **isn't really what I expected.** 이 향수는 내가 기대했던 것과는 많이 다르네.

❷ How so? 어떻게 그런데?

상대방이 한 말에 대해서 '왜/어째서 그런가?', '어떤 식으로 그렇다는 얘기인가?'라는 의미로 쓰는 표현이에요. 조금 더 구체적으로 왜/어째서 그렇게 생각하는지를 설명해달라는 뜻이지요. In what way? 또는 Why?와 같은 의미랍니다.

* Is that right? **How so?** 그래? 어떤 식으로?
* You say my writing is bad. **How so?** 내 글이 형편없다고 하시는데. 어떻게 그렇다는 말이죠?

❸ Hmm, get used to that, kid. 흠, 그런 것에 익숙해져야 한단다, 꼬마야.

〈be동사 + used to something〉은 '~에 익숙하다'라는 의미인데, be동사를 get으로 바꿔서 'get used to something'이라고 하면 '~에 익숙해지다'라는 의미가 된답니다. 참고로, 'be동사'나 'get' 없이 그냥 주어 뒤에 바로 used to를 쓰면 '~하곤 했다'라는 뜻이니 헷갈리지 않게 조심해야 해요.

* I need to **get used to** the new environment. 난 새로운 환경에 익숙해져야만 해.
* Once you **get used to** it, you'll be fine. 일단 익숙해지면 괜찮을 거야.

❹ Whoever gets the most, wins. 제일 많이 세는 사람이 이기는 거예요.

두 명 이상이 경쟁하는 게임을 할 때 게임 룰을 설명하면서 많이 쓰는 표현이에요. '~하는 사람이 이기는 거야'라는 의미의 표현인데, 예를 들어 Whoever gets in first, wins. '먼저 들어오는 사람이 이기는 거야', 또는 Whoever answers the most, wins. '제일 많이 답을 맞히는 사람이 이기는 거야' 이렇게 쓴답니다. 패턴 활용을 통해 더 많은 문장을 보며 연습해 볼게요.

★영화 속 패턴 읽기

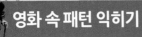

🎧 23-2.mp3

Whoever ~, wins.　　(게임 룰을 설명할 때) ~하는 사람이 이기는 거다.

Step 1 기본 패턴 연습하기

1 **Whoever** comes first, **wins**. 제일 먼저 오는 사람이 이기는 거야.

2 **Whoever** finds it first, **wins**. 제일 먼저 찾는 사람이 이기는 거야.

3 **Whoever** dies last, **wins**. 제일 마지막에 죽는 사람이 이기는 거야.

4 _____ scores most, _____. 제일 많은 점수를 받는 사람이 이기는 거야.

5 _____ the best story, _____. 가장 재미있는 이야기를 하는 사람이 이기는 거야.

Step 2 패턴 응용하기 ｜ Whoever ~, loses.

1 **Whoever** speaks first, **loses**. 제일 먼저 말을 하는 사람이 지는 거야.

2 **Whoever** mentions a number first, **loses**. 제일 먼저 숫자를 말하는 사람이 지는 거야.

3 **Whoever** takes the last card, **loses**. 마지막 카드를 받는 사람이 지는 거야.

4 _____, _____. 제일 늦게 들어오는 사람이 지는 거야.

5 _____ seven, _____. 7이라고 말하면 지는 거야.

Step 3 실생활에 적용하기

A How do you play this game?

B It's very simple. 카드를 제일 많이 갖는 사람이 이기는 거야.

A Okay, I'm ready to play.

A 이 게임 어떻게 하는 거니?

B 정말 간단해. Whoever gets the most cards, wins.

A 좋아, 난 준비됐어.

정답　Step 1 4 Whoever / wins 5 Whoever tells / wins　Step 2 4 Whoever comes last, loses 5 Whoever says / loses

A | 영화 속 대화를 완성해 보세요.

RUSSELL You know what, Mr. Fredricksen? The wilderness ❶_____. 있잖아요, 프레드릭슨 할아버지? 야생은 제가 생각했던 것과는 좀 많이 다르네요.

CARL Yeah? ❷_____? 그러니? 어떻게 다른데?

RUSSELL It's kinda... wild. I mean, ❸_____ made it sound in my book. 야생은 좀… 사납네요. 그러니까 내 말은, 책에서 읽었던 내용하고는 많이 다른 것 같아요.

CARL Hmm, ❹_____, kid. 흠, 그런 것에 익숙해져야 한단다. 꼬마야.

RUSSELL My dad ❺_____. He's really good at camping, and ❻_____ from rocks and stuff. He used to come to all my Sweatlodge meetings. 우리 아빠는 야생이 정말 쉬운 것처럼 얘기하셨거든요. 아빠는 캠핑을 정말 잘하시거든요. 돌을 가지고 불을 만든다든지 그런 것들 말이에요. 예전에는 우리 조 모임에 늘 오셨었는데.

RUSSELL And afterwards we'd ❼_____ at Fentons. I always get chocolate and he gets butterbrickle. Then we'd ❽_____ one curb, right outside, and I'll count all the blue cars and he counts all the red ones, and ❾_____, _____. I like that curb. 모임이 끝나면 팬톤스 아이스크림 가게에 가서 아이스크림을 사 먹었어요. 난 항상 초콜릿향을 먹고 아빠는 버터브릭클을 드셨죠. 그리고 나서 우린 가게 바로 밖에 있는 도롯가에 앉았어요. 난 파란색 차들을 세고 아빠는 빨간색 차들을 셌는데, 제일 많이 세는 사람이 이기는 게임이거든요. 난 그 도롯가가 좋아요.

RUSSELL That ❿_____, but I think the boring stuff is the stuff I remember the most. 심심한 얘기처럼 들릴지는 모르겠지만 난 심심한 일들이 제일 기억에 남는 것 같더라고요.

정답 A

❶ isn't quite what I expected
❷ How so
❸ it's not how they
❹ get used to that
❺ made it sound so easy
❻ how to make fire
❼ go get ice cream
❽ sit on this
❾ whoever gets the most, wins
❿ might sound boring

B | 다음 빈칸을 채워 문장을 완성해 보세요.

1 제일 먼저 들어오는 사람이 이기는 거야.
_____ comes first, _____.

2 제일 많은 점수를 받는 사람이 이기는 거야.
_____ scores most, _____.

3 가장 재미있는 이야기를 하는 사람이 이기는 거야.
_____ the best story, _____.

4 제일 먼저 말을 하는 사람이 지는 거야.
_____ speaks first, _____.

5 제일 늦게 들어오는 사람이 지는 거야.
_____, _____.

정답 B

1 Whoever / wins
2 Whoever / wins
3 Whoever tells / wins
4 Whoever / loses
5 Whoever comes last, loses

121

Now Go have a New One!

가서 새로운 모험을 찾아!

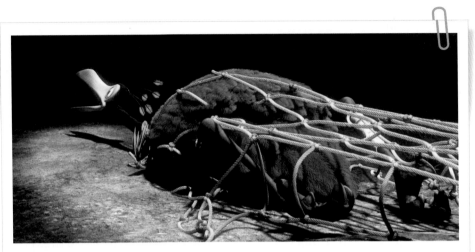

찰스 먼츠에게 케빈을 뺏기고^{capture} 소중한 집까지 일부 타버려서^{burnt} 칼과 러셀은 실의에 빠졌어요^{dejected}. 어쩔 수 없는^{inevitable} 상황이었지만 케빈을 끝까지 지키지 못한 것에 대해 러셀은 칼을 원망하고^{blame}, 칼 또한 이 모든 상황에 화가 나고 답답할 뿐입니다. 그래서 내 알 바 아니라고^{none of my concern} 마음에도 없는 소리를 내뱉고 말죠. 칼에게 괜찮다며^{alright} 위로하는 더그에게도 나쁜 개라고^{bad dog} 소리치니 더그는 슬그머니 자리를 비키네요^{slink off}. 그런 중에 칼과 러셀은 마침내 파라다이스 폭포에 도착합니다. 칼이 기쁨과 슬픔의 순간이 교차한 가운데 러셀은 케빈을 구하겠다고 혼자 용감하게^{bravely} 나섭니다.

 **Warm Up!** 오늘 배울 표현 오늘 등장하는 표현들입니다. 어떤 표현이 들어가야 할지 생각해 보세요.

* You _____ Kevin. 할아버지가 케빈을 줘버렸어요.

* This is _____. 내가 알 바 아니야.

* If you hadn't a shown up, _____!
  네가 나타나지만 않았어도 이런 일은 일어나지도 않았을 거야!

* I am going to Paradise Falls _____. 죽는 한이 있더라도 파라다이스 폭포에 갈 거야.

RUSSELL 러셀	No! 안 돼!
MUNTZ 먼츠	Careful. We want her in good shape for my return. 조심해. 나의 귀환을 위해서는 그녀를 손상시키면 안 된다.
RUSSELL 러셀	Let her go! Stop! 그녀를 놔 줘요! 멈춰요!
RUSSELL 러셀	Kevin! 케빈!
RUSSELL 러셀	You **gave away** Kevin.❶ You just gave her away. 할아버지가 케빈을 줘버렸어요. 할아버지가 그녀를 그냥 내줬다고요.
CARL 칼	This is **none of my concern.**❷ I didn't ask for any of this! 내가 알 바 아니야. 내가 원해서 얘네들을 데리고 있던 게 아니잖아!
DUG 더그	Master. It's alright. 주인님. 괜찮아요.
CARL 칼	I am not your master! And if you hadn't've shown up, **none of this would have happened!**❸ Bad dog! Bad dog! 난 네 주인이 아니야! 그리고 네가 나타나지만 않았어도 이런 일은 일어나지도 않았을 거야! 나쁜 개야! 나쁜 개!
CARL 칼	Now, whether you assist me or not, I am going to Paradise Falls **if it kills me.**❹ 이제 난 네가 도와주건 말건, 죽는 한이 있더라도 파라다이스 폭포에 갈 거야.

123

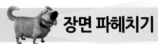

장면 파헤치기  구문 설명과 예문으로 이 장면의 핵심 표현을 완벽히 이해하세요.

❶ You gave away Kevin. 할아버지가 케빈을 줘버렸어요.

'give something/someone away'는 '~을 거저 주다, 줘버리다'라는 의미의 숙어예요. 특정 대상 또는 불특정 대상에게 아무런 대가 없이 그냥 줘버린다는 뜻으로 쓰는 표현이지요.

* Don't just **give away** money! 돈을 그냥 막 줘버리지 마!
* I **gave away** all my clothes. 내 옷들을 다 줘버렸어.

❷ This is none of my concern. 내가 알 바 아니야.

어떤 일에 대해서 '내가 상관할 일이 아니다'라고 할 때 주로 쓰는 표현이에요. None of my business! 라고도 하지요. 완전한 문장으로 쓰고 싶다면 앞에 That's, this is, it's 등을 붙여주면 된답니다. 참고로, 상대방에게 '네가 상관할 바 아니다', '신경 꺼라'라고 할 때는 my를 your로 바꿔서 none of your concern/business라고 하면 된답니다.

* Hey, that's **none of your concern.** 이봐, 그건 내가 알 바 아니라고.
* It's really **none of my concern.** 이건 정말 나하곤 상관없는 일이야.

❸ If you hadn't've shown up, none of this would have happened!
네가 나타나지만 않았어도 이런 일은 일어나지도 않았을 거야!

이 문장 형식은 문법적으로 굉장히 복잡하고 고난도의 형식이라 꽤히 겁을 먹을 수도 있는데, '네가 ~하지만 않았어도, ~했을 거야'의 의미로 쓰이는 표현이에요. 앞부분에 나오는 hadn't've shown up 부분은 원래 hadn't have shown up이에요. 실제 회화에서 활용할 때도 none of this would have happened만 확실히 외워두면 의미는 통하게 쓸 수 있을 거예요.

★영화 속 대던 의미

❹ I am going to Paradise Falls if it kills me. 죽는 한이 있더라도 파라다이스 폭포에 갈 거야.

if it kills me는 어떤 일을 하고야 말겠다는 굳은 결심/다짐을 표현하는 것으로 '죽는 한이 있더라도, 내가 죽더라도' 정도로 해석할 수 있겠어요. 원래 even if it kills me인데 even이 생략되었다고 보면 될 것 같아요.

* I will get my money back **if it kills me.** 어떻게 해서든 내 돈을 돌려받고 말 테야.
* I will save my daughter **if it kills me.** 죽는 한이 있더라도 난 내 딸을 구해낼 거야.

🎧 24-2.mp3

If ~, none of this would've happened.
만약 ~했더라면, 이런 일은 전혀/절대 일어나지 않았을 것이다.

Step 1   기본 패턴 연습하기

1   If you had told me the truth at first, **none of this would've happened.**
처음에 나한테 사실대로 말했더라면, 이런 일은 전혀 일어나지 않았을 거야.

2   If he had stayed a little longer, **none of this would've happened.**
그가 조금 더 오래 머물렀더라면, 이런 일은 절대 일어나지 않았을 거야.

3   If I had been there, **none of this would've happened.** 내가 거기에 있었더라면, 이런 일은 절대 없었을 거야.

4   .... just stopped, ...
네가 그때 멈추기만 했어도, 이런 일은 절대 없었을 거야.

5   .... just listened to me, ...
네가 내 말을 듣기만 했어도, 이런 일은 절대 일어나지 않았을 거야.

Step 2   패턴 응용하기 | If ~, this wouldn't have happened.

1   If I had been a better wife, **this wouldn't have happened.**
내가 더 좋은 아내였다면, 이런 일은 일어나지 않았을 텐데.

2   If they had fixed the signal light, **this wouldn't have happened.**
그들이 신호등을 고쳤더라면, 이런 일은 없었을 텐데.

3   If Shane hadn't spilled the beans, **this wouldn't have happened.**
셰인이 비밀을 누설하지 않았다면, 이런 일은 없었을 텐데.

4   .... shown up earlier, ...
네가 조금 더 일찍 나타났더라면, 이런 일은 없었을 거야.

5   .... gotten enough sleep last night, ...
네가 어젯밤에 충분히 잠을 잤더라면, 이런 일은 없었을 거야.

Step 3   실생활에 적용하기

A   I'm sorry I caused you so much trouble.   A   너를 너무 난처하게 만들어서 미안해.

B   나한테 미리 말해줬더라면, 이런 일이 없었을 거 아냐.   B   If you had told me beforehand, none of this would've happened.

A   I know, it's all my fault.   A   그래, 다 내 잘못이야.

정답   Step 1 4 If you had / none of this would've happened   5 If you had / none of this would've happened   Step 2 4 If you had / this wouldn't have happened   5 If you had / this wouldn't have happened

A | 영화 속 대화를 완성해 보세요.

RUSSELL No! 안 돼!

MUNTZ Careful. We want her ❶_____ for my return.
조심해. 나의 귀환을 위해서는 그녀를 손상시키면 안 된다.

RUSSELL ❷_____! Stop! 그녀를 놔 줘요! 멈춰요!

RUSSELL Kevin! 케빈!

RUSSELL You ❸_____ Kevin. You just gave her away.
할아버지가 케빈을 줘버렸어요. 할아버지가 그녀를 그냥 내줬다고요.

CARL This is ❹_____. I didn't ❺_____!
내가 알 바 아니야. 내가 원해서 얘네들을 데리고 있던 게 아니잖아!

DUG Master. ❻_____. 주인님. 괜찮아요.

CARL ❼_____! And if you hadn't've shown up, ❽_____! Bad dog! Bad dog! 난 네 주인이 아니야! 그리고 네가 나타나지만 않았어도 이런 일은 일어나지도 않았을 거야. 나쁜 개야! 나쁜 개!

CARL Now, ❾_____, I am going to Paradise Falls ❿_____.
이제 난 네가 도와주건 말건, 죽는 한이 있더라도 파라다이스 폭포에 갈 거야.

정답 A

❶ in good shape
❷ Let her go
❸ gave away
❹ none of my concern
❺ ask for any of this
❻ It's alright
❼ I am not your master
❽ none of this would have happened
❾ whether you assist me or not
❿ if it kills me

B | 다음 빈칸을 채워 문장을 완성해 보세요.

1 내가 거기에 있었더라면, 이런 일은 절대 없었을 거야.
_____, none of this would've happened.

2 네가 그때 멈추기만 했어도, 이런 일은 절대 없었을 거야.
If you had just stopped, _____.

3 네가 내 말을 듣기만 했어도, 이런 일은 절대 일어나지 않았을 거야.
_____ just listened to me, _____.

4 내가 더 좋은 아내였다면, 이런 일은 일어나지 않았을 텐데.
_____ a better wife _____.

5 셰인이 비밀을 누설하지 않았다면, 이런 일은 없었을 텐데.
_____ spilled the beans, _____.

정답 B

1 If I had been there
2 none of this would've happened
3 If you had / none of this would've happened
4 If I had been / this wouldn't have happened
5 If Shane hadn't / this wouldn't have happened

I'm Your Master!

난 너의 주인이란다!

집 안에서 엘리와의 추억을 회상하던^{remembrance} 칼은 러셀이 홀로 케빈을 구하려고 떠난 것을 보고 다시 집을 이동시키려^{lift} 하지만 꿈쩍도 하지 않습니다^{doesn't budge}. 이제 풍선의 헬륨이^{helium} 많이 빠져서^{lost} 집이 뜨기^{floating} 힘든 상태인 거죠. 그때 칼이 큰 결단을 내립니다^{make a decision}. 집 안의 물건을 밖으로 내 버려서^{throw things off} 집을 가볍게 하고 남은 풍선으로 다시 뜨게 할 생각이었던 거죠. 오랫동안 사랑하는 엘리와의 추억이 담기고 손때 묻은 의자, 냉장고^{refrigerator}, 가구를 모두 과감히 내던집니다. 드디어 집이 하늘로 떠오르는데^{lift off}, 똑똑똑 노크 소리. 혹시 러셀이 되돌아 왔나 문을 여니 더그가 있네요. 칼은 더그를 반갑게 맞이하고^{welcome} 이제 러셀과 케빈을 구하러 함께 떠납니다!

 **Warm Up!** 오늘 배울 표현   오늘 등장하는 표현들입니다. 어떤 표현이 들어가야 할지 생각해 보세요.

* Well, ⬛⬛⬛⬛⬛⬛⬛⬛⬛⬛⬛⬛⬛⬛⬛? 넌 나의 강아지잖니. 안 그래?

* ⬛⬛⬛⬛⬛⬛⬛⬛⬛⬛⬛⬛⬛⬛. 오 좋아!

* And they ⬛⬛⬛⬛⬛⬛⬛⬛⬛⬛⬛⬛. 그리고 그들은 나를 믿지 않으려고 했지.

* Just wait till they ⬛⬛⬛⬛⬛⬛⬛⬛ you. 그들이 너를 보게 되면 어떨지 두고 보자고.

CARL 칼	Dug! 더그!
DUG 더그	I was hiding under your porch because I love you. Can I stay? 제가 주인님의 베란다 밑에 숨어있었어요 왜나하면 당신을 사랑하니까요. 있어도 될까요?
CARL 칼	Can you stay? Well, **you're my dog, aren't you**?❶ And I'm your master! 있어도 되냐고? 넌 나의 강아지잖니, 안 그래? 그리고 난 네 주인이고!
DUG 더그	You are my master?! 제 주인님이세요?!
DUG 더그	**Oh boy.**❷ Oh boy! 아 좋아. 오 좋아!
CARL 칼	Good boy, Dug. You're a good boy! 착한 강아지, 더그. 넌 착한 강아지야!
RUSSELL 러셀	Ooph! 으아!
RUSSELL 러셀	Yes! Don't worry Kevin! I'll save you. 좋았어! 걱정 하지 마, 케빈! 내가 널 구해줄게.
MUNTZ 먼츠	And they **wouldn't believe me**.❸ Just wait till they **get a look at you**.❹ 그들은 나를 믿지 않으려고 했지. 그들이 너를 보게 되면 어떨지 두고 보자고.
ALPHA 알파	Master! The small mailman has returned. 주인님! 꼬마 우체부가 돌아왔습니다.
MUNTZ 먼츠	What? 뭐야?
RUSSELL 러셀	Let me go! 날 보내줘!

❶ Well, you're my dog, aren't you? 넌 나의 강아지잖니, 안 그래?

'You are ~, aren't you?' 형식은 '너 ~이지, 아니니/그렇지 않니/안 그래?'라는 의미로 쓰는 표현이에요. 문장의 뒷부분에 오는 tag question '부가의문문'을 연습해 보는 시간을 갖도록 할게요. 주어를 바꿔가며 더 다양하게 활용해 보세요.

★ 영화 속 패턴 읽기

❷ Oh boy. 오 좋아!

여기에서 쓰인 boy는 소년의 의미가 아니고, 그냥 좋거나 싫은 것을 표현하는 감탄사예요. 기분이 좋은 상황에서 쓰면 '오 좋아/대단해'와 같은 의미가 되고, 기분이 나쁜 상황에서 쓰면 '오 이런/맙소사'와 같은 의미가 되는 것이지요.

* **Oh boy**, I'm in trouble. 오 이런, 큰일 났다.
* **Oh boy**, this is great! 오 좋아, 정말 대단해!

❸ And they wouldn't believe me. 그리고 그들은 나를 믿지 않으려고 했지.

would의 많은 활용법 중에 여기에서 쓰인 would는 부정형 wouldn't로 쓰여서 거부, 거절의 뜻을 나타낼 때 쓰는 표현이랍니다. '~하려고/해주려고 하지 않다'는 뜻이지요.

* My son **wouldn't tell me** anything about the incident.
  내 아들이 그 일에 대해서 아무 말도 해주려고 하지 않았어.
* I asked her to stay but she **wouldn't listen to me**.
  내가 그녀에게 계속 있어 달라고 했는데 그녀가 내 말을 들으려고 하지 않았어.

❹ Just wait till they get a look at you. 그들이 너를 보게 되면 어떨지 두고 보자고.

일반적으로 '~을 보다'라고 할 때 'look at ~'이라고 하는데, 그 look을 동사가 아닌 명사로 써서 'take a look at ~' 또는 'get a look at ~'이라고도 표현해요. '~을 한번 보다' 정도로 해석할 수 있어요.

* I'll **get a look at** your file later. 네 파일은 나중에 한번 볼게.
* **Get a look at** this giant bug. 이 거대한 곤충 좀 봐.

🎧 25-2.mp3

You are ~, aren't you? 너 ~지, 아니니?

Step 1 기본 패턴 연습하기

1 **You are** my friend, **aren't you?** 너는 내 친구잖아, 아니니?

2 **You are** an expert, **aren't you?** 당신은 전문가잖아요, 아니에요?

3 **You are** a writer, **aren't you?** 작가시죠, 아닌가요?

4 _____ that guy from TV, _____? 텔레비전에 나왔던 그 사람 맞죠, 아니에요?

5 _____, _____? 넌 학생이지, 아니니?

Step 2 패턴 응용하기 주어 + be동사, 부가의문문?

1 **She's** only 9-years-old, **isn't she?** 그녀는 이제 겨우 9살이잖아, 안 그래?

2 **Adam is** in the army, **isn't he?** 아담은 군대에 있죠, 아닌가요?

3 **We are** together, **aren't we?** 우린 함께잖아, 아니니?

4 _____, _____? 나 잘하지, 안 그래?

5 _____ awesome, _____? 저 남자애들 진짜 멋지지, 안 그러니?

Step 3 실생활에 적용하기

A 너 나랑 절친이지, 안 그러니?

B I believe I am. What's your point, though?

A Lend me $100, please.

A You are my best friend, aren't you?

B 그런 걸로 아는데, 근데 무슨 말이 하고 싶은 건데?

A 100달러만 빌려주라.

정답 Step 1 4 You are / aren't you 5 You are a student, aren't you Step 2 4 I'm good, aren't I 5 Those boys are / aren't they?

130

문제를 풀며 오늘 배운 표현을 완벽히 내 것으로 만드세요.

A │ 영화 속 대화를 완성해 보세요.

CARL Dug! 더그!

DUG I was ❶_____ because I love you. ❷_____? 제가 주인님의 베란다 밑에 숨어있었어요 왜냐하면 당신을 사랑하니까요. 있어도 될까요?

CARL Can you stay? Well, ❸_____? And I'm your master! 있어도 되냐고? 넌 나의 강아지잖니, 안 그래? 그리고 난 네 주인이고!

DUG You are my master?! 제 주인님이세요?!

DUG ❹_____. Oh boy! 아 좋아. 오 좋아!

CARL Good boy, Dug. ❺_____! 착한 강아지, 더그, 넌 착한 강아지야!

RUSSELL Ooph! 으아!

RUSSELL Yes! Don't worry Kevin! ❻_____. 좋았어! 걱정 하지 마, 케빈! 내가 널 구해줄게.

MUNTZ And they ❼_____. Just wait till they ❽_____ you. 그들은 나를 믿지 않으려고 했지. 그들이 너를 보게 되면 어떨지 두고 보자고.

ALPHA Master! The small mailman ❾_____. 주인님! 꼬마 우체부가 돌아왔습니다.

MUNTZ What? 뭐야?

RUSSELL ❿_____! 날 보내줘!

B │ 다음 빈칸을 채워 문장을 완성해 보세요.

1 당신은 전문가잖아요, 아니에요?
_____ an expert, _____?

2 넌 학생이지, 아니니?
_____, _____?

3 우린 함께잖아, 아니니?
_____ together, _____?

4 나 잘하지, 안 그래?
_____, _____?

5 저 남자애들 진짜 멋지지, 안 그러니?
_____ awesome, _____?

Saving Snipe Kevin

도요새 케빈 구하기

찰스 먼츠와 그의 부하 개들에게 붙잡힌 러셀은 큰 위험에 빠지고^{in grave danger} 그때 슈퍼히어로로처럼 칼이 나타나 러셀을 구합니다. 칼과 더그는 적진인^{enemy camp} 먼츠의 비행선에 올라 케빈을 구하러 가는데 그 길이 만만치 않습니다^{tough}. 더그 덕분에 비밀 통로를 통해 케빈이 갇힌 곳까지 도착했지만, 또 다른 관문이^{barrier} 버티고 있네요. 케빈이 갇혀 있는 방에^{cage room} 먼츠의 부하 개들이 한 가득^{a group of dogs} 들어옵니다. 칼은 어떻게 할까 고민하다가 더그가 지팡이에 붙어있는 공에 환장하는^{lost in ecstasy} 모습을 보며 번뜩 아이디어가 떠오릅니다. 공을 빼 들고 개들을 이목을 집중시킨^{get attention} 후 저 멀리 던지니^{throw the ball} 개들이 너도나도 할 것 없이 공을 쫓아가네요!

 **Warm Up! 오늘 배울 표현** 오늘 등장하는 표현들입니다. 어떤 표현이 들어가야 할지 생각해 보세요.

* _____, small mailman. 맘껏 소리 질러라, 이 꼬마 우체부 놈아.

* If you see the old man, _____. 그 늙은이를 보면 네가 어떻게야 할지 잘 알 테지.

* _____! 아직 내 얘기 안 끝났다고요!

* _____. 즐거운 대화였어.

RUSSELL
러셀

Where are you keeping Kevin!?

케빈을 어디에 가뒀어요!?

RUSSELL
러셀

Let me go!

날 보내줘요!

BETA
베타

Scream all you want, small mailman. ❶

맘껏 소리 질러라, 이 꼬마 우체부 놈아.

GAMMA
감마

None of your mailman friends can hear you.

네 우체부 친구들은 그 누구도 네 목소리를 들을 수 없어.

RUSSELL
러셀

I'll unleash all my Wilderness Explorer training!

나의 모든 야생 탐험 훈련 맛을 보여줄 테다!

MUNTZ
먼츠

Alpha! Fredricksen's coming back. Guard that bird. If you see the old man, **you know what to do.** ❷

알파! 프레드릭슨이 돌아오고 있다. 그 새를 지켜라. 그 늙은이를 보면 네가 어떻게야 할지 잘 알 테지.

RUSSELL
러셀

Hey, where are you going? **I'm not finished with you!** ❸

이봐요, 어디 가요? 아직 내 얘기 안 끝났다고요!

MUNTZ
먼츠

Nice talking with you. ❹

즐거운 대화였어.

MUNTZ
먼츠

Where are you, Fredricksen?

어디 있지, 프레드릭슨?

❶ Scream all you want, small mailman. 맘껏 소리 질러라, 이 꼬마 우체부 놈아.

〈동사 + all you want〉 형식은 명령형 문장에서 쓰이는데 '마음껏/원하는 만큼 ~해라'라는 의미랍니다. 같은 의미로 all 대신에 as much as를 넣어서 〈동사 + as much as you want〉 형식으로 표현할 수도 있어요. 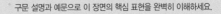 ★영화 속 패턴 읽기

❷ If you see the old man, you know what to do. 그 늙은이를 보면 네가 어떻게야 할지 잘 알 테지.

what to do는 '무엇을 해야 할지/어떻게 해야 할지'라는 의미로 쓸 수 있는 표현이에요. 예를 들어, Tell me what to do. '내가 무엇을/어떻게 해야 할지 말해줘' 이렇게 쓸 수 있어요. 위의 문장에서는 앞에 you know를 넣어서 '무엇을 해야 할지 너 알지/알잖아'라는 의미로 썼네요.

* When the Secretary comes, **you know what to do.** 장관님 오시면, 너희들 어떻게야 할지 잘 알 거야.
* I have no idea **what to do** with my life. 난 내 인생에서 뭘 해야 할지 전혀 모르겠다.

❸ I'm not finished with you! 아직 내 얘기 안 끝났다고요!

상대방을 훈계하거나 불만에 대해서 따지느라 한참 흥분해서 이야기하고 있는데 상대방이 더 이상 듣지 않고 가려고 할 때 '아직 할 얘기가 남았어'라는 의미로 쓰는 표현이에요.

* Hey, where do you think you're going? **I'm not finished with you.**
  야, 너 지금 어딜 가는 거야? 내 말 아직 안 끝났다고.
* **I'm not finished with you.** We'll talk about this tomorrow.
  얘기 아직 다 안 끝났어. 내일 다시 얘기하자고.

❹ Nice talking with you. 즐거운 대화였어.

'만나서 반갑다'고 할 때 Nice to meet you라고 하거나 Nice meeting you라고 하죠. 마찬가지로 '대화를 하게 돼서 반갑다/기쁘다'고 할 때는 Nice to talk to you 또는 nice talking to/with you라고 해요. talking to와 talking with는 같은 표현이에요. 문장을 완전하게 쓰고 싶다면 앞에 'It + 동사'를 넣어서 써 주세요.

* It was **nice talking to you.** 당신과 대화해서 좋았어요.
* It was very **nice seeing you** today. 오늘 만나서 정말 반가웠어요.

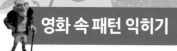
🎧 26-2.mp3

동사 + all you want!　　　　　　　　　맘껏/얼마든지 ~하거라!

Step 1　기본 패턴 연습하기

1　Take **all you want**! 맘껏 가져가라!

2　Laugh **all you want**! 맘껏 웃어라!

3　Cry **all you want**! 맘껏 울어라!

4　Criticize me ＿＿＿＿＿＿＿＿＿＿＿＿＿＿! 얼마든지 나를 비판해라!

5　Go ahead and threaten me ＿＿＿＿＿＿＿＿＿＿＿! 그래 얼마든지 협박해보라고!

Step 2　패턴 응용하기　동사 + as much as you want!

1　Sleep **as much as you want**! 원하는 만큼 자라!

2　Watch **as much as you want**! 원하는 만큼 맘껏 봐라!

3　Bring **as much as you want**! 원하는 만큼 가져와라!

4　Drink ＿＿＿＿＿＿＿＿＿＿＿＿＿! 원하는 만큼 다 마셔!

5　＿＿＿＿＿＿＿＿＿＿＿＿ and lose weight! 원하는 만큼 다 먹고 살을 빼세요!

Step 3　실생활에 적용하기

A　Whose cake is this? Can I have a piece?　　　　A　이거 누구 케이크예요? 한 조각만 먹어도 되나요?

B　Of course. 마음껏 먹으렴!　　　　　　　　　　B　물론이지. Eat all you want!

A　Are you sure? I'm going to eat it all.　　　　A　정말이요? 그럼 다 먹을게요.

정답　Step 1 4 all you want 5 all you want　Step 2 4 as much as you want 5 Eat as much as you want

135

문제를 풀며 오늘 배운 표현을 완벽히 내 것으로 만드세요.

A │ 영화 속 대화를 완성해 보세요.

RUSSELL ❶ _____ Kevin!? 케빈을 어디에 가뒀어요!?

RUSSELL Let me go! 날 보내줘요!

BETA ❷ _____, small mailman.
맘껏 소리 질러라, 이 꼬마 우체부 놈아.

GAMMA ❸ _____ friends can hear you.
네 우체부 친구들은 그 누구도 네 목소리를 들을 수 없어.

RUSSELL I'll ❹ _____ my Wilderness Explorer training!
나의 모든 야생 탐험 훈련 맛을 보여줄 테다!

MUNTZ Alpha! Fredricksen's ❺ _____. ❻ _____.
If you see the old man, ❼ _____.
알파! 프레드릭슨이 돌아오고 있다. 그 새를 지켜라. 그 늙은이를 보면 네가 어떻게야 할지 잘 알 테지.

RUSSELL Hey, ❽ _____? ❾ _____
_____! 이봐요, 어디 가요? 아직 내 얘기 안 끝났다고요!

MUNTZ ❿ _____. 즐거운 대화였어.

MUNTZ Where are you, Fredricksen? 어디 있지, 프레드릭슨?

B │ 다음 빈칸을 채워 문장을 완성해 보세요.

1 맘껏 웃어라!
Laugh _____!

2 얼마든지 나를 비판해라!
Criticize me _____!

3 그래 얼마든지 협박해보라고!
Go ahead and threaten me _____!

4 원하는 만큼 다 마셔!
Drink _____!

5 원하는 만큼 다 먹고 살을 빼세요!
_____ and lose weight!

Kevin's Gone!

케빈이 사라졌다!

칼이 던진 테니스공을 개들이 뒤쫓고^{run after} 그 사이 칼은 무사히 케빈을 구출합니다^{rescue}. 개들은 뒤늦게 실수를 깨닫고^{realize their mistake} 먼츠에게 보고하려고 하는데, 너도나도 한마디씩 하느라 먼츠는 도무지 알아들을 수가 없군요^{unrecognizable}. 먼츠는 비행 특공대를 보내 칼의 집을 처치해 버리라고^{take down the house} 명령합니다. 칼의 집과 거기 있는 러셀이 위험에 처했어요. 공중에서는 집과 러셀이 맹공격을 받고^{under heavy attack} 먼츠의 비행선 안에서는 쫓고 쫓기는 긴박한 추격전이^{a running fight} 계속 이어집니다.

 **Warm Up!** 오늘 배울 표현   오늘 등장하는 표현들입니다. 어떤 표현이 들어가야 할지 생각해 보세요.

* 　　　　　　! 그가 사라졌어요!

* 　　　　　　! 한 번에 하나씩 말해!

* 　　　　　　 the house! 집을 처치하라!

* Target 　　　　　. 목표물 확인.

CARL
칼

I'm sorry Kevin. Let's get you out of here.
미안해 케빈. 어서 널 빼내자꾸나.

DOG WALLA
개떼

Master! **He's gone!** The old man! He's here! He's got the bird! The bird's gone!
주인님! 그가 사라졌어요! 그 노인네가! 그가 여기에 왔어요! 그가 새를 데려갔어요! 새가 사라졌어요!

MUNTZ
먼츠

What? Calm down! **One at a time!**
뭐라고? 진정해! 한 놈씩 말해!

RUSSELL
러셀

I want to help!
난 돕고 싶어요!

RUSSELL
러셀

Ha ha!
하하!

DOG WALLA
개떼

He's in Hall D! He's in Hall B! It's the old man!
그가 D홀에 있어요! 그가 B홀에 있어요! 그 늙은이에요!

MUNTZ
먼츠

Does anyone know where they are?!?!
그들이 어디에 있는지 아는 놈이 있긴 한 거야?!?!

RUSSELL
러셀

Whoooaaah!
워오오으아!

MUNTZ
먼츠

Grey leader! **Take down** the house!
회색 대장! 집을 처치하라!

BETA
베타

Grey leader, checking in.
회색 대장, 준비 완료.

GAMMA
감마

Grey 2, checking in.
회색 2, 준비 완료.

OMEGA
오메가

Grey 3, checking in.
회색 3, 준비 완료.

BETA
베타

Target **sighted.**
목표물 확인.

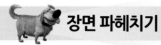

---

❶ He's gone! 그가 사라졌어요!

'사라졌다/없어졌다'고 할 때 〈be동사 + gone〉을 써요. 참고로, '사라지다'라는 뜻의 동사 disappear를 써서
'사라졌다'를 표현하고 싶다면 be동사가 아닌 have를 넣어서 have disappeared라고 해야 하는 것도 알아두세요.

* **They're gone!** 그들이 사라졌어!
* **The cat's gone!** 고양이가 없어졌어!

---

❷ One at a time! 한 번에 하나씩 말해!

여러 개를 한꺼번에 가져가거나 사람이 한꺼번에 몰려서 오는 상황에서 '한 번에 하나씩' 또는 '(한꺼번에 오지 말고)
한 번에 한 명씩'과 같은 표현을 할 때 one at a time이라고 해요. one과 at a time 중간에 명사를 넣어서 표현하는
것을 패턴으로 활용해 보아요. 추가해서, '한 번에 하나씩'이 아니라 숫자를 바꿔서 '한 번이 ~씩'이라고 말하는
법도 같이 연습해요.

★ 영화 속 패턴 익히기

---

❸ Take down the house! 집을 처치하라!

take down을 광범위하게 해석하면 '~을 끌어내리다/쓰러뜨리다/치우다' 등의 의미로 해석이 되는데, 위와 같은
문맥에서는 '(공격해서) 해치우라'는 의미로 쓰인 거예요. '처치하다/해치우다'의 의미로 쓰이는 take down을 기억해
주세요.

* We are going to **take** him **down**. 우리는 그를 처치할 거야.
* The Dodgers **took down** the Cubs 8-5. 다저스가 컵스를 8대 5로 물리쳤다.

---

❹ Target sighted. 목표물 확인.

sight는 눈으로 보는 것에 관해 표현하는 명사로 '시력, 보기, 봄, 광경' 등의 뜻이에요. 이 단어가 동사로 쓰이기도
하는데 그 경우에는 '(특히 찾고 있던 것을) 갑자기 보다/찾다'라는 의미랍니다. 위의 문장에서는 sight가 동사로
쓰인 경우예요. 원래는 Target is sighted. '목표물이 확인되었다'라는 문장인데, is가 생략된 것이지요.

* The actress was **sighted** in Hong Kong. 그 여배우가 홍콩에서 목격되었다.
* They gave a shout of joy when they **sighted** their favorite band taking the stage.
  그들이 좋아하는 밴드가 무대에 선 것을 보고 기쁨의 환호성을 질렀다.

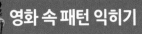
🎧 27-2.mp3

one + 명사 + at a time   한 번에 한 ~씩(만)

Step 1   기본 패턴 연습하기

1 **One cookie at a time**! 한 번에 쿠키 하나씩만!

2 **One person at a time**! 한 번에 한 명씩만!

3 Lift **one at a time**! 한 번에 하나씩만 들어!

4 _____! 한 번에 한 개씩만 가져가!

5 Take _____! 한 번에 한 걸음씩 가는 거야!

Step 2   패턴 응용하기   숫자 + at a time

1 Carry the boxes **two at a time**! 한 번에 박스 2개씩 옮겨!

2 Don't take more than **three at a time**! 한 번에 3개 이상 가져가지 마!

3 We are limiting it to **five people at a time**. 한 번에 5명씩으로 제한합니다.

4 They took out the balls _____. 그들이 그 공들을 한 번에 7개씩 꺼냈다.

5 The waffle machine makes _____. 이 와플 기계는 한 번에 4개씩 굽는다.

Step 3   실생활에 적용하기

A There are so many poor children in the world.	A 세상에는 불쌍한 아이들이 너무 많아요.
B How can we help poor children to have a better future?	B 어떻게 하면 우리가 그 아이들이 더 나은 미래를 가질 수 있도록 도울 수 있을까요?
A 한 번에 한 아이씩 돕는 거죠.	A Help one child at a time.

정답   Step 1   4 Take one thing at a time   5 one step at a time   Step 2   4 seven at a time   5 four at a time

A | 영화 속 대화를 완성해 보세요.

CARL I'm sorry Kevin. Let's ❶ ....
미안해 케빈. 어서 널 빼내자꾸나.

DOG WALLA Master! ❷ ....! The old man! ❸ ....!
He's ❹ ....! The bird's gone! 주인님! 그가 사라졌어요!
그 노인네가! 그가 여기에 왔어요! 그가 새를 데려갔어요! 새가 사라졌어요!

MUNTZ What? Calm down! ❺ ....!
뭐라고? 진정해! 한 놈씩 말해!

RUSSELL I ❻ ....! 난 돕고 싶어요!

RUSSELL Ha ha! 하하!

DOG WALLA He's in Hall D! He's in Hall B! ❼ ....!
그가 D홀에 있어요! 그가 B홀에 있어요! 그 늙은이에요!

MUNTZ Does ❽ .... they are?!?!
그들이 어디에 있는지 아는 놈이 있긴 한 거야?!?!

RUSSELL Whoooaaah! 워오오으아!

MUNTZ Grey leader! ❾ .... the house!
회색 대장! 집을 처치하라!

BETA Grey leader, checking in. 회색 대장, 준비 완료.

GAMMA Grey 2, checking in. 회색 2, 준비 완료.

OMEGA Grey 3, checking in. 회색 3, 준비 완료.

BETA Target ❿ .... 목표물 확인.

B | 다음 빈칸을 채워 문장을 완성해 보세요.

1 한 번에 한 명씩만!
....!

2 한 번에 한 개씩만 가져가!
....!

3 한 번에 한 걸음씩 가는 거야!
Take ....!

4 한 번에 박스 2개씩 옮겨!
Carry the boxes ....!

5 한 번에 3개 이상 가져가지 마!
Don't take more than ....!

Alive or Dead!

살려서든 죽여서든 상관없이!

죽는 한이 있더라도 케빈을 다시 잡아서 본국으로 돌아가 자신의 명예를 회복하고자^{clear his name} 하는 먼츠의 광기^{madness}. 그의 불의에 맞서 싸우며 한 아이와 새를 지키려는 칼의 정의로움^{righteousness}. 이 두 노인의 칼 싸움이^{old men sword fight} 시작되는데, 나이도 지긋이 많고^{the elderly} 거동도 불편한 그들의 결투는 위태위태해^{shaky} 보입니다. 조금만 움직여도 허리가 우지끈거리니^{back crack} 이러다 둘 다 병원에 실려 가겠어요. 한편 러셀은 집에 연결된 호스에 매달려^{hang by a hose} 비행기의 맹공격을 받으며 버티기 힘들어합니다. 그러다 저 멀리 칼의 구조 요청 신호를^{calls for help} 듣고 젖 먹던 힘을 다해 호스를 타고 올라 갑니다^{climb up}. 그리고 '다람쥐!'라고 외쳐서 개 비행 특공대들을 모두 물리칩니다.

 **Warm Up!** 오늘 배울 표현   오늘 등장하는 표현들입니다. 어떤 표현이 들어가야 할지 생각해 보세요.

* ＿＿＿＿＿＿, Fredricksen? 죽기 전에 할 말이라도 있나, 프레드릭슨?

* Come on, ＿＿＿＿＿＿＿! 자, 어서 말해봐!

* ＿＿＿＿＿＿! 이제 그만해!

* I'm taking that bird back with me ＿＿＿＿＿＿!
  내가 그 새를 다시 가져갈 거야, 살려서든 죽여서든 상관없이!

MUNTZ 먼츠	**Any last words**, Fredricksen?❶ Come on, **spit it out!**❷ 죽기 전에 할 말이라도 있나, 프레드릭슨? 자, 어서 말해봐!
CARL 칼	Come on! 자 어서 가자!
MUNTZ 먼츠	**Enough!**❸ I'm taking that bird back with me **alive or dead!**❹ 이제 그만해! 내가 그 새를 다시 가져갈 거야. 살려서든 죽여서든 상관없이!
CARL 칼	Come on, Kevin! 어서, 케빈!
ALPHA 알파	I will have many enjoyments for what I am about to do, Dug. 내가 지금 하려고 하는 행동으로 난 많은 즐거움을 얻게 될 거야, 더그.
MISC DOG 무명의 개	He wears the Cone of Shame! 그가 수치 깔때기를 썼다!
ALPHA 알파	What? Do not just continue sitting! Attack! 뭐야? 그냥 가만히 앉아만 있지 마! 공격하라!
ALPHA 알파	No! No! Stop your laughing! Get this off of me! 안 돼! 안 돼! 웃지마! 이걸 빼내라고!
DUG 더그	Listen you dog! Sit! 이 개야 내 말 들어! 앉아!
DOG WALLA 개떼	Yes, Alpha. 네, 알파님.
DUG 더그	Alpha? I am not Alpha, he is- Oohhhh! 알파님? 난 알파가 아니야, 그가- 오오오호!

❶ **Any last words, Fredricksen?** 죽기 전에 할 말이라도 있나, 프레드릭슨?

일반적으로 '(특히 죽기 전에) 마지막으로 할 말 또는 하고 싶은 말'을 last words라고 표현해요. word를 단수로 쓸 수도 있지만 주로 이 경우에는 복수로 많이 쓰인답니다. 또한, 언쟁하거나 토론을 할 때 마지막으로 종지부를 찍는 말, 최종 발언, 결정적인 말을 the last word라고 한답니다.

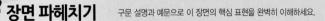

★영화 속 패턴 익히기

❷ **Come on, spit it out!** 자, 어서 말해봐!

이 표현은 보통 명령형으로 쓰이는데, 상대방이 어떤 말을 하지 않고 주저하고 있을 때 '어서 털어놓아라/자백하라'라고 윽박지를 때 쓰는 표현이에요. 안에 있는 말을 입 밖으로 내뱉으라는 뜻이지요.

* If you have something to say, **spit it out**! 할 말이 있으면 어서 말해!
* Just **spit it** out already! 그냥 빨리 말해 버려!

❸ **Enough!** 이제 그만해!

상대방의 말이나 행동이 더 이상 들어/봐 줄 수가 없을 정도로 계속될 때 '그만해!'라고 외치는 표현 중의 하나가 바로 'Enough!'예요. 문장으로 쓸 때는 아래의 예문들에서와 같이 쓰인답니다.

* That's **enough**! 그만해!
* Enough is **enough**! 이제 더는 못 참겠으니 그만하라고!

❹ **I'm taking that bird back with me alive or dead!** 내가 그 새를 다시 가져갈 거야, 살려서든 죽여서든 상관없이!

dead '죽은'의 반대말이 alive '산/살아있는'이에요. 동물이나 포로를 잡아 오라고 하며 '죽여서든 살려서든 무조건 잡아 와'라고 할 때 자주 등장하는 표현이 alive or dead 또는 dead or alive랍니다.

* Do you want it **alive or dead**? 산채로 데려올까요, 아니면 죽여서 데려올까요?
* Just bring it to me. I don't care if it's **alive or dead**. 그냥 데려와, 죽이든지 살리든지 상관없으니까.

오늘 배운 장면에서 뽑은 핵심 패턴으로 다양한 표현을 만들어 보세요.

🎧 28-2.mp3

last word(s)

마지막 할 말 / 최종 발언

Step 1 기본 패턴 연습하기

1 Do you have any **last words**? 죽기 전에 마지막으로 할 말이 있나?

2 She likes to have the **last word** in any discussion. 그녀는 토론할 때 항상 최종 발언을 하는 것을 좋아한다.

3 What were the **last words** he said before he died? 그가 죽기 전에 마지막으로 한 말이 무엇이었나요?

4 The judge had _____. 그 판사가 최종 발언을 했다.

5 The president gets _____. 고용할 때 최종 결정은 사장이 하는 거야.

Step 2 패턴 응용하기 last wish

1 What's your **last wish**? 네 마지막 소원이 무엇이니?

2 Do you have any **last wishes**? 마지막으로 바라는 것들이 있나?

3 I have three **last wishes** before I depart this world. 이 세상을 떠나기 전에 마지막으로 세 가지 소원이 있다.

4 These are _____. 이것들이 내 마지막 소원들이다.

5 _____ that you look after my son, Edward.
내 마지막 바람은 네가 내 아들 에드워드를 돌봐주는 것이야.

Step 3 실생활에 적용하기

A 끝으로 하고 싶은 말이라도 있나요?

B I think that was enough.

A Then, I'll close the meeting.

A Do you have any last words?

B 충분히 한 것 같아요.

A 그럼, 회의를 종료하겠습니다.

정답 Step 1 4 the last word 5 the last word in hiring Step 2 4 my last wishes 5 My last wish is

문제를 풀며 오늘 배운 표현을 완벽히 내 것으로 만드세요.

A | 영화 속 대화를 완성해 보세요.

MUNTZ ❶_____, Fredricksen? Come on,
❷_____!

죽기 전에 할 말이라도 있나, 프레드릭슨? 자, 어서 말해봐!

CARL Come on! 자 어서 가자!

MUNTZ ❸_____! I'm ❹_____ with me
❺_____!

이제 그만해! 내가 그 새를 다시 가져갈 거야, 살려서든 죽여서든 상관없이!

CARL Come on, Kevin! 어서, 케빈!

ALPHA I will have many enjoyments for ❻_____
_____, Dug.

내가 지금 하려고 하는 행동으로 난 많은 즐거움을 얻게 될 거야, 더그.

MISC DOG ❼_____ the Cone of Shame! 그가 수치 깔때기를 썼다!

ALPHA What? Do not just ❽_____! Attack!

뭐야? 그냥 가만히 앉아만 있지 마! 공격하라!

ALPHA No! No! ❾_____! Get ❿_____
_____! 안 돼! 안 돼! 웃지마! 이걸 빼내라고!

DUG Listen you dog! Sit! 이 개야 내 말 들어! 앉아!

DOG WALLA Yes, Alpha. 네, 알파님.

DUG Alpha? I am not Alpha, he is- Oohhhh!

알파님? 난 알파가 아니야, 그가— <u>오오오호</u>!

B | 다음 빈칸을 채워 문장을 완성해 보세요.

1 죽기 전에 마지막으로 할 말이 있나?
Do you have any _____?

2 그가 죽기 전에 마지막으로 한 말이 무엇이었나요?
What were the _____ he said before he died?

3 고용할 때 최종 결정은 사장이 하는 거야.
The president gets _____.

4 이 세상을 떠나기 전에 마지막으로 세 가지 소원이 있다.
I have three _____ before I depart this world.

5 이것들이 내 마지막 소원들이다.
These are _____.

146

It's Just a House

그건 그냥 집일 뿐이란다

러셀이 집을 조종해서 비행선 쪽으로 다가옵니다^close in. 칼의 집으로 모두 옮겨 타고 비행선에서 벗어나야 하는데요. 마지막으로 칼이 집으로 올라가려는 순간, 탕! 먼츠가 총을^a rifle 가지고 갑자기 나타납니다^appear. 풍선 끈이 총알에 끊기면서 집이 비행선 위로 곤두박질치다가^plummet 쾅 부딪칩니다^crashing onto. 러셀, 케빈, 더그가 있는 집은 곧 추락할 위기에 설상가상^to make matters worse 먼츠가 문을 부수고^kick the door 들어가 케빈을 노립니다^sight the bird. 이제 거꾸로 그들이 집밖으로 탈출해야 하는 상황인데 여의치 않네요. 이때 칼에게 좋은 생각이 떠올랐어요^have an idea. 케빈이 좋아하는 초콜릿으로 유인해서^lure 그들을 집밖으로 나오게 하는 거죠. 그 계획은 대성공! 그리고 케빈을 쫓으려던 먼츠는 결국 추락하고^fall 맙니다. 저 멀리 칼의 빈 집이 천천히 떠내려가는^float softly 모습이 보입니다.

 **Warm Up!** 오늘 배울 표현   오늘 등장하는 표현들입니다. 어떤 표현이 들어가야 할지 생각해 보세요.

* _____! 그 아이들을 내버려 둬!

* _____ Kevin! 케빈을 꽉 붙잡고 있어라!

* Don't _____ her! 그녀를 놓치면 안 돼!

* Don't _____ so much, kid! 너무 흔들어대지 마, 꼬마야!

CARL
칼

Russell!! Over here!! Let's go!

러셀!! 이쪽이야!! 가자!

RUSSELL
러셀

Mr. Fredricksen!

프레드릭슨 할아버지!

CARL
칼

Come on, Kevin!

힘내, 케빈!

CARL
칼

No!

안 돼!

CARL
칼

Russell! Get out of there!

러셀! 거기서 나와!

CARL
칼

No! **Leave them alone!**❶

안 돼! 그 아이들을 내버려 둬!

CARL
칼

Russell! **Hang on to** Kevin!❷ Don't **let go of** her!❸

러셀! 케빈 꽉 붙잡고 있어라! 놓치면 안 돼!

CARL
칼

Kevin! Chocolate!

케빈! 초콜릿!

RUSSELL
러셀

That was cool!

정말 멋졌어요!

CARL
칼

Don't **jerk around** so much, kid!❹

너무 흔들어대지 마, 꼬마야!

DUG
더그

Oh I am ready to not be up high.

오, 난 높이 올라가는 것 안 좋아하는데.

RUSSELL
러셀

Sorry about your house, Mr. Fredricksen.

집이 날아가서 안타깝네요, 프레드릭슨 할아버지.

CARL
칼

You know, it's just a house.

뭐, 저건 그냥 집일 뿐이잖니.

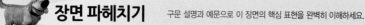
❶ Leave them alone! 그 아이들을 내버려 뒈!

드라마나 영화를 보면 아주 많이 나오는 표현 중의 하나지요. 자신을 제발 좀 괴롭히지 말고 그냥 내버려 두라고 외치면서 'Leave me alone!'이라고 하는 상황이 많이 나오거든요. 목적어를 me 대신 다른 단어로 바꿔가며 패턴 연습을 해 볼게요. 참고로, alone 대신에 out을 써서 leave me out이라고 하면 '날 빼줘'라는 뜻인데, 주로 뒤에 of가 따라오면서 Leave me out of this! '이 일에서 날 빼줘' 이런 식으로 쓴답니다. ★ 영화 속 패턴 읽히기

❷ Hang on to Kevin! 케빈을 꽉 붙잡고 있어라!

'hang on to ~'은 '~을 (놓치지 않고) 꽉 붙잡다'라는 뜻이에요. 물리적으로 무엇을 붙잡고 있는 경우에도 쓸 수 있지만, 어떤 기회나 사람을 놓치지 않고 꽉 붙잡는다는 뜻으로도 자주 쓰인답니다.

* **Hang on to** your love! 네 사랑하는 사람을 놓치지 말아라!
* I'll **hang on to** this document a little longer. 내가 이 문서들을 조금 더 가지고 있을게.

❸ Don't let go of her! 그녀를 놓치면 안 돼!

'let go of ~'는 '(쥐고 있던 것, 특히 손에 쥔 것을) 놓다'라는 뜻이에요. 누군가가 다른 사람의 손에 잡혀 있는 상황에서 풀어주라고 할 때 자주 등장하죠.

* **Let go of** me! 날 풀어줘!
* You should never **let go of** your dream. 꿈을 절대 포기하면 안 된다.

❹ Don't jerk around so much, kid! 너무 흔들어대지 마, 꼬마야!

jerk는 '(갑자기 날카롭게) 홱 움직이다'라는 의미의 동사예요. 그래서, 위의 문맥에서 jerk around라고 하는 것은 '이리저리 왔다 갔다하며 홱 홱 움직이다'라는 의미가 되죠. 하지만, 일반적으로 jerk around는 구어체에서 '빈둥거리다/건들건들하다' 또는 jerk someone around '~를 옳지 못한/치사한 방법으로 대하다, 곤경에 빠뜨리다'라는 뜻으로 쓰이는 숙어랍니다.

* Stop **jerking** me **around**! 날 곤경에 좀 빠뜨리지 마!
* All you do is **jerk around**. 넌 맨날 빈둥거리기만 하는구나.

🎧 29-2.mp3

Leave something/someone alone! ~을 내버려 둬! / 괴롭히지 마!

Step 1   기본 패턴 연습하기

1 **Leave me alone!** 날 내버려 둬!

2 **Leave him alone!** 그를 좀 내버려 둬!

3 **Leave them alone!** 그들을 좀 내버려 둬!

4 _____! 내 딸을 괴롭히지 마!

5 _____! 내 강아지를 괴롭히지 마!

Step 2   패턴 응용하기   leave something/someone out

1 **Leave me out of this!** 날 이 일에서 빼줘!

2 Let's **leave him out of this** for now! 일단 지금은 그를 빼주도록 하자!

3 Please, **leave my parents out of this!** 우리 부모님은 이 일에 연루시키지 말아 주세요!

4 Please, _____ debate. 너희들의 논쟁에서 우린 좀 빼줘.

5 My friends _____. 내 친구들이 그들의 계획에서 날 뺐어.

Step 3   실생활에 적용하기

A When are you going to grow up?	A 넌 언제 철들거니?
B 날 좀 내버려 둬요.	B Leave me alone.
A No, I won't.	A 그렇게는 못 하겠는데.

정답 Step 1 4 Leave my daughter alone 5 Leave my dog alone   Step 2 4 leave us out of your 5 left you out of their plans

확인학습

문제를 풀며 오늘 배운 표현을 완벽히 내 것으로 만드세요.

A | 영화 속 대화를 완성해 보세요.

CARL Russell!! ❶_____!! Let's go! 러셀!! 이쪽이야!! 가자!

RUSSELL Mr. Fredricksen! 프레드릭슨 할아버지!

CARL Come on, Kevin! 힘내, 케빈!

CARL No! 안 돼!

CARL Russell! ❷_____! 러셀 거기서 나와!

CARL No! ❸_____! 안 돼! 그 아이들을 내버려 둬!

CARL Russell! ❹_____ Kevin! Don't ❺_____ her! 러셀 케빈 꽉 붙잡고 있어라! 놓치면 안 돼!

CARL Kevin! Chocolate! 케빈! 초콜릿!

RUSSELL ❻_____! 정말 멋졌어요!

CARL Don't ❼_____ so much, kid! 너무 흔들어대지 마, 꼬마야!

DUG Oh ❽_____ not be up high. 오, 난 높이 올라가는 것 안 좋아하는데.

RUSSELL ❾_____, Mr. Fredricksen. 집이 날아가서 안타깝네요. 프레드릭슨 할아버지.

CARL You know, ❿_____. 뭐, 저건 그냥 집일 뿐이잖니.

B | 다음 빈칸을 채워 문장을 완성해 보세요.

1 그를 좀 내버려 둬!
_____!

2 내 딸을 괴롭히지 마!
_____!

3 내 강아지를 괴롭히지 마!
_____!

4 날 이 일에서 빼줘!
_____!

5 일단 지금은 그를 빼주도록 하자!
Let's _____ for now!

정답 A

❶ Over here
❷ Get out of there
❸ Leave them alone
❹ Hang on to
❺ let go of
❻ That was cool
❼ jerk around
❽ I am ready to
❾ Sorry about your house
❿ it's just a house

정답 B

1 Leave him alone
2 Leave my daughter alone
3 Leave my dog alone
4 Leave me out of this
5 leave him out of this

The Ellie Badge
엘리 배지

이제 케빈과 그녀의 새끼들은 누군가에게 쫓기지 않고 대자연^{Mother Nature} 속에서 살 수 있게 되었네요. 칼과 러셀, 더그는 그들과 작별인사를^{say farewell} 하고 먼츠의 비행선을 타고 본국으로 돌아옵니다. 러셀의 학교에서 야생 탐험가^{Wilderness Explorer} 훈장 수여식이 있는 날이 되었는데, 아버지들이 아들에게 직접 훈장을 달아 주고 있네요^{pin a badge to his son's sash}. 러셀 차례가 되었는데, 수여해 줄 아버지가 안 계셔서 무척 난처한 상황입니다^{in a difficult situation}. 그때 칼이 나타나 러셀 옆에^{next to} 섭니다. 칼은 러셀에게 최고의 명예^{highest honor} 배지를 수여합니다^{award}. 그건 바로 엘리 배지!

 **Warm Up!** 오늘 배출 표현   오늘 등장하는 표현들입니다. 어떤 표현이 들어가야 할지 생각해 보세요.

* _____, Jimmy. 축하한다, 지미.

* Old man _____. 노인이 지나갑니다.

* _____ him. 이 아이를 위해서 제가 왔습니다.

* for performing _____ 직무 범위를 초월한 행위에 대해서

오디오 파일을 듣고 3번 따라 말해보세요. 🎧 30-1.mp3

CAMP MASTER STRAUCH
야영 마스터 스트라우흐

...and by receiving their badges, the following Explorers will graduate to Senior Explorers.

···이제 그들이 훈장을 받음으로써 다음의 탐험 대원들은 졸업을 하여 상급 탐험가로 진급하겠습니다.

CAMP MASTER STRAUCH
야영 마스터 스트라우흐

For Extreme Mountaineering Lore... **Congratulations**, Jimmy.❶ For Wild Animal Defensive Arts... Congratulations, Brandon. For Assisting the Elderly...

극한 산악등반 지식상은··· 축하한다, 지미. 야생동물 수호 기술상은··· 축하한다, 브랜든. 노인을 돕는 상은···

CAMP MASTER STRAUCH
야영 마스터 스트라우흐

Uh, Russell? Is there... someone that... uh...

어, 러셀? 혹시 있니··· 누가 너에게 어···

CARL
칼

Excuse me. Pardon me. Old man **coming through**.❷

잠시만요. 실례합니다. 노인이 지나갑니다.

CARL
칼

I'm here for him.❸

이 아이를 위해서는 제가 왔습니다.

CAMP MASTER STRAUCH
야영 마스터 스트라우흐

Congratulations, Russell. Sir...

축하한다, 러셀. 어르신···

CARL
칼

Russell, for assisting the elderly, and for performing **above and beyond the call of duty**, I would like to award you the highest honor I can bestow:❹ The Ellie Badge.

러셀, 노인을 도운 것과 직무 범위를 초월한 행위에 대해서 내가 수여할 수 있는 가장 영예로운 상을 너에게 주고 싶구나: 엘리 훈장.

RUSSELL
러셀

Wow.

우와.

---

❶ Congratulations, Jimmy. 축하한다, 지미.

Congratulations! '축하해'라는 표현을 쓸 때 많은 학습자가 끝에 있는 s를 빼고 쓰는데, 이 s를 꼭 넣어야 한다는 것 잊지 말아 주세요. 그리고 뒤에 내용을 연결할 때는 전치사 on을 넣는다는 것도 기억해 주시고요.

* **Congratulations** on your wedding! 결혼 축하해!
* **Congratulations** on your graduation! 졸업 축하해!

---

❷ Old man coming through. 노인이 지나갑니다.

사람들이 많이 모인 곳을 헤치며 지나갈 때 '좀 지나갈게요!'라고 외치며 쓰는 표현이 Coming through! 예요. 주로 앞에 Excuse me 또는 Pardon me '실례합니다'라고 먼저 말하고 이 표현을 쓴답니다.

* Excuse me, bicycle **coming through**! 죄송합니다, 자전거 지나가요!
* Emergency patient **coming through**! 응급 환자 지나갑니다!

---

❸ I'm here for him. 이 아이를 위해서 제가 왔습니다.

업체나 상점 등을 찾아갔을 때 직원이 '무엇 때문에 오셨습니까?'라고 물어보면 '~하러/때문에 왔어요'라는 대답으로 많이 쓰는 패턴이 'I'm here for ~' 또는 'I'm here to ~'랍니다. 이 중에서 'I'm here for ~'는 뒤에 이름이나 인칭대명사를 넣어서 '누구 때문에/누구를 위해 왔어요'라는 의미로 쓰여요. 그리고, 'I'm here to ~'는 뒤에 동사를 넣어서 '~을 하러 왔어요'라는 의미로 쓰이고요. ★영화 속 패턴 읽기

---

❹ for performing above and beyond the call of duty 직무 범위를 초월한 행위에 대해서

above and beyond the call of duty는 아주 열심히 일한 것 또는 큰 공헌을 한 것에 대해 칭찬/치하할 때 주로 쓰는 표현으로 '직무 범위를 넘어서/초월하여'라는 의미랍니다.

* You really went **above and beyond the call of duty**. 넌 직무 범위를 초월해서 정말 열심히 했다.
* Randy showed commitment to the job **above and beyond the call of duty**.
  랜디는 직무 범위를 넘어서 그 일에 대한 그의 책임감을 보여줬다.

영화 속 패턴 익히기 오늘 배운 장면에서 뽑은 핵심 패턴으로 다양한 표현을 만들어 보세요.

🎧 30-2.mp3

I'm here for ~

~을 위해서 내가 왔다. / ~때문에 왔다. / ~의 일로 왔다.

Step 1 기본 패턴 연습하기

1 **I'm here for** my cousin, Jessie. 제 사촌 제시 일로 왔어요.

2 **I'm here for** my son, Brian. 우리 아들 브라이언 일로 왔어요.

3 **I'm here for** a good time. 난 여기에 즐기러 왔다.

4 _____. 난 여기에 일하러 왔다.

5 _____ the money. 난 여기에 돈 벌려고(받으러) 왔어요.

Step 2 패턴 응용하기 | **I'm here to ~**

1 **I'm here to** see the mayor. 시장님 만나려고 왔습니다.

2 **I'm here to** pick up my daughter. 제 딸 데리러 왔어요.

3 **I'm here to** make new friends. 새로운 친구들 좀 사귀어 보려고 왔다.

4 _____ a word with your manager. 여기 책임자하고 이야기를 나누려고 왔어요.

5 _____ for a refund. 환불 요청하려고 왔어요.

Step 3 실생활에 적용하기

A Who are you here for?

B 제 조카 조단을 위해서 왔어요.

A Okay, right this way.

A 누구 위해서 오셨나요?

B I'm here for my nephew, Jordan.

A 네, 이쪽으로 오세요.

정답 Step 1 4 I'm here for work 5 I'm here for Step 2 4 I'm here to have 5 I'm here to ask

155

문제를 풀며 오늘 배운 표현을 완벽히 내 것으로 만드세요.

A | 영화 속 대화를 완성해 보세요.

CAMP MASTER STRAUCH ...and ❶_____,
the following Explorers ❷_____ Senior Explorers.
…이제 그들이 훈장을 받음으로써 다음의 탐험 대원들은 졸업을 하여 상급 탐험가로 진급하겠습니다.

CAMP MASTER STRAUCH ❸_____ Lore…
❹_____, Jimmy. For Wild Animal Defensive
Arts… Congratulations, Brandon. ❺_____
_____… 극한 산악등반 지식상은… 축하한다, 지미. 야생동물 수호 기술상은…
축하한다, 브랜든. 노인을 돕는 상은…

CAMP MASTER STRAUCH Uh, Russell? ❻_____… someone
that… uh… 어, 러셀? 혹시 있니… 누가 너에게 어…

CARL Excuse me. Pardon me. Old man ❼_____.
잠시만요. 실례합니다. 노인이 지나갑니다.

CARL ❽_____ him. 이 아이를 위해서는 제가 왔습니다.

CAMP MASTER STRAUCH Congratulations, Russell. Sir…
축하한다, 러셀. 어르신…

CARL Russell, for assisting the elderly, and for performing
❾_____, I would like to
❿_____ I can bestow: The
Ellie Badge. 러셀, 노인을 도운 것과 직무 범위를 초월한 행위에 대해서 내가 수여할 수 있는
가장 영예로운 상을 너에게 주고 싶구나: 엘리 훈장.

RUSSELL Wow. 우와.

B | 다음 빈칸을 채워 문장을 완성해 보세요.

1 우리 아들 브라이언 일로 왔어요.
_____ my son, Brian.

2 난 여기에 즐기러 왔다.
_____ a good time.

3 난 여기에 일하러 왔다.
_____.

4 여기 책임자하고 좀 이야기를 나누려고 왔어요.
_____ a word with your manager.

5 환불 요청하려고 왔어요.
_____ for a refund.

30장면으로 끝내는
스크린 영어회화 - 코코

구성
· 전체 대본
· 훈련용 워크북
· mp3 CD

라이언 강 해설 | 372면 | 18,000원

국내 유일! 〈코코〉 전체 대본 수록!

기억해줘♬ 전 세계는 지금 '코코' 열풍!
〈코코〉의 30장면만 익히면 영어 왕초보도 영화 주인공처럼 말할 수 있다!

난이도	첫 걸음 | 초 급 중 급 | 고 급	기간	30일
대상	영화 대본으로 재미있게 영어를 배우고 싶은 독자	목표	30일 안에 영화 주인공처럼 말하기

30장면으로 끝내는
스크린 영어회화 – 라푼젤

구성
- 전체 대본
- 훈련용 워크북
- mp3 CD

라이언 강 해설 | 324면 | 18,000원

국내 유일 ! 〈라푼젤〉 전체 대본 수록 !

21미터 금발 소녀의 짜릿한 모험!
〈라푼젤〉의 30장면만 익히면 영어 왕초보도 영화 주인공처럼 말할 수 있다!

난이도	첫걸음 | 초급 중급 | 고급	기간	30일
대상	영화 대본으로 재미있게 영어를 배우고 싶은 독자	목표	30일 안에 영화 주인공처럼 말하기

30장면으로 끝내는
스크린 영어회화 - 모아나

구성
· 전체 대본
· 훈련용 워크북
· mp3 CD

강윤혜 해설 | 332면 | 18,000원

국내 유일! 〈모아나〉 전체 대본 수록!

역대급 호평! 〈주토피아〉, 〈겨울왕국〉 사단의 2017년 야심작!
〈모아나〉의 30장면만 익히면 영어 왕초보도 영화 주인공처럼 말할 수 있다!

난이도	첫걸음 초급 중급 고급	기간	30일
대상	영화 대본으로 재미있게 영어를 배우고 싶은 독자	목표	30일 안에 영화 주인공처럼 말하기